Netzwerk

Deutsch als Fremdsprache

Kurs- und Arbeitsbuch

Mit DVD und Audio-CDs

B1.2

Stefanie Dengler
Paul Rusch
Helen Schmitz
Tanja Sieber

Ernst Klett Sprachen

Stuttgart

Von
Stefanie Dengler, Paul Rusch, Helen Schmitz, Tanja Sieber

Projektleitung: Angela Kilimann
Redaktion: Angela Kilimann, Sabine Franke
Gestaltungskonzept, Layout und Cover: Andrea Pfeifer, München
Illustrationen: Florence Dailleux
Satz und Repro: kaltner verlagsmedien GmbH, Bobingen

DVD
Lizenz durch: www.zdf-archive.com/ZDF Enterprises GmbH
Trailer „Sound of Heimat": 3Rosen GmbH, Fruitmarket Kultur & Medien GmbH & Tradewind Pictures GmbH
Produktion: Michael Paulsen
Redaktion: Angela Kilimann

Audio-CDs
Aufnahme und Postproduktion gesamt: Christoph Tampe, Plan 1, München
Aufnahme und Postproduktion Lied Kap. 9: Augusto Aguilar
Regie: Sabine Wenkums

Verlag und Autoren danken Christoph Ehlers, Beate Lex, Margret Rodi, Dr. Annegret Schmidjell, Katja Wirth und allen Kolleginnen und Kollegen, die **Netzwerk** begutachtet sowie mit Kritik und wertvollen Anregungen zur Entwicklung des Lehrwerks beigetragen haben.

Netzwerk B1 – Materialien

Teilbände	
Kurs- und Arbeitsbuch B1.1 mit DVD und 2 Audio-CDs	605014
Kurs- und Arbeitsbuch B1.2 mit DVD und 2 Audio-CDs	605005
Gesamtausgaben	
Kursbuch B1 mit 2 Audio-CDs	605002
Kursbuch B1 mit DVD und 2 Audio-CDs	605003
Arbeitsbuch B1 mit 2 Audio-CDs	605004
Zusatzkomponenten	
Lehrerhandbuch B1	605006
Netzwerk digital B1 mit interaktiven Tafelbildern (DVD-ROM)	605007
Intensivtrainer B1	605009
Testheft B1	605146
Interaktive Tafelbilder zum Download unter www.klett-sprachen.de/tafelbilder	

In einigen Ländern ist es nicht erlaubt, in das Kursbuch hineinzuschreiben. Wir weisen darauf hin, dass die in den Arbeitsanweisungen formulierten Schreibaufforderungen immer auch im separaten Schulheft erledigt werden können.

Audio-Dateien zum Download unter www.klett-sprachen.de/netzwerk/medienB1
Code: nW9a&D5

Besuchen Sie uns auch im Internet:
www.klett-sprachen.de/netzwerk

1. Auflage 1 6 5 | 2018 17

Erstausgabe erschienen 2014 bei Klett-Langenscheidt GmbH, München

Gesamtherstellung: Print Consult GmbH, München

ISBN 978-3-12-605005-0

Netzwerk – ein Lernpaket

Kursbuch

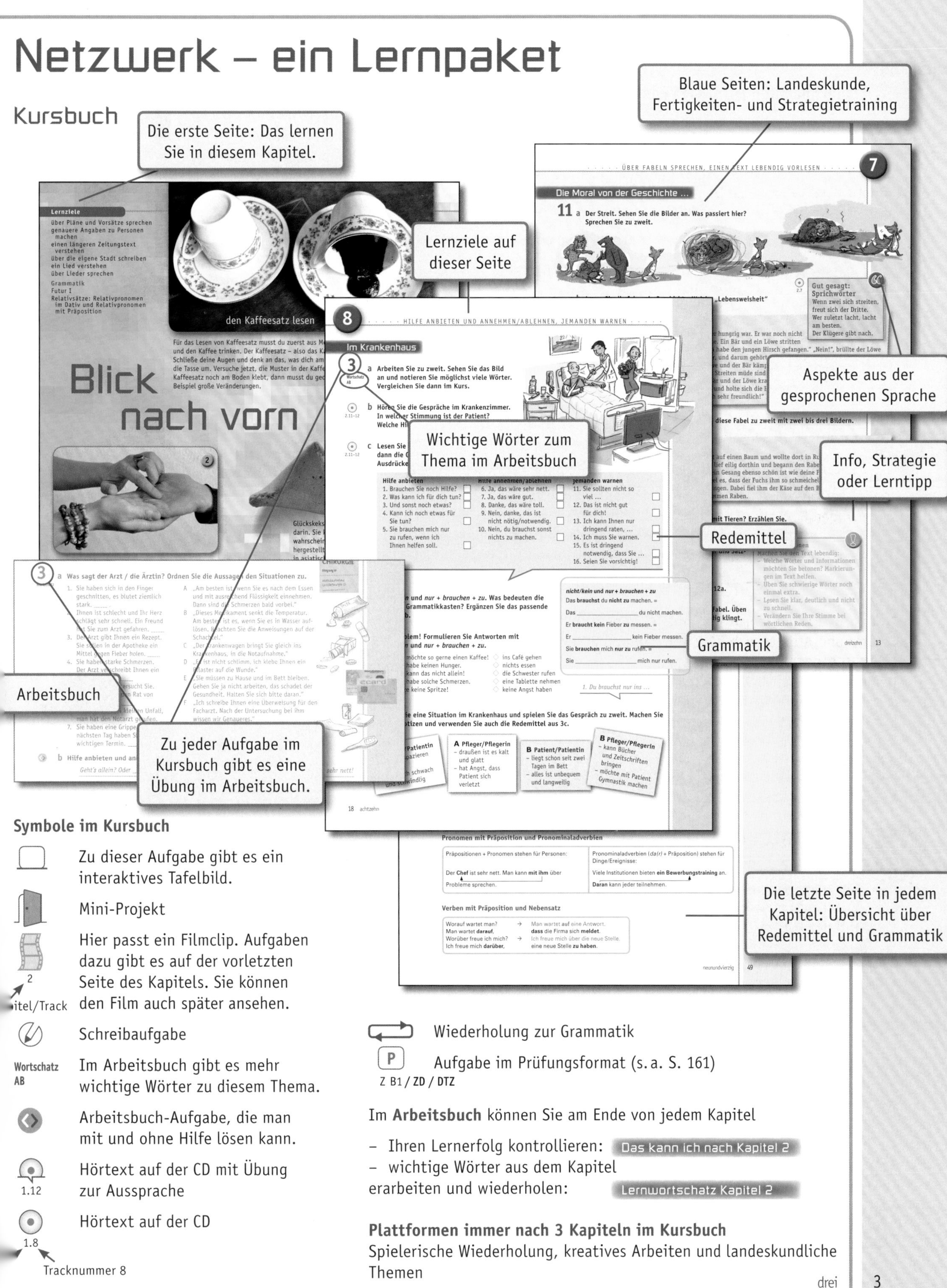

Symbole im Kursbuch

- Zu dieser Aufgabe gibt es ein interaktives Tafelbild.
- Mini-Projekt
- Hier passt ein Filmclip. Aufgaben dazu gibt es auf der vorletzten Seite des Kapitels. Sie können den Film auch später ansehen. (2 – Kapitel/Track)
- Schreibaufgabe
- **Wortschatz AB** – Im Arbeitsbuch gibt es mehr wichtige Wörter zu diesem Thema.
- Arbeitsbuch-Aufgabe, die man mit und ohne Hilfe lösen kann.
- 1.12 – Hörtext auf der CD mit Übung zur Aussprache
- 1.8 – Hörtext auf der CD (Tracknummer 8)
- Wiederholung zur Grammatik
- P – Aufgabe im Prüfungsformat (s. a. S. 161) Z B1 / **ZD** / **DTZ**

Im **Arbeitsbuch** können Sie am Ende von jedem Kapitel

- Ihren Lernerfolg kontrollieren: Das kann ich nach Kapitel 2
- wichtige Wörter aus dem Kapitel erarbeiten und wiederholen: Lernwortschatz Kapitel 2

Plattformen immer nach 3 Kapiteln im Kursbuch
Spielerische Wiederholung, kreatives Arbeiten und landeskundliche Themen

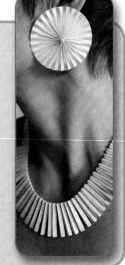

Lernziele

- einen Forumsbericht verstehen
- zeitliche Abfolgen verstehen und ausdrücken
- einen Chat verstehen
- über Konflikte sprechen
- einen Kommentar zum Thema *Streiten* schreiben
- Konfliktgespräche führen
- kurzen Texten Informationen zuordnen
- Prominente vorstellen
- über Fabeln sprechen
- einen Text lebendig vorlesen

Grammatik

- Plusquamperfekt
- temporale Nebensätze: *bevor, nachdem, seit/seitdem, während, bis*

Beziehungskisten

1

a **Welche Klischees über Männer und Frauen finden Sie in den Cartoons? Welche anderen Klischees kennen Sie noch? Sammeln Sie.**

b **Was denken Sie über diese Klischees? Welches Klischee nervt Sie besonders?**

7

Viele denken, Männer sind …

Frauen können nicht einparken. Das ist doch …

Halb so schlimm, der BMW ist noch da!
D
Was Frauen sagen ...
Mach endlich das Bad sauber, wie oft muss ich dir das noch sagen. Ich muss weg, ich habe einen Termin. Und arbeite im Garten bei diesem schönen Wetter. Ich komme spät, ich habe einen anstrengenden Tag.
Was Männer hören ...
Mach endlich das Bad sauber, wie oft muss ich dir das noch sagen. Ich muss weg, ich habe einen Termin. Und arbeite im Garten bei diesem schönen Wetter. Ich komme spät, ich habe einen anstrengenden Tag.
E

2

a Traumfrauen – Traummänner. Welche Wünsche haben Männer und Frauen an ihre Partner? Was denken Sie, was am wichtigsten ist? Nummerieren Sie von 1 bis 6.

Mein Partner / Meine Partnerin sollte ...	Das denke ich:	Das sagen Männer:	Das sagen Frauen:
gepflegt und natürlich aussehen.			
hübsch sein und sich modisch kleiden.			
schlank und sportlich sein.			
Humor haben.			
zuverlässig sein.			
ehrlich und treu sein.			

2.2

b Hören Sie das Gespräch über eine Studie im Radio. Ergänzen Sie die Angaben in der Tabelle.

Wortschatz AB

c Vergleichen Sie Ihre Einschätzungen mit der Studie in 2a und b. Begründen Sie Ihre Reihenfolge.

Eine Familie als Patchwork

3

a **Was ist eine Patchwork-Familie? Was kann gut und was kann schwierig sein? Sprechen Sie in Gruppen und tauschen Sie die Ergebnisse aus.**

b **Lesen Sie Ninas Bericht. Wie heißen die Personen in Ninas Familie? Was war das Problem?**

www.familienmodelle.de

Über uns | Beratung | Themen | Berichte | Presse | Sponsoren

Wir glaubten, wir sind am Ende. Daraus wurde ein neuer Anfang.

Mein Partner Tom und ich leben seit fast drei Jahren zusammen – mit unserem gemeinsamen Sohn Sascha (bald 2), meiner Tochter Sarah (6) und Toms Tochter Elisa (14). Vor einem halben Jahr glaubten wir, dass es nicht mehr weitergeht. Wir haben nur noch gestritten, es war schrecklich.

Wie war es dazu gekommen? Ich hatte ein paar Jahre allein mit Sarah gelebt, nach der Trennung von meinem früheren Mann. Dann hatte ich mich neu verliebt in Tom, meinen jetzigen Partner. Er hatte sich ebenfalls scheiden lassen. Seine Tochter Elisa war nach der Scheidung bei ihrer Mutter geblieben.

Vor etwa drei Jahren hatten Tom und ich dann einen gemeinsamen Start gewagt. Und bald darauf war Sascha zur Welt gekommen. Elisa hatte oft die Wochenenden bei Tom und mir verbracht, das hatte auch ganz gut funktioniert. Vor etwa einem Jahr war Elisa dann mit ihrer Mutter überhaupt nicht mehr klargekommen und war bei uns eingezogen. Elisa – damals dreizehn – hatte oft tagelang kein Wort mit uns geredet. Sie hatte auch begonnen, keine Hausaufgaben für die Schule mehr zu machen. Aber Tom hatte Elisa immer in Schutz genommen: „Sie ist hier neu, sie braucht Zeit, die Pubertät ist eine schwierige Zeit und noch dazu hat sie geschiedene Eltern." Nie hatte Tom ihr Grenzen gesetzt, zuletzt durfte sie einfach alles. Auf mich wollte sie nicht hören – schließlich sind wir nicht verwandt. Zur selben Zeit bekam Sascha seine Zähne und weinte viel. Ich dachte, dass ich wahnsinnig werde.

Als wir nur noch Streit hatten, suchten wir dann vor einem halben Jahr Hilfe und gingen zu einer Beratungsstelle. Nach vielen Gesprächen fanden wir wieder einen neuen Anfang. Es ist nicht so, dass es keine Probleme mehr gibt. Aber ALLE wissen, dass es nur mit Kompromissen geht. Okay, Sascha weiß das noch nicht ;-). Jetzt sind wir froh, dass wir zusammengeblieben sind.

Also, Kopf hoch bei Problemen! Und – eine gute Beratung hilft weiter.

c **Die Familie von Nina und Tom. Was war wann? Ordnen Sie die passenden Informationen zu. Notieren Sie A, B oder C.**

A Was ist jetzt? B Was war vor einem halben Jahr? C Was war noch früher passiert?

___ Tom und Nina sind froh • ___ Elisa zieht ein • ___ Tom und Nina trennen sich von ihren Partnern • ___ Tom und Nina suchen Hilfe • ___ Alle machen Kompromisse • ___ Es gibt immer nur Streit • ___ Elisa hat Probleme mit der Schule • ___ Nina glaubt, dass die Beziehung am Ende ist

d **Was war passiert, bevor Nina und Tom Beratung suchten? Markieren Sie die Verben im Text und ergänzen Sie den Kasten.**

Vorvergangenheit ausdrücken: Plusquamperfekt

jetzt	Wir leben seit drei Jahren zusammen.	Gegenwart → Präsens
früher	Es gab immer Streit. Tom und Nina haben Hilfe gesucht.	Vergangenheit → Präteritum, Perfekt
noch früher	Nina ______ mit Sarah allein **gelebt**. Sascha ________ zur Welt **gekommen**.	Vorvergangenheit → Plusquamperfekt

e **Was war vorher? Ergänzen Sie die Sätze.**

ohne Partner leben • bei ihrer Mutter wohnen • sich von ihrem Mann trennen • oft streiten

1. Nina lebte allein mit ihrer Tochter Sarah. Vorher *hatte* ______________________.
2. Tom und Nina zogen zusammen. Vorher ______________________.
3. Elisa zog zu Tom und Nina. Vorher ______________________.
4. Nina und Tom suchten eine Beratung. Vorher ______________________.

4

a **Der Urlaub. Lesen Sie Elisas Chat mit Jasmin. Was ist im Urlaub gut, was nicht? Sprechen Sie im Kurs und sammeln Sie an der Tafel. Kennen Sie diese Probleme (von früher)?**

Halbzeit im Urlaub. Ich hatte mir das so toll vorgestellt!!! Und jetzt bin ich froh, wenn er vorbei ist.

Was ist denn so schlimm an zwei Wochen Frankreich?

Na was wohl? Alle nerven! Ich muss mit Sarah ein Zimmer teilen, mit der blöden Gans. Und ich muss oft auf Sascha aufpassen! Sehr lustig!

Aber du WOLLTEST doch mit Tom und Nina wegfahren.

Geht's noch? Ich musste! Bevor wir weggefahren sind, hatten wir endlos Diskussionen und Streit. „Du fährst mit uns oder du gehst in der Zeit zu deiner Mutter!" So ist das. Bevor ich ausgehen darf, muss ich das Geschirr abspülen. Nachdem ich im Bad gewesen bin und mich schick gemacht habe, soll ich die Dusche putzen. Ätzend!

Und wie ist's am Meer? Und am Abend?

Am Tag ist es voll krass, aber der Abend! Der ist cool. Nachdem ich ein paar Freunde gefunden habe, ist es jetzt sogar richtig gut.

Ein neuer Freund? Los, erzähl schon. Wie heißt er denn?

Langsam – ein paar FreundEEE. Und bei dir? Gibt es Neuigkeiten?

Ich war so allein, nachdem du weggefahren warst! ;-) Nee, alles okay bei mir.

b **Wie war das bei Ihnen? Bilden Sie Sätze mit *bevor* oder *nachdem*. Schreiben Sie die Satzanfänge zu Ende.**

1. Bevor ich ... kennenlernte, ...
2. Nachdem ich zu Hause ausgezogen war, ...
3. Ich habe oft mit ... gestritten, ...
4. Ich verstehe mich mit ... besser, ...
5. Ich möchte ..., ...

Temporale Nebensätze: *bevor, nachdem*

Elisa diskutierte lange mit den Eltern,	**bevor** sie in Urlaub fuhren.
Bevor Elisa ausgehen darf,	muss sie das Geschirr abspülen.
Nachdem Elisa Freunde **gefunden hat**,	**findet** sie die Abende sehr schön.
Nachdem Elisa **weggefahren war**,	**war** Jasmin so allein.
zuerst	**danach**

Im *nachdem*-Satz verwendet man ein anderes Tempus als im Hauptsatz:
im Hauptsatz Präsens → im Nebensatz Perfekt
im Hauptsatz Präteritum oder Perfekt → im Nebensatz Plusquamperfekt

c **Tauschen Sie Ihre Sätze mit einem Partner / einer Partnerin. Korrigieren Sie sich gegenseitig.**

Immer das Gleiche!

5

a Worüber streiten Paare? Sehen Sie die Fotos an. Was könnte hier der Konflikt sein? Kennen Sie andere typische Konfliktsituationen? Beschreiben Sie.

Pia und Domenico

Britta und Eric

Sara und Tim

2.3–5 **b Hören Sie die Dialoge. Welcher Dialog gehört zu welchem Foto? Notieren Sie auf dem Bild.**

2.3–5 **c Was passt zusammen? Verbinden Sie die Sätze und hören Sie zur Kontrolle noch einmal.**

1. Seit du mehr Gehalt bekommst,
2. Das dauert immer ewig,
3. Seit du die neue Stelle hast,
4. Wie lange soll ich hier noch sitzen,
5. Warum kann ich nicht lesen,
6. Während du telefonierst,

A kann ich auch Sport machen.
B bis du endlich mal mit mir sprichst?
C bis du wieder nach Hause kommst.
D gehst du ständig shoppen.
E bist du immer müde und erschöpft.
F während du deine Freunde triffst?

d *Seit, während* und *bis*. Schreiben Sie Sätze.

1. Eric und Britta streiten sich oft. Sie sind vor einem Jahr zusammengezogen.
2. Eric muss oft lange warten. Britta hört auf zu telefonieren.
3. Pia entspannt sich am besten. Sie liest.
4. Domenico unterhält sich mit seinen Freunden. Er vergisst den Stress im Job.
5. Sara verdient mehr Geld. Sie hat eine neue Stelle.
6. Tim will sparen. Sie haben genug Geld für ein eigenes Haus.

Temporale Nebensätze: *seit/seitdem, während, bis*
Seit/Seitdem du wieder arbeitest, bist du immer gestresst. |→
Während ich aufräume, siehst du fern.
Ich warte hier, **bis** du wiederkommst. →|

Seit, während und *bis* können **Präpositionen oder Konnektoren** sein.
Seit Mai habe ich eine neue Stelle.
Seit ich die Stelle habe, verdiene ich mehr Geld.

Eric und Britta streiten sich oft, seit …

6

Temporale Nebensätze mit *bevor, nachdem, seit/seitdem, während, bis*. Spielen Sie zu viert. Jeder schreibt fünf Satzanfänge mit Konnektoren auf Karten. Mischen Sie alle Karten. Dann zieht jeder abwechselnd eine Karte und ergänzt den Satz.

Seit ich Deutsch lerne, …

Seit ich Deutsch lerne, habe ich viele Leute kennengelernt.

Richtig streiten

7

a Lesen Sie die Forumsbeiträge zum Thema *Streiten*. Ordnen Sie jedem Text eine Überschrift zu und notieren Sie den Buchstaben. Welcher Meinung stimmen Sie zu, welcher nicht?

A Konflikte mit Kollegen • **B** Streiten kann man lernen • **C** Was ist ein Konflikt? • **D** Harmonie ist wichtig • **E** Streiten macht krank • **F** Zum Alltag gehören Konflikte

AnJa87 Ich finde, wenn man sich wirklich liebt, dann streitet man auch nicht. Streit ist Gift für jede Beziehung! Mal muss eben der eine nachgeben, mal der andere. Und wenn man wirklich tolerant ist, kann man auch die Meinung des anderen akzeptieren. Das gilt auch für Freundschaften und bei der Arbeit! ☐

Messi04 Ewige Harmonie gibt es nicht! Manchmal ist man einfach genervt. Deshalb ist doch eine Beziehung nicht zu Ende. Meine Freundin und ich streiten häufig. Zehn Minuten später haben wir das schon wieder vergessen. Man darf nicht jedes Wort auf die Goldwaage legen! Schweigen finde ich viel schlimmer. ☐

Flo2000 Manchmal muss man sich Kritik gefallen lassen. Wichtig ist, dass man ruhig bleibt. Sätze wie „Du machst immer/nie ..." sollte man vermeiden. Da eskaliert der Streit schnell. Besser ist es, wenn man Ich-Aussagen formuliert: „Ich wünsche mir, ..." oder „Ich würde gern ...". Das muss man ein bisschen üben, dann gelingt es auch. ☐

b Schreiben Sie einen eigenen Text zum Thema *Streiten*. Tauschen Sie dann den Text mit Ihrem Partner / Ihrer Partnerin und finden Sie eine passende Überschrift für seinen/ihren Text.

8

a Typische Sätze in Streitgesprächen. Welche Formulierungen sind eher diplomatisch (+) und welche eher undiplomatisch (–)? Notieren Sie + oder –.

1. Nie verstehst du mich! ___
2. Sei mir nicht böse, bitte. ___
3. Das ist ja nicht so schlimm. ___
4. Immer das Gleiche! ___
5. Wir finden bestimmt einen Kompromiss. ___
6. Das kann echt nicht wahr sein! ___
7. Reg dich doch nicht immer so auf. ___
8. Das nervt mich wirklich. ___
9. Ich kann dich ja auch gut verstehen. ___
10. Ich wünsche mir, dass wir ... ___

b Arbeiten Sie zu zweit und wählen Sie eine Situation. Machen Sie Notizen und spielen Sie die Situation einmal „undiplomatisch" und einmal „diplomatisch".

A Sie freuen sich auf einen ruhigen Sonntag. Aber Ihr Partner / Ihre Partnerin hat alles verplant: Sie sollen einen Ausflug machen und seine/ihre Familie besuchen.

B Sie freuen sich schon seit Wochen auf ein Konzert und es war sehr schwierig, die Karten zu bekommen. Kurz vorher sagt Ihr Partner / Ihre Partnerin, dass er/sie keine Zeit hat.

9

Intonation bei Modalpartikeln. Hören Sie die Sätze. Ergänzen Sie und sprechen Sie nach.

2.6

1. A Warte! — B Warte ________!
2. A Du hast recht. — B Du hast ______ recht.
3. A Wann kommst du? — B Wann kommst du ______?
4. A Das kann man nicht ändern. — B Das kann man ______ nicht ändern.
5. A Das ist schön! — B Das ist ______ schön!

Modalpartikel machen Aussagen persönlicher oder emotionaler.

aber	Überraschung
denn	Interesse zeigen
ja	gemeinsames Wissen
wohl	Vermutung
mal	freundliche Aufforderung

Gemeinsam sind wir stark

10 a Berühmte Paare. Welche kennen Sie? Sammeln Sie im Kurs.

Da muss ich sofort an Brad Pitt und Angelina Jolie denken.

Wie heißt noch mal …?

b Arbeiten Sie zu dritt. Jeder wählt ein Paar und liest den Text. Berichten Sie dann den anderen über „Ihr" Paar.

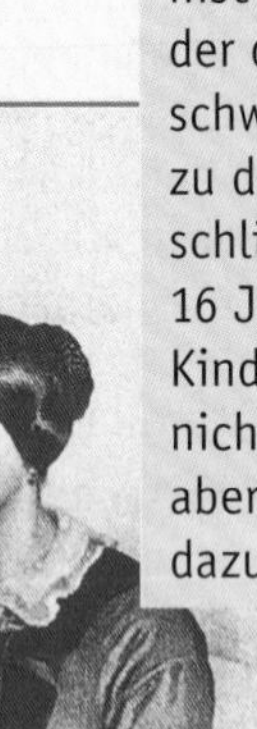

A Die Pianistin Clara Schumann und der Komponist Robert Schumann sind das berühmteste Paar der deutschen Musikgeschichte. Der Anfang war schwierig, denn Claras Vater wollte die Beziehung zu dem armen Künstler verhindern. Sie erkämpften schließlich vor Gericht, dass sie heiraten durften. 16 Jahre lebten sie zusammen und bekamen acht Kinder. Zwar wollte Robert Schumann zunächst nicht, dass seine Frau weiterhin Konzerte gab, aber die finanzielle Situation der Familie zwang sie dazu. Er komponierte und sie spielte seine Musik.

B Während Neo Rauch zu den wichtigsten und kommerziell erfolgreichsten Künstlern der Gegenwart gehört, wissen viele nicht, dass seine Frau Rosa Loy auch Malerin ist. Beide haben in Leipzig studiert, wo sie auch heute noch leben. Sie arbeiten Wand an Wand, in getrennten Ateliers, unabhängig voneinander, beeinflussen sich aber natürlich gegenseitig.

C Hubert Burda und Maria Furtwängler gehören zu den berühmtesten und erfolgreichsten Paaren in der deutschen Medienbranche. Der 26 Jahre ältere Verleger und Kunsthistoriker, der auch für sein soziales Engagement bekannt ist, und die Schauspielerin und Ärztin Maria Furtwängler sind seit 1991 verheiratet. Auch Maria Furtwängler engagiert sich neben ihrer Schauspielkarriere für den Kampf gegen Krebs und gegen Gewalt an Kindern.

c Lesen Sie weitere Informationen. Zu welchem Paar bzw. Text passen die Sätze? Ordnen Sie zu.

1. Das Paar hat zwei Kinder und lebt in München. Text: _____
2. Sie unternahm auch nach dem frühen Tod ihres Mannes zahlreiche erfolgreiche Konzertreisen. Text: _____
3. 2012 hatten sie ihre erste gemeinsame Ausstellung in Deutschland. Text: _____
4. Das Leben und die Beziehung der beiden sind gut dokumentiert, da über 500 Briefe erhalten sind. Text: _____
5. Die Gegend um Leipzig ist für beide „ein Ort der Konzentration und Inspiration". Text: _____
6. Das Engagement gegen Krebs ist in der Familie groß, da sein Sohn aus erster Ehe an Krebs starb. Text: _____

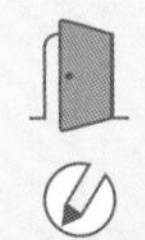

d Wählen Sie ein Paar aus Ihrer Sammlung in Aufgabe 10a. Recherchieren Sie und schreiben Sie einen kurzen Text. Lesen Sie den Text dann ohne Namen vor. Die anderen im Kurs raten, wer das ist.

Die Moral von der Geschichte …

11 a Der Streit. Sehen Sie die Bilder an. Was passiert hier? Sprechen Sie zu zweit.

2.7

b Lesen Sie die folgende Geschichte. Welche „Lebensweisheit" steckt in der Fabel? Sprechen Sie im Kurs.

Gut gesagt: Sprichwörter
Wenn zwei sich streiten, freut sich der Dritte.
Wer zuletzt lacht, lacht am besten.
Der Klügere gibt nach.

Der Löwe und der Bär

Ein Fuchs war einmal auf Jagd gegangen, weil er hungrig war. Er war noch nicht lange unterwegs, als er einen lauten Streit hörte. Ein Bär und ein Löwe stritten wütend miteinander: „Die Beute gehört mir, ich habe den jungen Hirsch gefangen." „Nein!", brüllte der Löwe zornig zurück. „Du lügst! Ich war als Erster hier, und darum gehört die Beute mir." Er wehrte sich und biss den Bären mit seinen scharfen Zähnen. Der Löwe und der Bär kämpften verbissen miteinander. Der Fuchs war klug und sagte sich: „Wenn die beiden vom Streiten müde sind, so können sie mir nichts mehr tun und ich bekomme die Beute." Endlich brachen der Bär und der Löwe kraftlos zusammen und konnten sich nicht mehr bewegen. Der Fuchs ging an ihnen vorbei und holte sich die Beute. Er verneigte sich höflich und sagte: „Danke, meine Herren, sehr freundlich, wirklich sehr freundlich!" Lachend zog er mit dem Hirsch ab.

c Lesen Sie die zweite Fabel. Illustrieren Sie diese Fabel zu zweit mit zwei bis drei Bildern. Was sagt diese Fabel aus? Erklären Sie.

Der Rabe und der Fuchs

Ein Rabe hatte einen Käse gestohlen, flog damit auf einen Baum und wollte dort in Ruhe den Käse essen. Ein vorbeikommender Fuchs sah den Raben. Er lief eilig dorthin und begann den Raben zu loben: „Oh Rabe, was bist du für ein wunderbarer Vogel! Wenn dein Gesang ebenso schön ist wie deine Federn, dann bist du wirklich der König aller Vögel!" Dem Raben gefiel es, dass der Fuchs ihm so schmeichelte. Er machte seinen Schnabel weit auf, um dem Fuchs etwas vorzusingen. Dabei fiel ihm der Käse auf den Boden. Den nahm der Fuchs schnell, fraß ihn und lachte über den dummen Raben.

Wortschatz AB

d Kennen Sie andere Geschichten dieser Art mit Tieren? Erzählen Sie.

12 a Gut vorlesen. Hören Sie die erste Fabel. Markieren Sie im Text Pausen und unterstreichen Sie Wörter und Satzteile, die der Sprecher besonders betont.

2.8

b Lesen Sie die erste Fabel selbst laut vor. Beachten Sie dabei Ihre Markierungen aus 12a.

c Arbeiten Sie zu zweit. Lesen Sie die zweite Fabel. Üben Sie so lange zusammen, bis die Fabel lebendig klingt. Die Tipps im Kasten helfen Ihnen.

Texte gut betonen
Machen Sie den Text lebendig:
- Welche Wörter und Informationen möchten Sie betonen? Markierungen im Text helfen.
- Üben Sie schwierige Wörter noch einmal extra.
- Lesen Sie klar, deutlich und nicht zu schnell.
- Verändern Sie Ihre Stimme bei wörtlichen Reden.

Frauen als Erfolgsrezept

13 **Was macht eine Firma erfolgreich? Sammeln Sie im Kurs.**

Wenn eine Firma erfolgreich sein will, braucht sie …

14 a **Sehen Sie den Film an. Was ist das Besondere an dieser Firma?**

b **Sehen Sie den Film noch einmal. Wer sagt was? Verbinden Sie.**

1 *René Mägli*
Geschäftsführer

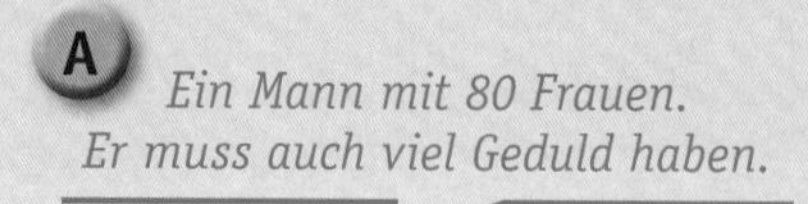
A Ein Mann mit 80 Frauen. Er muss auch viel Geduld haben.

2 *Anita Vogt*
Leiterin Export

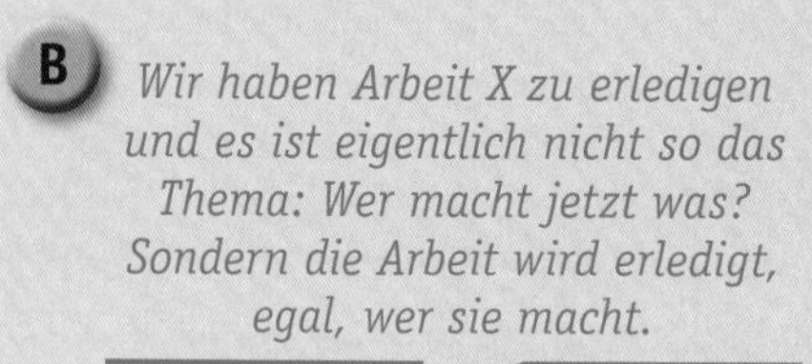
B Wir haben Arbeit X zu erledigen und es ist eigentlich nicht so das Thema: Wer macht jetzt was? Sondern die Arbeit wird erledigt, egal, wer sie macht.

3 *Yvonne de la Rosa*
Leiterin Internationaler Warenverkehr

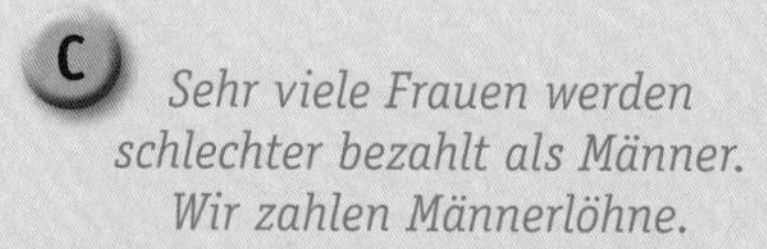
C Sehr viele Frauen werden schlechter bezahlt als Männer. Wir zahlen Männerlöhne.

c **Was meinen die drei Personen mit ihren Aussagen? Sprechen Sie darüber in Gruppen.**

d **Was kann eine Firma tun, damit ihre Mitarbeiter Beruf und Familie mit Kindern gut vereinen können? Sammeln Sie im Kurs.**

Beruf und Familie sind für MSC-Mitarbeiterinnen vereinbar.

15 a **Würden Sie gerne in einer Firma arbeiten, in der nur Männer oder nur Frauen arbeiten? Begründen Sie.**

b **Arbeiten Sie in Gruppen und erfinden Sie Ihre Traumfirma. Machen Sie Notizen und präsentieren Sie sie anschließend im Kurs.**

Bei uns beginnt die Arbeit erst um 10 Uhr. …

Wir haben ein Sportstudio und ein Restaurant, in dem …

Kurz und klar

Zeitliche Abfolgen (Vorzeitigkeit/Nachzeitigkeit) ausdrücken

Nina lebte allein mit Sarah. **Vorher** hatte sie sich von ihrem Mann getrennt.
Elisa diskutierte lang mit den Eltern, **bevor** sie in Urlaub fuhren.
Bevor Elisa bei Tom und Nina einzog, hatte sie bei ihrer Mutter gelebt.
Nachdem Elisa neue Freunde gefunden hat, findet sie die Abende im Urlaub richtig schön.
Elisa blieb zuerst bei ihrer Mutter, **nachdem** sich ihre Eltern getrennt hatten.

Konfliktgespräche führen

diplomatisch
Sei mir nicht böse, bitte.
Das ist ja nicht so schlimm.
Ich kann dich ja auch gut verstehen.
Wir finden bestimmt einen Kompromiss.
Ich wünsche mir, dass du mehr Zeit für mich hast.

undiplomatisch
Nie verstehst du mich!
Reg dich doch nicht immer so auf.
Das nervt mich wirklich.
Das kann echt nicht wahr sein!
Immer das Gleiche!

Grammatik

Vorvergangenheit ausdrücken: Plusquamperfekt

jetzt	Wir leben seit drei Jahren zusammen.	Gegenwart → Präsens
früher	Es gab immer Streit. Tom und Nina haben Hilfe gesucht.	Vergangenheit → Präteritum, Perfekt
noch früher	Nina **hatte** allein mit Sarah **gelebt**. Sascha **war** zur Welt **gekommen**.	Vorvergangenheit → Plusquamperfekt

Temporale Nebensätze: *bevor, nachdem, seit/seitdem, während, bis*

bevor	Elisa diskutierte lange mit den Eltern, **bevor** sie in Urlaub fuhren. **Bevor** Elisa ausgehen darf, muss sie das Geschirr abspülen.
nachdem	Elisa findet die Abende schön, **nachdem** sie Freunde gefunden hat. **Nachdem** Elisa weggefahren war, war Jasmin so allein.
seit/seitdem	**Seit** sie zusammen wohnen, streiten sie oft.
während	**Während** du telefonierst, räume ich auf.
bis	Tim will sparen, **bis** er sich ein Haus kaufen kann.

Im *nachdem*-Satz verwendet man ein anderes Tempus als im Hauptsatz:
- im Hauptsatz Präsens → im Nebensatz Perfekt
- im Hauptsatz Präteritum oder Perfekt → im Nebensatz Plusquamperfekt

Lernziele

Hilfe anbieten und annehmen/ablehnen
jemanden warnen
über Gewohnheiten sprechen
einen Infotext verstehen
einem Zeitungsartikel Informationen entnehmen
über Musik und Gefühle sprechen
eine Diskussion im Radio verstehen
über Gedächtnis sprechen
Infos in einem Zeitungstext finden
über Schule sprechen

Grammatik

nicht/kein und *nur + brauchen + zu*
Reflexivpronomen im Akk./Dat.: *Ich wasche mich. Ich wasche mir die Haare.*
zweiteilige Konnektoren: *sowohl ... als auch, entweder ... oder, ...*

2.9 **1. Hören Sie die Situationen. Wie entspannen Sie am besten?**

A ☐ B ☐ C ☐

Von Kopf bis Fuß

2.10 **2. Hören Sie drei Aussagen. Wer lebt am gesündesten?**

Person A ☐ Person B ☐ Person C ☐

3. Es ist Sommer, die Sonne scheint. Was machen Sie?

A ☐ Ich lege mich den ganzen Tag in die Sonne, dann werde ich schön braun.
B ☐ Ich creme mich mit Sonnencreme ein und bleibe im Schatten.
C ☐ Ich creme mich nicht ein, ich gehe ins Wasser. Dort ist es schön kühl.

4. Welches Essen ist am besten für die Gesundheit?

A ☐

Fisch mit Reis und Gemüse

B ☐

Schweinebraten mit Knödel

C ☐

Pasta mit Tomaten

5. Warum schnarchen manche Menschen?

A ☐ Das Schnarchen ist eine sehr alte Methode, wilde Tiere zu verjagen.

B ☐ Im Schlaf sind die Muskeln locker. Wer mit offenem Mund schläft, schnarcht.

C ☐ Menschen, die zu dick sind, schnarchen beim Atmen im Schlaf.

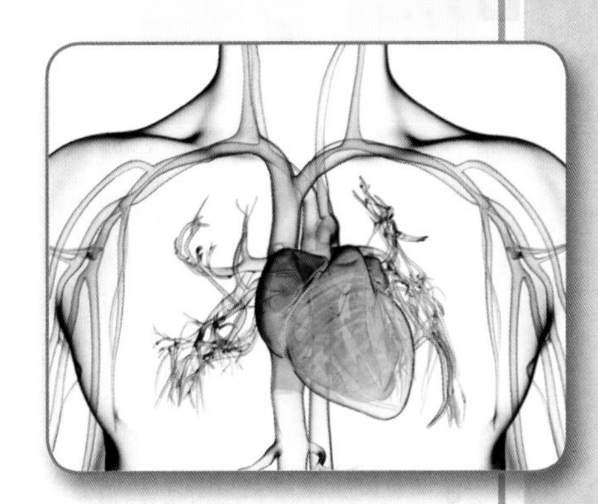

6. Wie können Sie Ihr Herz stärken?

A ☐ Ich bewege mich viel und mache Gymnastik.

B ☐ Ich trinke ausreichend Kaffee.

C ☐ Ich esse oft rohes oder blutiges Fleisch (z. B. Steaks).

7. Wie können Sie Ihr Gehirn fit halten?

A ☐ Ich schreibe mir alles auf, damit ich nichts vergesse.

B ☐ Ich strenge mich täglich ein bisschen an und löse z. B. ein Kreuzworträtsel.

C ☐ Ich spiele ein Instrument und übe täglich.

8. Jemand verschluckt eine Biene und wird im Hals gestochen. Was machen Sie, nachdem Sie den Rettungsdienst gerufen haben?

A ☐ Sie legen der Person lauwarme Tücher um den Hals.

B ☐ Sie achten darauf, dass sich die Person nicht hinlegt.

C ☐ Sie geben der Person Eiswürfel zum Lutschen und kühlen den Hals mit kalten Tüchern.

1

2.9–10

a Wie gut ist Ihr Wissen rund um Körper und Gesundheit? Machen Sie den Test.

b Lesen Sie die Auswertung auf Seite 159. Haben Sie sich richtig eingeschätzt? Welche Lösungen haben Sie überrascht?

2

8

Was brauchen Sie zum Wohlfühlen? Worauf möchten Sie nicht verzichten?

Ich fühle mich wohl, wenn …

Ich weiß, dass ich eigentlich nicht so viel …, aber …

Im Krankenhaus

3

Wortschatz AB

a **Arbeiten Sie zu zweit. Sehen Sie das Bild an und notieren Sie möglichst viele Wörter. Vergleichen Sie dann im Kurs.**

2.11–12

b **Hören Sie die Gespräche im Krankenzimmer. In welcher Stimmung ist der Patient? Welche Hilfe braucht er? Warum?**

2.11–12

c **Lesen Sie zuerst die Ausdrücke. Hören Sie dann die Gespräche noch einmal. Welche Ausdrücke hören Sie? Kreuzen Sie an.**

Hilfe anbieten
1. Brauchen Sie noch Hilfe? ☐
2. Was kann ich für dich tun? ☐
3. Und sonst noch etwas? ☐
4. Kann ich noch etwas für Sie tun? ☐
5. Sie brauchen mich nur zu rufen, wenn ich Ihnen helfen soll. ☐

Hilfe annehmen/ablehnen
6. Ja, das wäre sehr nett. ☐
7. Ja, das wäre gut. ☐
8. Danke, das wäre toll. ☐
9. Nein, danke, das ist nicht nötig/notwendig. ☐
10. Nein, du brauchst sonst nichts zu machen. ☐

jemanden warnen
11. Sie sollten nicht so viel … ☐
12. Das ist nicht gut für dich! ☐
13. Ich kann Ihnen nur dringend raten, … ☐
14. Ich muss Sie warnen. ☐
15. Es ist dringend notwendig, dass Sie … ☐
16. Seien Sie vorsichtig! ☐

4

a ***Nicht/kein* und *nur + brauchen + zu*. Was bedeuten die Sätze im Grammatikkasten? Ergänzen Sie das passende Modalverb.**

nicht/kein* und *nur + brauchen + zu

Das **brauchst** du **nicht zu** machen. =
Das ________________ du nicht machen.
Er **braucht kein** Fieber **zu** messen. =
Er ________________ kein Fieber messen.
Sie **brauchen** mich **nur zu** rufen. =
Sie ________________ mich nur rufen.

b **Kein Problem! Formulieren Sie Antworten mit *nicht/kein* und *nur + brauchen + zu*.**

1. ◆ Ich möchte so gerne einen Kaffee! ◇ ins Café gehen
2. ◆ Ich habe keinen Hunger. ◇ nichts essen
3. ◆ Ich kann das nicht allein! ◇ die Schwester rufen
4. ◆ Ich habe solche Schmerzen. ◇ eine Tablette nehmen
5. ◆ Bitte keine Spritze! ◇ keine Angst haben

1. Du brauchst nur ins …

c **Wählen Sie eine Situation im Krankenhaus und spielen Sie das Gespräch zu zweit. Machen Sie vorher Notizen und verwenden Sie auch die Redemittel aus 3c.**

A Patient/Patientin
- möchte spazieren gehen
- fühlt sich schwach und schwindlig

A Pfleger/Pflegerin
- draußen ist es kalt und glatt
- hat Angst, dass Patient sich verletzt

B Patient/Patientin
- liegt schon seit zwei Tagen im Bett
- alles ist unbequem und langweilig

B Pfleger/Pflegerin
- kann Bücher und Zeitschriften bringen
- möchte mit Patient Gymnastik machen

5 **a** **Reflexivpronomen im Akkusativ und Dativ. Lesen Sie die Aussagen 1 bis 3. Zu welchem Bild passen sie? Notieren Sie die Nummer.**

A

B
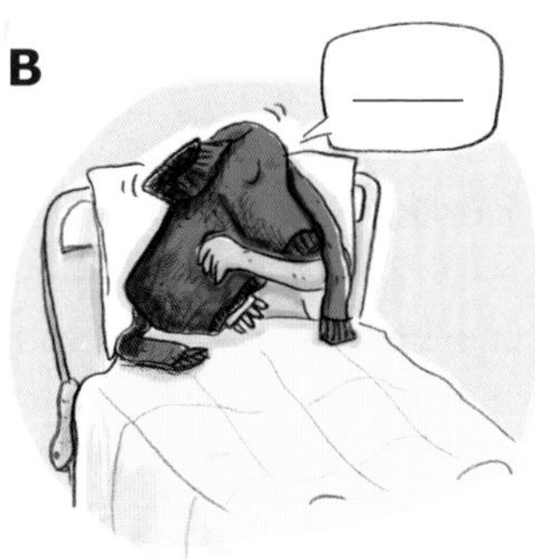

C

1. Kannst du mir die Socken anziehen?
2. Kannst du dich allein anziehen?
3. Den Pulli kann ich mir allein anziehen.

Reflexivpronomen im Akkusativ und Dativ

Ich ziehe **mich** an.
Ich ziehe **mir** (Dativ) **den** Pullover (Akkusativ) an.

Reflexivpronomen und Akkusativobjekt → Reflexivpronomen im Dativ

b **Arbeiten Sie zu zweit. Formulieren Sie Fragen in der Du-Form. Machen Sie dann ein Partnerinterview.**

1. sich die Haare kämmen – gleich nach dem Aufstehen?
2. sich die Zähne putzen – vor oder nach dem Frühstück?
3. sich anziehen – zuerst den linken oder rechten Schuh?
4. sich duschen – am Morgen oder am Abend?
5. sich die Haare waschen – jeden Tag?

1. Kämmst du dir die Haare gleich …

6 **a** **Aufenthalt im Krankenhaus. Was möchten Patienten wissen? Welche Fragen haben sie? Arbeiten Sie zu zweit und überlegen Sie sich pro Thema mindestens eine Frage.**

Besuchszeiten • Essen und Getränke • Fernsehen • Kleidung • Telefon • Wertsachen

Wann dürfen mich Freunde besuchen?

b **Teilen Sie die Fragen auf und suchen Sie die Antworten im Infoblatt der *Fein-Klinik*. Sagen Sie die Antworten Ihrem Partner / Ihrer Partnerin.**

Informationen für Ihren Aufenthalt in unserer Klinik

Essen und Getränke: Das Küchenteam bereitet täglich drei Hauptmahlzeiten (davon immer eine vegetarisch) und mehrere Zwischenmahlzeiten zu. Für diätische Ernährung ist unsere Diät-Assistentin zuständig. Auf den Stationen steht Ihnen jederzeit kostenlos Mineralwasser zur Verfügung, ebenso wie Tee und Kaffee.

Kleidung: Bitte nehmen Sie bequeme Kleidung mit. Neben Nachthemd, Schlafanzug, Bademantel und Hausschuhen eignen sich Trainingsanzüge für Ihren Klinikaufenthalt.

Fernsehen: Mit dem Fernsehgerät können Sie 30 Programme empfangen. Die Nutzung des Apparats kostet 2,50 € pro Tag. Die Gebühren bezahlen Sie bei der Entlassung. Die Gebrauchsanweisung für die Fernbedienung finden Sie neben Ihrer Zimmertür.

Telefon: Die Gebühren für das Telefon betragen 2 € pro Tag, inkl. Gespräche ins deutsche Festnetz. Ihre Rufnummer steht gut sichtbar auf der Chipkarte, die Sie am Automaten neben der Rezeption erhalten.

Besuchszeiten: Besucher sind prinzipiell jederzeit willkommen, am besten eignet sich der Nachmittag. Bitte nehmen Sie bei Besuchen Rücksicht auf Ihre Zimmernachbarn.

Wertsachen: Wir empfehlen Ihnen, sämtliche Wertsachen im Schließfach in Ihrem Schrank aufzubewahren.

Notausgang und Notfälle: Bei einem Notfall drücken Sie den Alarmknopf. Der Weg zum Notausgang ist beschildert.

c **Welche Regeln und Informationen gibt es in Kliniken in Ihrem Heimatland? Vergleichen Sie.**

Alles Musik

7

a In welchen Situationen oder Stimmungen hören Sie welche Musik?

Wenn ich jogge, höre ich immer …

Wenn ich gestresst bin, …

b Lesen Sie den Zeitungsartikel über Musik. Welche Themen kommen im Text vor? Markieren Sie.

Musikstudium • Musik und Emotionen • Musik zu bestimmten Anlässen • Musik und Gehirn • Entstehen von Musikgeschmack • Merkmale guter Musik • Filmmusik • Musik und Erinnerung • Musikinstrumente • Musik und Reklame

Was Musik mit uns macht

Musik löst Gefühle aus – sie macht uns fröhlich oder traurig

Der amerikanische Forscher Steven Pinker, der viele Untersuchungen zum Thema Musik durchgeführt hat, hat einmal gesagt: „Musik ist Käsekuchen für die Ohren", also etwas Süßes oder Leckeres. Aber Musik 5 kann natürlich auch anders „schmecken". Heavy Metal ist für die Ohren wohl eher scharf und würzig.

Man kann entweder Techno oder Metal mögen. Unabhängig davon, ob uns die Musik gefällt oder nicht – wir reagieren alle gleich darauf, sobald wir Musik 10 hören. Jeder kann das beobachten: Auf fröhliche Dur-Tonarten und schnelle Rhythmen reagieren wir so ähnlich, als ob wir uns freuen würden: Wir atmen zum Beispiel schneller. Bei langsamen Stücken in Moll dagegen ist das anders: Der Puls sinkt und man 15 fühlt sich traurig. Die Musik wirkt beruhigend. Daher spielt man weder bei feierlichen Staatsempfängen noch auf Beerdigungen fröhliche Musik in Dur-Tonarten. Warum ist das so? Was passiert da in unseren Köpfen? Dafür gibt es eine interessante Er- 20 klärung. Die Geräusche gelangen über die Ohren ins Gehirn. Das Gehirn verarbeitet die Informationen sowohl in Bereichen, die für Sprache zuständig sind, als auch in Bereichen, die für Gefühle verantwortlich sind. Deswegen kann es sein, dass wir fröhlich 25 werden, wenn wir Salsa hören, und dass wir traurig werden oder weinen, wenn wir tragische Musik in Moll hören.

Dass Musik unsere Stimmung beeinflusst, wissen wir auch aus dem Kino. Stellen Sie sich einen spannen- 30 den Thriller ohne Musik vor oder eine romantische Liebesszene – der Film wäre zwar immer noch gut gespielt und gut gemacht, aber er würde uns alle nicht so berühren. Er wäre vermutlich ziemlich langweilig.

Nicht nur in der Filmbranche oder in der Werbung ist 35 Musik wichtig, sondern auch in der Medizin spielt sie eine wichtige Rolle. Personen, die an Alzheimer leiden, die sich an fast nichts mehr erinnern und kaum noch sprechen können, singen bekannte Lieder mit. Mithilfe von Musik erinnern sie sich an Erlebnisse aus 40 ihrem Leben. Musik ist also einerseits Unterhaltung für uns, andererseits aber viel mehr als das: Sie beeinflusst unsere Stimmung und sie ist etwas, was kranken Menschen hilft und wie Medizin wirken kann.

c Lesen Sie den Text noch einmal. Was steht im Text? Kreuzen Sie an.

1. Für S. Pinker ist Musik nicht nur schön, sondern auch ein Forschungsthema. ☐
2. Nur Musik, die uns gefällt, löst im Körper Gefühle aus. ☐
3. Musik wird in unserem Gehirn in den Bereichen für Sprache und Gefühle verarbeitet. ☐
4. Musik in Dur-Tonarten macht die Menschen traurig und ruhig. ☐
5. Musik ist auch für die Heilung kranker Menschen wichtig. ☐

8

a Zweiteilige Konnektoren. Lesen Sie die Informationen im Kasten. Suchen Sie die zweiteiligen Konnektoren im Text und markieren Sie.

Zweiteilige Konnektoren

sowohl ... als auch / nicht nur ..., sondern auch	entweder ... oder	weder ... noch	zwar ..., aber	einerseits ..., andererseits
das eine **und** das andere	das eine **oder** das andere	das eine **nicht und** das andere **nicht**	das eine **mit Einschränkungen**	eine Sache hat **zwei Seiten**

Wortschatz AB

b Verbinden Sie und schreiben Sie die richtigen Sätze.

1. Ich mag sowohl klassische Musik
2. Wenn ich arbeite, kann ich weder Radio
3. Am Wochenende gehe ich entweder ins Kino
4. Tom geht zwar gern auf Konzerte,
5. In meiner Freizeit treffe ich einerseits gerne Freunde,
6. Ich höre nicht nur gern Musik,

aber
als auch
andererseits
noch
oder
sondern

A auf ein Konzert.
B bin ich auch gern mal alleine.
C CDs hören.
D ich spiele auch selbst ein Instrument: Gitarre.
E oft bleibt er lieber zu Hause.
F Rock.

1. F
Ich mag sowohl klassische Musik als auch Rock.

c Spielen Sie in Gruppen. Jeder würfelt und bildet einen Satz. Wer hat als Erstes zu jedem Konnektor einen Satz gemacht?

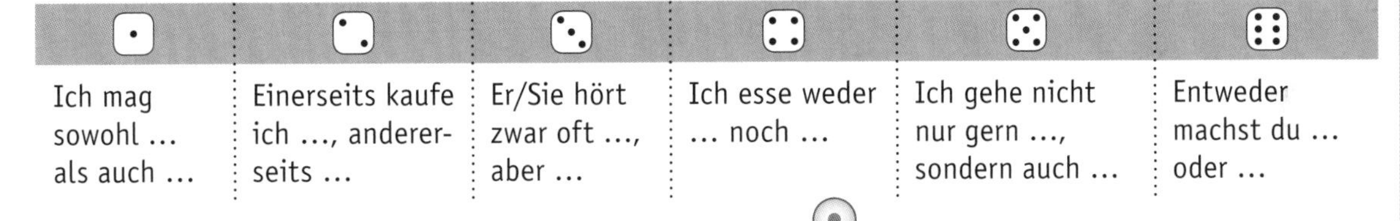

⚀	⚁	⚂	⚃	⚄	⚅
Ich mag sowohl ... als auch ...	Einerseits kaufe ich ..., andererseits ...	Er/Sie hört zwar oft ..., aber ...	Ich esse weder ... noch ...	Ich gehe nicht nur gern ..., sondern auch ...	Entweder machst du ... oder ...

9

Musik in Ihrem Kopf. Welche Lieder verbinden Sie mit besonderen Erinnerungen? Welches Lied mögen Sie gar nicht? Welches Lied geht Ihnen oft durch den Kopf?

„Gangnam Style" ist ein Lied, das ich zwar lustig finde, aber es ist ein schrecklicher Ohrwurm und nervt ...

2.13

Gut gesagt: Rund um Musik
Das ist Musik in meinen Ohren. =
Ich freue mich über eine gute Nachricht oder weil mich jemand gelobt hat.
Das Lied ist ein Ohrwurm. =
Ich habe ständig dieses Lied im Kopf.

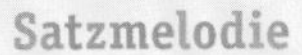

10

2.14

a Satzmelodie. Hören Sie und markieren Sie die Satzmelodie: steigend ↗, sinkend ↘ oder gleichbleibend → ?

- Ich höre im Moment → oft Salsa. ___
- Salsa? ___ Hast du gerade gute Laune? ___
- Ja. ___ Aber ich höre auch Tango. ___
- Warum hörst du Tango? ___ Ist das nicht eher traurige Musik? ___
- Tango kann sowohl traurig ___ als auch fröhlich sein. ___
- Hm, ___ ich höre lieber Rock und Pop. ___

Satzmelodie
↗ bei Ja-/Nein-Fragen, Nachfragen, sehr höflichen Fragen/Äußerungen
↘ bei Aussagen, Aufforderungen und W-Fragen
→ bei nicht abgeschlossenen Äußerungen und bei Unsicherheit

2.14

b Stehen Sie auf, hören Sie die Sätze noch einmal. Satzmelodie steigend: heben Sie die Arme; gleichbleibend: bleiben Sie stehen; fallend: gehen Sie in die Knie.

Gedächtnisleistung

11 a Woran können Sie sich noch erinnern? Lesen Sie die Fragen und notieren Sie.

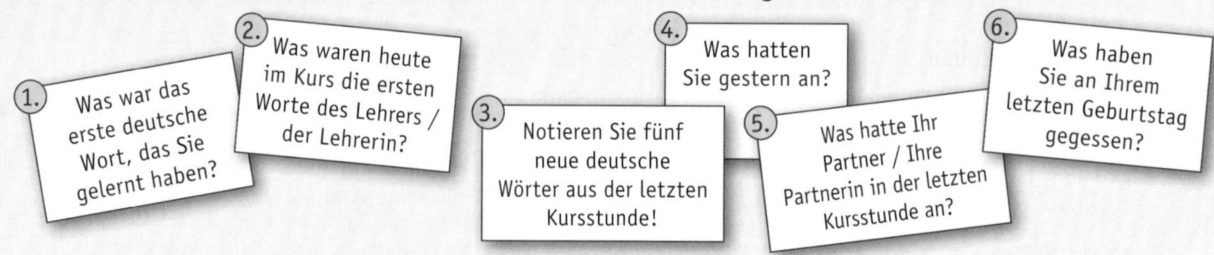
1. Was war das erste deutsche Wort, das Sie gelernt haben?
2. Was waren heute im Kurs die ersten Worte des Lehrers / der Lehrerin?
3. Notieren Sie fünf neue deutsche Wörter aus der letzten Kursstunde!
4. Was hatten Sie gestern an?
5. Was hatte Ihr Partner / Ihre Partnerin in der letzten Kursstunde an?
6. Was haben Sie an Ihrem letzten Geburtstag gegessen?

b Sprechen Sie in einer Kleingruppe über Ihre Antworten in 11a. Warum können Sie sich an manche Dinge gut erinnern und an andere nicht?

12 a Wie lernt man? Lesen Sie die Programmankündigung. Was ist wichtig beim Lernen?

RADIODISKUSSION

Das Thema der Radiodiskussion ist dieses Mal „Lernen lernen". Viele Aspekte sind beim Sprachenlernen wichtig, aber es geht am leichtesten, wenn man motiviert und emotional involviert ist – meint der Lerncoach Dr. Schellbach. Er beschäftigt sich seit 15 Jahren mit diesem Thema. Unser zweiter Studiogast ist die Lehrerin Ina Dahlmeyer. Sie möchte ihren Schülern Techniken vermitteln, die beim Lernen helfen.

2.15

b Lesen Sie die Aussagen und hören Sie dann die Radiosendung. Wer sagt das? Notieren Sie M (Moderator), S (Dr. Schellbach) oder D (Dahlmeyer).

1. Es gibt keine feste Tageszeit, zu der man am besten lernt. ___
2. Wenn man besonders motiviert ist, lernt man effektiver. ___
3. Verschiedene Strategien helfen beim Lernen. ___
4. Wiederholen hilft, sich Dinge dauerhaft zu merken. ___
5. Die Lernmenge ist nicht für jeden Schüler passend. ___
6. Vor Prüfungen kann man sich oft nicht an den Stoff erinnern. ___

2.15

c Hören Sie noch einmal und kontrollieren Sie Ihre Antworten aus 12b.

13 a Welche deutschen Wörter können Sie sich schlecht merken? Wählen Sie 7 bis 10 schwierige Wörter und schreiben Sie damit eine kurze, ungewöhnliche Geschichte.

Sie hatte Geburtstag und schon viel Aufmerksamkeit bekommen …

Wörter lernen
Um sich (schwierige) Wörter besser zu merken, sollten Sie diese in einem ungewöhnlichen Kontext verwenden. Denken Sie sich zum Beispiel eine fantasievolle und ungewöhnliche Geschichte aus, in der diese Wörter vorkommen. Überprüfen Sie einige Tage später, wie gut Sie sich an die Wörter erinnern.

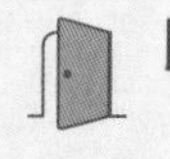

b Welche weiteren Lerntipps kennen Sie? Arbeiten Sie in Kleingruppen und sammeln Sie Ihre Tipps. Recherchieren Sie auch im Internet. Machen Sie neue Kleingruppen mit Personen aus den anderen Gruppen und berichten Sie sich gegenseitig.

Neue Lernwege in der Schule

14 a Was assoziieren Sie mit Schule? Ergänzen Sie gemeinsam die Mindmap.

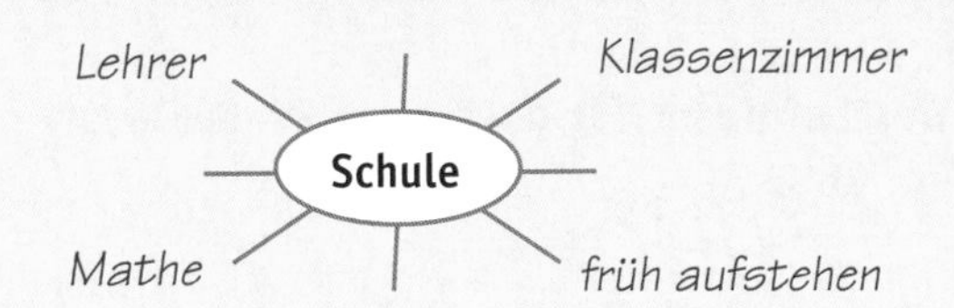

b Lesen Sie den Zeitungsartikel über eine Gesamtschule. Markieren Sie fünf Informationen, die Ihnen wichtig sind.

Die Lichtenberg-Gesamtschule in Göttingen – eine ausgezeichnete Schule

In der Gesamtschule lernen Schüler, die normalerweise unterschiedliche Schulen (Gymnasium, Realschule oder Hauptschule) besuchen würden, erfolgreich gemeinsam. Viele der Schüler, denen in der Grundschule niemand ein Abitur zugetraut hat, können hier beweisen, was in ihnen steckt. Und das Wichtigste: Alle Schüler lernen gern hier. Dafür hat die Schule auch den Deutschen Schulpreis erhalten.
Die Lichtenberg-Gesamtschule unterscheidet sich in vielen Aspekten von einer „normalen" Schule, dennoch – oder gerade deshalb – zeigen die Schüler besonders gute Leistungen bei den Schulabschlüssen. Laut dem Hirnforscher Gerald Hüther liegt das daran, dass die Schüler sich fast ausschließlich selbstständig mit dem Stoff vertraut machen, Freude am Entdecken haben und sich deshalb besonders bemühen.
Hier funktioniert das Lernen z. B. ohne Druck, denn an der Lichtenberg-Schule gibt es bis zur achten Klasse keine Noten. Die Schüler erhalten einmal im Halbjahr Feedback, und zwar in Form von Berichten. Dort steht neben den Informationen zu den Leistungen auch viel über die Stärken der Schüler und ihre Entwicklung. Zusätzlich gibt es Hinweise, wie die Schüler ihre Schwächen ausgleichen können.
Die Stärken und Schwächen der Schüler werden auch in den sogenannten „Tischgruppen" genutzt. Sechs Schüler und Schülerinnen arbeiten an einem Tisch. Hier diskutieren die Schüler, bringen ihre Ideen ein und finden Lösungswege – jeder kann und soll sich beteiligen. Die Stärkeren unterstützen die Schwächeren. Dabei können diese Rollen ständig wechseln: In Deutsch oder Englisch zählt der Matheprofi vielleicht plötzlich zu den Schwächeren und braucht Förderung. Die Schüler haben nicht nur eine besondere Beziehung untereinander, sondern auch zu ihren Lehrern.

Jede Klasse hat zwei Klassenlehrer. Die Lehrer an der Lichtenberg-Schule sind „Lernbegleiter" und Betreuer, Lehrer und Schüler duzen sich ausnahmslos. Alle Klassenzimmer einer Jahrgangsstufe liegen nebeneinander und die Türen stehen immer offen. So bilden die Lehrer einer Jahrgangsstufe ein großes Team und tauschen sich intensiv aus. Die Lehrer kennen also den Unterrichtsstoff und die Schüler der eigenen und der anderen Klassen gut.
Auch nach dem Unterricht geht es anders zu als an anderen Schulen. Die Schüler haben Wochenaufgaben, die sie gemeinsam oder individuell in den Nachmittagsstunden in der Schule erledigen. Alles, was die Schüler in der Schule erarbeitet und gelernt haben, präsentieren sie viermal im Jahr den Eltern. Bei diesen Treffen erzählen sie von Konflikten und Erfolgen, berichten über Projekte und Pläne. Natürlich hatten manche Eltern Zweifel, wie eine Schule ohne Noten und ohne klassischen Unterricht funktionieren kann. Die Erfolge und die Lernfreude der Kinder zeigen jedoch, wie gut das Konzept offenbar funktioniert.

c Vergleichen Sie mit einem Partner / einer Partnerin die markierten Informationen. Haben Sie die gleichen Informationen markiert? Sprechen Sie und begründen Sie Ihre Wahl.

d Wären Sie gern Schüler/Schülerin in dieser Schule? Warum (nicht)? Was würden Sie noch gern in Schulen ändern? Diskutieren Sie in Kleingruppen.

Leben im 21. Jahrhundert – Multitasking

15 a **Welche dieser Tätigkeiten machen Sie oft gleichzeitig? Verbinden Sie und vergleichen Sie im Kurs.**

telefonieren | kochen | essen | fernsehen | arbeiten | lernen

E-Mails schreiben | Musik hören | sich unterhalten | …

b **Was können Sie gut gleichzeitig machen? Wann funktioniert es nicht mehr? Sprechen Sie zu zweit.**

16 a **Sehen Sie den Film an. Wann funktioniert Multitasking nicht? Warum? Nennen Sie Beispiele aus dem Film.**

8

b **Sehen Sie den Film noch einmal. Sind die Aussagen richtig oder falsch? Korrigieren Sie die falschen Aussagen mündlich im Kurs.**

8

	richtig	falsch
1. Wenn man den Weg noch nicht kennt, konzentriert man sich auf die Wegsuche.	☐	☐
2. Man achtet unbewusst auf alles, auch wenn einem der Weg vertraut ist.	☐	☐
3. Multitasking funktioniert, weil man die Dinge nicht ganz aufmerksam macht.	☐	☐
4. Multitasking funktioniert nicht mehr, wenn man müde wird.	☐	☐
5. Man vergisst, andere Dinge zu tun, wenn eine Tätigkeit mehr Aufmerksamkeit braucht.	☐	☐
6. Man kann beliebig viele Dinge gleichzeitig tun.	☐	☐
7. Bei bestimmten Tätigkeiten ist es verboten, gleichzeitig noch etwas anderes zu machen.	☐	☐

17 **Arbeiten Sie in Kleingruppen. Diskutieren Sie über jede Aussage auf den Kärtchen und geben Sie Beispiele.**

Multitasking bei der Arbeit macht krank.

Manche Menschen sind im Multitasking besser als andere.

Multitasking funktioniert nur bei einfachen Tätigkeiten, ansonsten passieren Fehler.

Mit Multitasking ist man beruflich erfolgreicher.

Kurz und klar

Hilfe anbieten

Brauchen Sie (noch) Hilfe?
Was kann ich für dich tun?
Und sonst noch etwas?
Kann ich noch etwas für Sie tun?
Sie brauchen mich nur zu rufen, wenn ich Ihnen helfen soll.

Hilfe annehmen/ablehnen

Ja, das wäre sehr nett.
Ja, das wäre gut.
Danke, das wäre toll.
Nein, danke, das ist nicht nötig/notwendig.
Nein, du brauchst sonst nichts zu machen.

Jemanden warnen

Sie sollten nicht so viel liegen.
Das ist nicht gut für dich!
Ich kann Ihnen nur dringend raten, ...
Ich muss Sie warnen.
Es ist dringend notwendig, dass Sie ...
Seien Sie vorsichtig.

Grammatik

nicht/kein und *nur + brauchen + zu*

nicht/kein + brauchen + zu
Das **brauchst** du **nicht zu** machen. = Das musst du nicht machen.
Du **brauchst keine** Angst **zu** haben. = Du musst keine Angst haben.

nur + brauchen + zu
Sie **brauchen** mich **nur zu** rufen. = Sie müssen mich nur rufen.

Reflexivpronomen im Akkusativ und Dativ

Ich ziehe		**mich**	an.
Ich ziehe	**mir**	**den** Pullover	an.
	Dativ	**Akkusativ**	

Reflexivpronomen im Dativ

Singular		**Plural**	
ich	mir	wir	uns
du	dir	ihr	euch
er/es/sie	sich	sie/Sie	sich

Wenn es bei reflexiven Verben ein Reflexivpronomen und ein Akkusativobjekt gibt, steht das Reflexivpronomen im Dativ.

Zweiteilige Konnektoren

das eine **und** das andere	Ich höre **sowohl** Klassik **als auch** Pop. Ich höre **nicht nur** Klassik, **sondern auch** Pop.
das eine **oder** das andere	Er hört **entweder** Rock **oder** Techno.
das eine **nicht und** das andere auch **nicht**	Sie hört **weder** Trip-Hop **noch** Jazz.
das eine **mit Einschränkungen**	Ich höre **zwar** gern Jazz, **aber** lieber höre ich Salsa.
Gegensatz; eine Sache hat **zwei Seiten**	Ich höre **einerseits** gerne laute Musik, **andererseits** stört sie mich manchmal auch, dann mag ich es ganz ruhig.

Zweiteilige Konnektoren können Satzteile oder ganze Sätze verbinden:
Satzteile: Ella spielt nicht nur Flöte, sondern auch Klavier.
Ganze Sätze: Brian spielt nicht nur Gitarre, sondern er singt auch gut.

Lernziele

einen Zeitungsbericht und Inserate verstehen
Personen oder Dinge genauer beschreiben
Hauptinformationen in Zeitungstexten finden
etwas verneinen
über Bilder sprechen
Aussagen verstärken oder abschwächen
ein Interview mit einem Regisseur verstehen
über Filme sprechen
ein Volkslied verstehen und darüber sprechen

Grammatik

Adjektivdeklination ohne Artikel
Stellung von *nicht* im Satz

Handwerk und Kunst, Schmuckstücke von Annette Dobiaschowski-Viertler

Marias Blog

Bevor ich aus dem Haus gehe, suche ich gewöhnlich meinen Schmuck aus. Ich wähle diese Ohrringe und die Kette meistens dann, wenn es einen besonderen Anlass gibt. Aber manchmal greife ich auch an einem ganz normalen Arbeitstag zu diesem Schmuck, wenn ich mich danach fühle.

Ich liebe diese Schmuckstücke, weil es Unikate sind, es gibt immer nur ein Exemplar. Der Schmuck ist von Annette Dobiaschowski-Viertler, einer Kunsterzieherin und Schmuckdesignerin. Sie hat tolle Ideen und kann ihr Handwerk sehr gut. „Kunst und Können gehören zusammen", sagt sie. Und das denke ich auch.

Kunststücke

Wenn ich mit der S-Bahn am Bahnhof Innsbruck ankomme, dann gehe ich diese Stiege hinauf. Und jeden Tag wandert mein Blick zu diesem Bild: „Innsbrucks Gegenwart" heißt es. Stimmt nicht mehr ganz, denn Max Weiler hat es schon 1955 gemalt. Ich schätze dieses Gemälde sehr. Ich mag die hellen Farben, die fröhlichen Figuren. Das ist ein guter Start in den Tag.

Die neue Bahnhofshalle in Innsbruck: Nur noch die beiden Bilder von Max Weiler erinnern an den alten Bahnhof.

1 a Kunst und Kultur. Sehen Sie die Fotos an. Welche Abbildung spricht Sie am meisten an? Und was gefällt Ihnen nicht? Warum?

Wortschatz AB **b Kunst im Alltag in Innsbruck. Arbeiten Sie in 5er-Gruppen. Jeder liest aus Marias Blog den Text zu einer Abbildung. Was für ein Kunstwerk ist das? Was findet Maria daran schön? Warum? Berichten Sie in der Gruppe.**

Vom Bahnhof gehe ich direkt zur Arbeit. Oft nehme ich den Weg an der Hofburg vorbei. Gegenüber der Hofburg, auf dem Platz vor dem Landestheater, steht dieser Brunnen. Ich komme gern hierher und schaue mir die Figuren an.

In Innsbruck sieht man immer Altes und Neues nebeneinander, das mag ich. Der Brunnen und die Statuen sind fast 400 Jahre alt, die Hofburg in der heutigen Form ließ Kaiserin Maria Theresia so bauen, vor 250 Jahren. Es gab hier aber auch schon um 1350 eine Burg.

Leopoldsbrunnen und Hofburg

Gleich nach der Hofburg komme ich an zwei Stationen der Hungerburgbahn vorbei. Man kann direkt vom Zentrum der Stadt auf einen Berg fahren, nämlich auf das Hafelekar in 2300 Meter Höhe. Innsbruck ohne Berge – das kann ich mir gar nicht vorstellen.

Die Hungerburgbahn ist nicht nur ein Verkehrsmittel. Die runden Formen der Stationen von der Architektin Zaha Hadid fallen sofort ins Auge. Nicht alles nur waagerecht oder senkrecht, sondern auch schräge Linien und Kurven. Das ist was für Fans moderner Architektur, also für mich.

Hungerburgbahn, Station Löwenhaus, von Zaha Hadid

Wenn ich dann ins Büro komme, begrüßt mich dieser Quilt an der Wand, ein Bild aus Stoffen von Hand genäht. Ich mag die Farben, ich mag die geometrischen Formen und die vielen Details vom Nähen. Aber vor allem die Idee dahinter ist großartig: Bosna Quilt.

1993 mussten viele Menschen wegen des Krieges aus Bosnien flüchten. In Vorarlberg begann die Künstlerin Lucia Lienhard-Giesinger, mit Flüchtlingsfrauen Quilts zu nähen. Die Frauen konnten so wenigstens für kurze Zeit an etwas anderes denken und ein wenig Kraft schöpfen. Das Projekt gibt es bis heute.

Bosna-Quilt, entworfen von Lucia Lienhard-Giesinger, genäht von Elma Ušanović (107 x 130 cm, 2006)

2

2.16–17

a Kunst im Gespräch. Hören Sie. Zu welchen zwei Kunstwerken bekommen Sie weitere Informationen? Notieren Sie Stichworte und berichten Sie in Ihrer Gruppe.

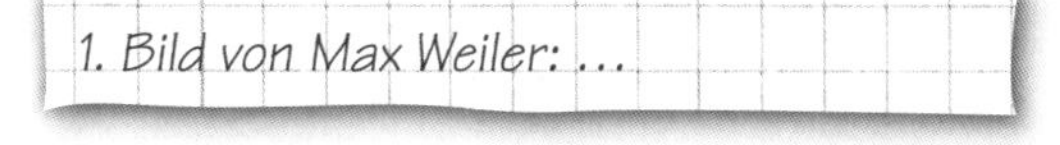

b Kunst in Innsbruck. Suchen Sie ein anderes Kunstobjekt in Innsbruck und stellen Sie es vor.

3

a Sind Sie heute schon Kunst begegnet? Was haben Sie auf dem Weg zum Kurs gesehen (Gebäude, Graffiti, Statuen, ...)?

b Welches Kunstwerk hat Sie sehr beeindruckt? Beschreiben Sie es und erzählen Sie im Kurs.

In meiner Schulklasse hing ein großes Poster, ein Bild von Pablo Picasso: Don Quixotte. Ich fand ...

Wir machen Theater!

4 **a** **Haben Sie schon mal Theater gespielt? Was hat Ihnen dabei Spaß gemacht? Was braucht man? Worum muss man sich kümmern? Sprechen Sie im Kurs.**

b **Lesen Sie den kurzen Bericht und die vier Aussagen. Was ist richtig? Kreuzen Sie an.**

Alles geht – aber nicht mit uns!

Nach dem erfolgreichen Theaterstück „Der Letzte macht das Licht aus" arbeitet die Theatergruppe *alles geht* schon wieder für die nächste Premiere. Diesmal bringen die Amateure ein eigenes Stück auf die Bühne. Regie führt Lise Weismüller.
Die Mitglieder der Gruppe arbeiten in völlig verschiedenen Berufen, als Krankenpfleger oder Verkäuferin, als Manager, Elektriker oder Ärztin, und sie kennen die Arbeitswelt von allen Seiten. Das neue Stück heißt „Alles geht – aber nicht mit uns!", die Theaterleute haben es selbst miteinander verfasst. In diesem Stück geht es um die Situation am Arbeitsplatz: Viele Leute haben Angst um ihren Job, andere sind in ihrer Arbeit so belastet, dass sie nicht mehr wissen, wie es weitergehen soll. Andere haben das Gefühl, dass niemand ihre Leistung schätzt. Über die Folgen für das Privatleben redet man am liebsten gar nicht. Zumindest auf der Bühne wollen sich die Schauspieler wehren und zeigen: Man muss kein stummes Opfer sein. Deshalb auch der zweite Teil des Titels „nicht mit uns". Nähere Informationen zur Gruppe und zum Stück finden sie auf

1. Die Gruppe *alles geht* führt zum ersten Mal ein Theaterstück auf.
2. Die Mitglieder der Theatergruppe haben das neue Stück selbst geschrieben.
3. Das Thema des neuen Stücks ist die Arbeitswelt.
4. Nur wenige Menschen haben Probleme in ihrem Beruf.

Wortschatz AB **c** **Was für Personen und Dinge sucht die Theatergruppe *alles geht*? Was müssen die Personen können? Wozu braucht die Gruppe die Dinge?**

Home | News | Programm | **Gesucht** | Reservierung | Kontakt

GESUCHT

„alles geht" ist unser Motto, darum lässt sich auch dieses Problem mit eurer Hilfe leicht lösen.

- Wir suchen nette Friseurin, die uns vor den Aufführungen mit coolen Frisuren und passender Schminke hilft. Wir bieten nettes Team, großen Spaß und lange Feiern. :-)
- Du weißt, wie man eine Theaterbühne beleuchtet? Du kannst auch mit alten Scheinwerfern und einfacher Ausstattung tolles Licht für die Bühne zaubern? Und du hast noch Platz im Terminkalender? Dann bist du unser Mann / unsere Frau!
- Theater *alles geht* sucht altmodisches Sofa mit hoher Lehne, gerne auch nur zum Ausleihen. Und wer hat ein großes, altes Radio? Es muss nicht mehr funktionieren.
- Bist du Schauspieler oder möchtest du es vielleicht ausprobieren? Dann komm zu uns, wir suchen 60-jähriges Talent für kleine Rolle in spannendem Stück! Am besten mit weißem Bart. Schön wäre, wenn du auch Lust hast zu singen.
- Du kannst gut nähen und liebst Theater? Du bist gern Teil einer netten Gruppe? Du hast kreative Ideen, wie wir auf der Bühne gut aussehen? Und du hast selbst eine Nähmaschine? Wir suchen dich! Deine Aufgabe ist, vorhandene Kostüme anzupassen.

Sie brauchen eine Friseurin, die auch gut schminken kann.

2.18

Gut gesagt: „Theater"-Sprüche
Mach nicht so ein Theater!
So eine Tragödie!
Ich hab so Lampenfieber.
Da würde ich gern mal hinter die Kulissen sehen.

5

a Adjektive ohne Artikel. Lesen Sie die Inserate in 4c noch einmal und ergänzen Sie die Adjektive in den Sätzen 1 bis 5. In welchem Kasus stehen die Adjektive? Notieren Sie und markieren Sie die Endungen.

1. Wir suchen _nette_ Friseurin _(Akk.)_, die uns mit ____________ Frisuren (_____) hilft.
2. Wir bieten ____________ Team (_____) und ____________ Spaß (_____).
3. Du kannst mit ____________ Scheinwerfern (____) ____________ Licht (_____) für die Bühne zaubern.
4. Das fehlt für die Bühne: ________________ Sofa (_____) mit ____________ Lehne (_____).
5. Wir suchen 60-jähriges Talent, am besten mit ____________ Bart (_____).

b Ergänzen Sie die Tabelle.

Adjektivdeklination ohne Artikel

	maskulin	neutrum	feminin	Plural
Nom.	der Spaß	das Stück	die Gruppe	die Haare
	groß_er_ Spaß	neu___ Stück	nett_e_ Gruppe	lang___ Haare
Akk.	den Spaß	das Stück	die Gruppe	die Haare
	groß___ Spaß	neu___ Stück	nett___ Gruppe	lang___ Haare
Dat.	dem Spaß	dem Stück	der Gruppe	den Haaren
	groß___ Spaß	neu___ Stück	nett___ Gruppe	lang___ Haaren

Adjektive ohne Artikel haben die gleiche Endung wie der bestimmte Artikel: der → großer Spaß

c Ergänzen Sie die Inserate.

1. Wir suchen erfahren____ Techniker mit kreativ____ Ideen für toll____ Licht auf der Bühne!
2. Sie sind Friseurin, die mit groß____ Spaß fantasievoll____ Frisuren macht? Willkommen!
3. Sie sind ein kreativer Kopf mit groß___ Fantasie! Nett___ Team sucht genau Sie!
4. Wir brauchen alt___ Möbel: hoh___ Stühle, altmodisch___ Schränke und groß___ Tisch.

d Wählen Sie eine Situation oder erfinden Sie eine andere. Wen/Was suchen Sie dafür? Schreiben Sie drei bis vier Inserate.

Sie wollen den Kursraum neu und schöner gestalten.

Sie wollen eine Musikgruppe / ein Sportteam gründen.

Sie wollen eine Motto-Party machen.

6

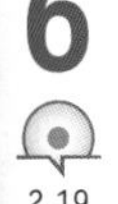
2.19

a Vokal am Wortanfang. Hören Sie die Ausdrücke. Welche verbindet man beim Sprechen ⌒, welche spricht man getrennt | ?

1. a jeden⌒Morgen
   b jeden | Abend
2. a vor allem
   b vor Beginn
3. a gibt immer
   b gibt viel
4. a sie spielen
   b sie arbeiten
5. a und alt
   b und jung

2.19

b Hören Sie noch einmal und sprechen Sie nach.

2.20

c Spricht man verbunden oder getrennt? Markieren Sie. Hören Sie dann zur Kontrolle und sprechen Sie nach.

1. Es ist nicht einfach, alles allein zu organisieren. Wir arbeiten deshalb in einem Team.
2. Es macht uns Spaß, ein eigenes Theaterstück zu schreiben und auf die Bühne zu bringen.

Wa(h)re Kunstwerke

7 **a** **Lesen Sie die Texte in Gruppen. Jede Gruppe liest einen Text und schreibt drei Fragen auf einen Zettel. Tauschen Sie dann die Zettel mit einer anderen Gruppe und notieren Sie die Antworten. Die Gruppe, die die Fragen geschrieben hat, kontrolliert die Antworten.**

Putzfrau zu ordentlich

In einem Museum reinigte eine Putzfrau gründlich eine scheinbar schmutzige Gummiwanne. Sie hatte nicht erkannt, dass es sich um ein Kunstwerk handelte, und wollte nur ihre Pflicht tun. So zerstörte sie aus Versehen die Installation des bekannten Künstlers Martin Kippenberger im Wert von 800 000 Euro. Jetzt prüft die Versicherung, ob die Reinigungsfirma die Putzfrau vielleicht nicht korrekt informiert hat. Eigentlich darf das Reinigungspersonal nämlich nicht näher als 20 cm an die Kunstwerke herankommen. Das ist nicht das erste Missgeschick dieser Art – auch mit Werken von Joseph Beuys ist Ähnliches passiert.

Tierische Helfer

Ein deutscher Zoo brauchte dringend Geld und hatte eine pfiffige Idee. Bei einer Auktion wurden ganz besondere Bilder verkauft. Die Künstler sind nicht Menschen, sondern Affen und Elefanten. „Wir haben die Tiere nicht gezwungen, alle haben freiwillig gemalt", meinte der Zoodirektor. Die Bilder sind bunt und abstrakt und kommen bei den Auktionsbesuchern gut an – bis zu 500 Euro bezahlten die Besucher für ein Bild. „Für ein originales Kunstwerk ist das preiswert und ich glaube nicht, dass jemand erraten wird, wer das Bild gemalt hat", meinte eine Käuferin.

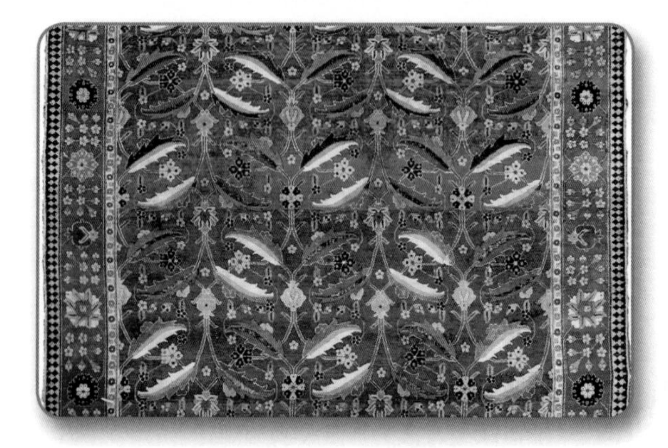

Hoher Preis für alten Teppich

Ein Auktionshaus aus Augsburg hat einer Erbin einen alten Perserteppich für 900 Euro abgekauft. Bei der ersten Auktion erzielte der Teppich einen Preis von 20 000 Euro, worüber die ehemalige Besitzerin überrascht war. Als jetzt aber das Auktionshaus den Teppich in London für 7,2 Millionen Euro verkaufte, staunte die Erbin sehr. Das Auktionshaus hatte den Wert des Teppichs nicht richtig geschätzt. Deshalb verklagt die Erbin nun den Auktionator. Der Besitzer des Auktionshauses jedoch hält sich für nicht schuldig.

b ***Nicht*: Lesen Sie die Regeln und die Beispielsätze. Was passt zusammen? Notieren Sie die Regel neben dem Beispiel.**

Beispiele

A Er hat das Bild nicht gesehen. 2. a
B Das Bild gefällt mir nicht. ____
C Wir konnten nicht kommen. ____
D Das Bild war nicht teuer. ____
E Ich war nicht heute im Museum. ____
F Sie waren nicht im Museum. ____
G Sie interessiert sich nicht für Kunst. ____

Stellung von *nicht* im Satz

nicht kann den ganzen Satz oder Satzteile verneinen.
1. Wenn *nicht* den ganzen Satz verneint, steht es möglichst am Ende des Satzes.
2. Aber: in der Satzverneinung steht *nicht*
   a) vor dem 2. Verbteil
   b) vor Adjektiven und Adverbien
   c) vor Präpositionalergänzungen
   d) vor lokalen Angaben.
3. Wenn *nicht* nur ein Wort verneint, steht es direkt vor diesem Wort.

c Lesen Sie die Aussagen und verneinen Sie den ganzen Satz.

1. Die Putzfirma hat ihre Mitarbeiter ausreichend informiert.
2. Die Putzfrau hat die Installation berührt.
3. Die Käufer erkannten den Wert der Bilder.
4. Die meisten Affen malen gern Bilder.
5. Das Auktionshaus konnte den Teppich teuer verkaufen.
6. Die Erbin ärgerte sich über den Fehler des Auktionshauses.

Die Putzfirma hat ihre Mitarbeiter ...

d Lebendige Sätze. Bilden Sie zu zweit einen langen Satz mit *nicht* und schreiben Sie die Wörter bzw. Wortgruppen auf einzelne Zettel. Jede Gruppe verteilt nacheinander die Zettel an mehrere Personen. Diese bilden nun mit den Zetteln den korrekten Satz.

die Bilder | von | dem Künstler | gefallen | mir | nicht | besonders | gut

In der Ausstellung

8

a Sehen Sie das Bild von Heimrad Prem an. Wie gefällt es Ihnen? Wie könnte es heißen?

2.21 **b Hören Sie die Kommentare von Ausstellungsbesuchern zu dem Kunstwerk. Wie vielen Personen gefällt das Bild?**

2.21 **c Lesen Sie die Aussagen und hören Sie noch einmal. Was hören Sie? Kreuzen Sie an.**

Aussagen verstärken

1. Das Bild gefällt mir **total** gut. ☐
2. Das ist doch **schrecklich** banal. ☐
3. Der Künstler hat **wirklich** passende Farben gewählt. ☐
4. Das ist ein **besonders** gutes Beispiel. ☐
5. In der Ausstellung sind **richtig** tolle Bilder zu sehen. ☐
6. Die Bilder waren alle **so** schön. ☐

Aussagen abschwächen

1. Das ist doch **ziemlich** einfach gemalt. ☐
2. Das ist **nicht gerade** ein Bild, das ich mir kaufen würde. ☐
3. Ich finde das **nicht so** überzeugend. ☐
4. Es spricht mich **nicht so** an. ☐

Graduierungspartikel
In der gesprochenen Sprache verwendet man häufig Partikel wie *total, besonders, ziemlich, ...* Sie machen die Aussagen emotionaler.

d Machen Sie eine Ausstellung im Kursraum. Jeder bringt ein Foto oder eine Kopie von einem Kunstwerk mit. Hängen Sie die Kunstwerke im Kursraum auf. Gehen Sie herum und sprechen Sie mit den anderen über die Kunstwerke. Verwenden Sie dabei die Ausdrücke aus 8c.

Gespräch mit einem Regisseur

9 a Lesen Sie die Ankündigung für das Telefoninterview mit Arne Birkenstock. Welche Fragen würden Sie ihm stellen? Arbeiten Sie zu zweit und überlegen Sie sich fünf Fragen.

SONNTAGSTALK

Heute ist Arne Birkenstock bei uns am Telefon. Er ist Regisseur, Produzent, Dozent und Musiker. In seinen Dokumentarfilmen beschäftigt er sich mit so unterschiedlichen Themen wie Tango in Argentinien, einem Gerichtsschiff auf dem Amazonas, Austauschschülern in China oder deutscher Volksmusik. Für seinen Kinderfilm „Chandani und ihr Elefant" hat er den deutschen Filmpreis bekommen. Regisseur ist er eher zufällig geworden, dabei spielte auch Musik eine wichtige Rolle.

Arne Birkenstock

b Lesen Sie die Fragen aus dem Telefoninterview mit Arne Birkenstock und vergleichen Sie mit Ihren Fragen aus 9a. Welche Fragen sind ähnlich?

1. Wie sind Sie auf die Idee gekommen, Regisseur zu werden?
2. Was für eine Ausbildung haben Sie?
3. Was ist das Schöne an Ihrem Beruf?
4. Und was ist das Schwierige?
5. Wie finden Sie die Themen zu Ihren Filmen?
6. Wie lange dauert es vom ersten Drehtag bis zur ersten Filmvorführung?
7. In Ihrem Film „Sound of Heimat" geht es um die deutsche Volksmusik heute. Wie kommt es eigentlich zu diesem deutsch-englischen Titel?
8. Welchen Ihrer Filme mögen Sie selbst am liebsten?

2.22 **c Hören Sie das Interview und notieren Sie zu jeder Frage ein bis zwei Informationen in Stichpunkten. Bekommen Sie auch auf Ihre Fragen aus 9a eine Antwort?**

1. zufällig, ein Redakteur hat ihn angesprochen

2.22 **d Vergleichen Sie Ihre Notizen mit einem Partner / einer Partnerin. Hören Sie dann noch einmal zur Kontrolle.**

e Arbeiten Sie zu zweit. Besuchen Sie die Webseite von Arne Birkenstock www.arnebirkenstock.de und suchen Sie Informationen zu den folgenden Fragen.

1. Was ist sein aktuelles Projekt?
2. Wie heißt seine Band?
3. Was sind drei weitere Werke oder Projekte von Arne Birkenstock?

f Schreiben Sie ein Kurzporträt über einen Schauspieler / eine Schauspielerin oder einen Regisseur / eine Regisseurin. Erwähnen Sie nicht den Namen. Lesen Sie Ihr Porträt vor. Die anderen raten, über wen Sie geschrieben haben.

Sound of Heimat

10 a **Lesen Sie die Inhaltsbeschreibung des Films „Sound of Heimat" von Arne Birkenstock. Worum geht es in dem Film?**

Für „Sound of Heimat" begibt sich der Musiker Hayden Chisholm auf eine Entdeckungsreise quer durch Deutschland und trifft dabei auf alte und junge, traditionelle und moderne Volksmusiker. Auf seiner Reise begegnet er allen möglichen regionalen musikalischen Besonderheiten wie Jodeln im Allgäu und Hiphop in Köln, aber auch klassischen Volksliedern wie „Die Gedanken sind frei". Das gemeinsame Musizieren verbindet über Sprach- und Kulturgrenzen hinweg. Dass die Deutschen ein schwieriges Verhältnis zum Thema Heimat und Volksmusik haben, spielt dabei auch eine Rolle.

9

b **Würden Sie den Film gern sehen? Warum (nicht)? Kennen Sie andere Filme zum Thema Musik? Sprechen Sie im Kurs.**

11 a **„Die Gedanken sind frei". Was bedeutet das für Sie? Sprechen Sie im Kurs.**

2.23

b **Hören Sie das Lied „Die Gedanken sind frei" von ca. 1810. Wie gefällt Ihnen das Lied? Warum ist der Text immer noch aktuell?**

Und sperrt man mich ein im finsteren Kerker,
das alles sind rein vergebliche Werke.
Denn meine Gedanken zerreißen die Schranken
und Mauern entzwei, die Gedanken sind frei.

> **Mit Reimen lernen**
> Sie können sich Wörter oder Regeln besser merken, wenn Sie sie mit Reimen lernen. Sie können sich auch selbst etwas ausdenken und kurze Reime oder auch Gedichte und Liedzeilen auswendig lernen.

c **Welche anderen deutschen Volkslieder kennen Sie? Gibt es in Ihrer Heimat auch Volkslieder? Wann singt man diese Lieder? Wie gefallen Ihnen diese Lieder? Erzählen Sie.**

Sound of Heimat – Deutschland singt

12 **Welche Fotos assoziieren Sie mit *Volksmusik*, welche nicht? Diskutieren Sie die Aussagen.**

Volksmusik gehört zu jedem Fest.

Volksmusik ist langweilig und nur was für alte Leute.

Volksmusik ist Tradition: Tracht, Instrumente, Lieder und Tänze, alles ist alt

Kommerzielle Volksmusik, also volkstümliche Musik ist ein großes Geschäft. Melodien und Texte sind meistens kitschig!

Volksmusik ist nicht nur zum Anschauen und Anhören, die Volksmusik lebt und entwickelt sich.

13 **a** **Sehen Sie den Trailer zum Film „Sound of Heimat" an. Was erfahren Sie über Hayden Chisholm? Was interessiert ihn besonders?**

9

b **Lesen Sie die Aussagen A bis E. Sehen Sie dann den Trailer noch einmal. Welche Aussage passt zu welchem Foto in 12? Ordnen Sie zu.**

9

A Jeden Sonntag treffen sich Leute in einem Kölner Gasthaus. Wenn man gemeinsam singt, hat man keine Angst mitzusingen. Und man kann auch mitsingen, wenn man nicht gut singen kann. Foto ____

B Die Musiker haben ein altes Volkslied, den „Schutzmann", ganz neu interpretiert. Sie haben eine Melodie gemacht, wie es ihrer Musik und ihrem Geschmack entspricht. Foto ____

C Die Musikerinnen spielen eine traditionelle Melodie, teils mit traditionellen Instrumenten, und singen dazu einen eigenen Text im Dialekt. Zwei tragen auch eine Tracht. Foto ____

D Traditionelle Musik und Landschaft gehören zusammen, die Musik klingt am besten in der Natur. Foto ____

E Die Musiker spielen einen schnellen Rhythmus und das Publikum tanzt mit Begeisterung. Foto ____

14 **Wählen Sie eine Situation und schreiben Sie eine E-Mail.**

Sie möchten den Film „Sound of Heimat" sehen und einen Freund / eine Freundin überzeugen. Schreiben Sie ihm/ihr, worum es im Film geht.	Sie möchten den Film „Sound of Heimat" nicht sehen. Antworten Sie einem Freund / einer Freundin, der/die Sie in den Film mitnehmen will.

Kurz und klar

Aussagen verstärken

Das Bild gefällt mir **total** gut.
Das ist doch **schrecklich** banal.
Der Künstler hat **wirklich** passende Farben gewählt.
Das ist ein **besonders** gutes Beispiel.
In der Ausstellung sind **richtig** tolle Bilder zu sehen.
Die Bilder waren alle **so** schön.

Aussagen abschwächen

Das ist doch **ziemlich** einfach gemalt.
Das ist **nicht gerade** ein Bild, das ich mir kaufen würde.
Ich finde das **nicht so** überzeugend.

Grammatik

Adjektivdeklination ohne Artikel

	maskulin	neutrum	feminin	Plural
Nominativ	d**er** Spaß	da**s** Stück	di**e** Gruppe	di**e** Haare
	groß**er** Spaß	neu**es** Stück	nett**e** Gruppe	lang**e** Haare
Akkusativ	de**n** Spaß	da**s** Stück	di**e** Gruppe	di**e** Haare
	groß**en** Spaß	neu**es** Stück	nett**e** Gruppe	lang**e** Haare
Dativ	de**m** Spaß	de**m** Stück	de**r** Gruppe	de**n** Haaren
	groß**em** Spaß	neu**em** Stück	nett**er** Gruppe	lang**en** Haaren
Genitiv	de**s** Spaß**es**	de**s** Stück**s**	de**r** Gruppe	de**r** Haare
	groß**en** Spaß**es**	neu**en** Stück**s**	nett**er** Gruppe	lang**er** Haare

Adjektive ohne Artikel haben die gleiche Endung wie der bestimmte Artikel:
de**r** große Spaß → groß**er** Spaß; da**s** neue Stück → neu**es** Stück

Ausnahme! Genitiv Singular maskulin und neutrum: wegen schlecht**en** Wetter**s**, trotz lang**en** Warten**s**.
Den Genitiv ohne Artikelwort verwendet man fast nur in Verbindung mit *wegen* oder *trotz*.

Stellung von *nicht* im Satz

1. Wenn *nicht* den ganzen Satz verneint, steht es möglichst am Ende des Satzes: Mir gefällt das Bild **nicht**.
2. Aber: In der Satzverneinung steht *nicht* ...
   - vor dem 2. Verbteil: Er hat das Bild **nicht** gesehen. Wir konnten **nicht** kommen.
   - vor Adjektiven und Adverbien: Das Bild war **nicht** teuer. Sie hat **nicht** oft gemalt.
   - vor Präpositionalergänzungen: Sie interessiert sich **nicht** für Kunst.
   - vor lokalen Angaben: Sie waren **nicht** im Museum.
3. Wenn *nicht* nur ein Wort verneint, steht es direkt vor diesem Wort.
   Sie waren **nicht** heute im Museum, (sondern gestern).

Nicht kann den ganzen Satz oder nur bestimmte Satzteile verneinen.

Wiederholungsspiel

1 **Das Spinnennetz. Spielen Sie in Kleingruppen.**

Sie brauchen einen Würfel, ein Blatt Papier und einen Stift. Jeder Spieler hat eine Spielfigur.
Setzen Sie Ihre Spielfigur auf die Spinne in der Mitte. Sie dürfen nur entlang den Netzlinien ziehen.
Wer die höchste Zahl würfelt, beginnt. Gehen Sie zu einem Feld, das Sie mit Ihrer gewürfelten Zahl erreichen können, und lösen Sie die Aufgabe, die zum Feld gehört. Wenn Sie die Aufgabe richtig lösen, bekommen Sie die Punktzahl, die auf dem Feld steht.
Wenn Sie die Aufgabe falsch lösen, bekommen Sie keine Punkte. Wenn Sie die Aufgabe zum Teil richtig lösen, bekommen Sie weniger Punkte. Die Gruppe entscheidet, wie viele Punkte Sie abziehen müssen. Notieren Sie Ihre eigenen Punkte.
Wer zuerst 200 Punkte hat, hat gewonnen.
Jede Aufgabe kann nur einmal gelöst werden. Markieren Sie deshalb jedes richtig gelöste Feld. Kommt eine andere Person auf ein schon gelöstes Feld, bekommt sie keine Punkte mehr.

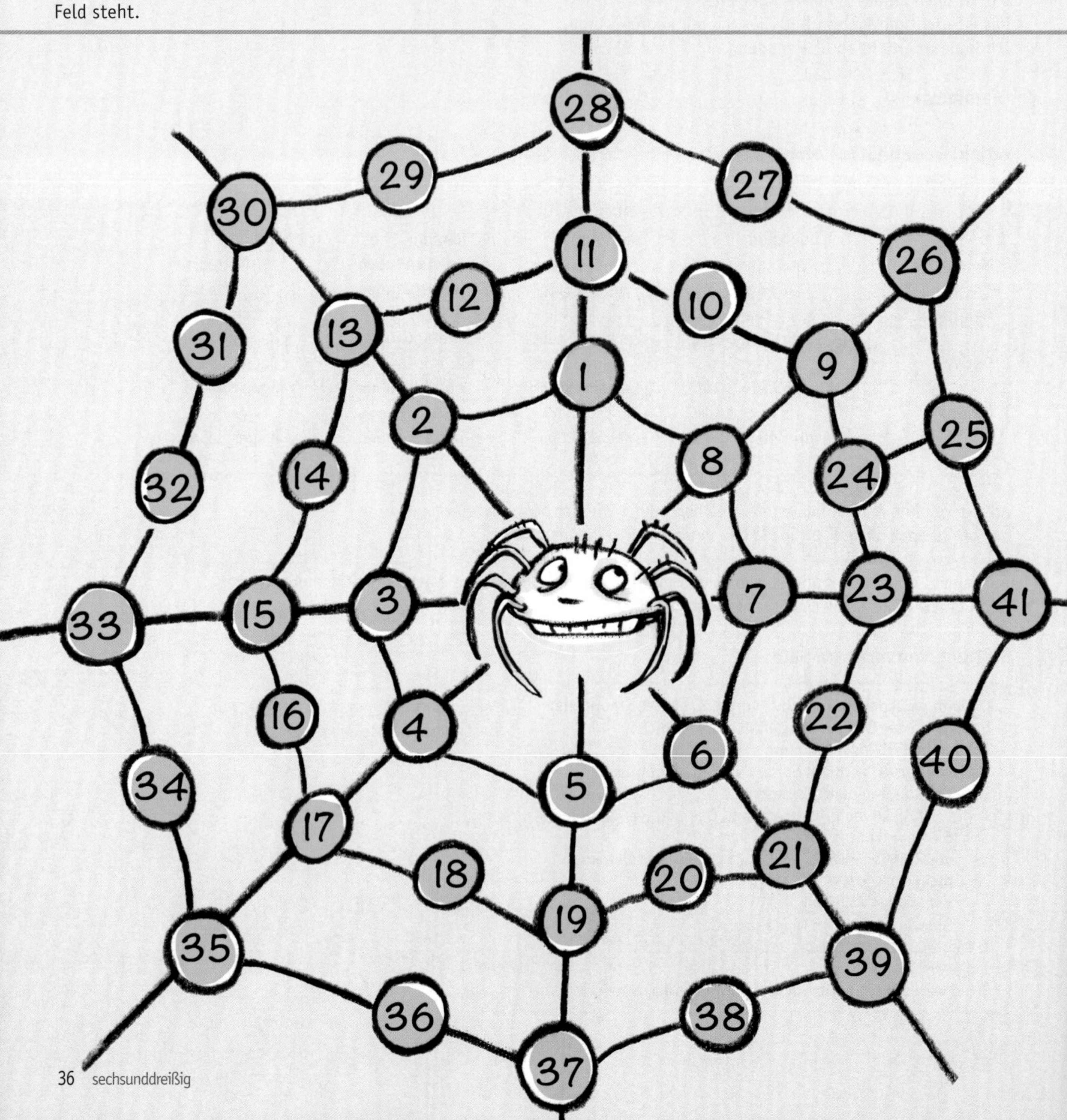

Aufgaben

1. Nennen Sie den Titel eines deutschsprachigen Films.
2. Wer arbeitet im Krankenhaus? Nennen Sie drei Berufe.
3. Welche Lebensmittel sind gesund? Nennen Sie fünf.
4. Ergänzen Sie den Satz: *Bis ich nach Deutschland fahre, ...*
5. Ergänzen Sie den Satz: *Seit ich Deutsch lerne, ...*
6. Ergänzen Sie den Satz: *Während wir im Kurs sind, ...*
7. Was bedeutet *Lampenfieber*? Erklären Sie.
8. Nennen Sie drei berühmte deutsche Künstler oder Künstlerinnen.
9. Was ist ein *Ohrwurm*? Erklären Sie.
10. Erklären Sie, was eine *Patchwork-Familie* ist.
11. Im Krankenhaus: Nennen Sie drei typische Dinge.
12. Verneinen Sie den Satz: *Die Deutschlehrerin war gestern krank.*
13. Nennen Sie drei Dinge, über die sich Paare oft streiten.
14. Ihr Freund ist krank. Sie bieten ihm Ihre Hilfe an. Was sagen Sie?
15. Jemand bietet Ihnen Hilfe an. Sie lehnen höflich ab. Was sagen Sie?
16. Bilden Sie einen Satz mit *bevor.*
17. In Innsbruck gibt es viele Kunstwerke. Nennen Sie zwei.
18. In welcher Reihenfolge machen Sie das? Erzählen Sie: *sich die Haare kämmen, sich die Zähne putzen, sich die Schuhe anziehen*
19. Bilden Sie einen Satz im Plusquamperfekt: *nachdem Prüfung machen – Freunde besuchen*
20. Ergänzen Sie die Anzeige: *Suche* ______________ *Tandempartnerin mit sehr* ______________ *Deutschkenntnissen.*
21. Ergänzen Sie die Anzeige: *Bieten Platz in* ______________ *Deutschkurs mit* ______________ *Menschen.*
22. Sagen Sie es diplomatisch: *Das Radio ist zu laut. Das nervt mich total.*
23. Was ist Ihr Lieblingslied oder Ihre Lieblingsband? Warum? Erzählen Sie.
24. Was hat Ihnen in Ihrer Schule gut gefallen? Erzählen Sie.
25. Ergänzen Sie den passenden zweiteiligen Konnektor: *Er mag Musik sehr gern. Ihm gefällt* ______________ *Popmusik* ______________ *klassische Musik.*
26. Was haben Sie gemacht, nachdem Sie die Schule abgeschlossen hatten?
27. Bilden Sie einen Satz mit *einerseits ... andererseits: ins Konzert gehen, Tickets zu teuer*
28. Welche Wirkung hat Musik auf Sie? Erzählen Sie.
29. Was mögen Sie nicht? Verwenden Sie den zweiteiligen Konnektor *weder ... noch.*
30. Welche Partikel schwächen eine Aussage ab? Nennen Sie zwei und verwenden Sie sie in diesem Satz: *Die Hausaufgabe war schwer.*
31. Welche Partikel verstärken eine Aussage? Nennen Sie zwei und verwenden Sie sie in diesem Satz: *Die Feier war lustig.*
32. Wo steht *nicht* im Satz? Nennen Sie zwei Regeln.
33. Hören Sie gern Volkslieder? Warum (nicht)? Erzählen Sie.
34. Sie warten vor dem Kino auf eine Freundin. Sie ruft an und sagt das Treffen ab. Was sagen Sie?
35. An welches Ereignis in Ihrer Kindheit erinnern Sie sich noch gut? Warum? Erzählen Sie.
36. Wann haben Sie das letzte Mal etwas vergessen, z.B. einen Geburtstag? Erzählen Sie.
37. Welches Kunstwerk gefällt Ihnen? Warum? Erzählen Sie.
38. Wie sollte Ihrer Meinung nach eine gute Schule sein? Erzählen und begründen Sie.
39. Welchen Film haben Sie zuletzt gesehen? Erzählen Sie kurz den Inhalt.
40. Wie lernen Sie schwierige deutsche Wörter? Erzählen Sie.
41. Reimen Sie: *Das Spiel ist nun aus –* ____________________________

Märchenhaft

2

a **Welche Märchen aus Deutschland oder aus Ihrem Land kennen Sie? Wie beginnen Märchen oft? Wie enden sie? Liest oder erzählt man bei Ihnen noch Märchen? Berichten Sie.**

b **Was sind typische Figuren in Märchen? Sammeln Sie.**

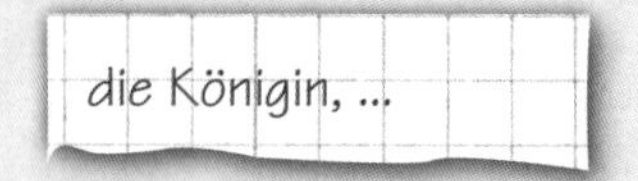
die Königin, ...

3

a **Sehen Sie die Bilder an. Kennen Sie das Märchen vielleicht? Oder kommt Ihnen eine Szene bekannt vor?**

A
B
C
Ach wie gut, dass niemand weiß,
dass ich Rumpelstilzchen heiß!
D
E
F

b **Lesen Sie den Text und bringen Sie die Bilder in die richtige Reihenfolge.**

Rumpelstilzchen

Es war einmal ein Müller, der war arm, aber er hatte eine schöne Tochter. Nun sagte er eines Tages zum König: „Ich habe eine Tochter, die kann Stroh zu Gold spinnen." Der König sagte: „Wenn deine Tochter so geschickt ist, wie du sagst, so bring sie morgen in mein Schloss, da will ich sie auf die Probe stellen."
Als nun das Mädchen zu ihm gebracht wurde, führte er es in eine Kammer, die ganz voll Stroh lag, gab ihr
5 ein Spinnrad und sprach: „Jetzt mache dich an die Arbeit, und wenn du heute Nacht das Stroh nicht zu Gold gesponnen hast, musst du sterben." Da saß nun die arme Müllerstochter allein in der Kammer und wusste keinen Rat. Sie konnte gar nicht Stroh zu Gold spinnen, und ihre Angst wurde immer größer, sodass sie zu weinen anfing. Da öffnete sich die Tür und ein kleines Männchen trat herein und sprach: „Guten Abend, warum weinst du so sehr?" „Ach", antwortete das Mädchen, „ich soll Stroh zu Gold spinnen und kann das
10 nicht." Da sprach das Männchen: „Was gibst du mir, wenn ich es dir spinne?" „Mein Halsband", sagte das Mädchen. Das Männchen nahm das Halsband, setzte sich vor das Rädchen, und schnurr, schnurr, schnurr, dreimal gezogen, war die Spule voll. Dann steckte es eine andere auf, und schnurr, schnurr, schnurr, dreimal gezogen, war auch die zweite Spule voll. Am Morgen war das Stroh versponnen, und alle Spulen waren voll Gold. Bei Sonnenaufgang kam schon der König, und als er das Gold
15 sah, freute er sich, aber sein Herz wurde nur noch goldgieriger. Er ließ die Müllerstochter in eine andere Kammer bringen, die noch viel größer war und befahl ihr, auch dieses Stroh in einer Nacht zu Gold zu spinnen. Das Mädchen weinte. Da ging wieder die Tür auf. Das kleine Männchen erschien und sprach: „Was gibst du mir, wenn ich dir das Stroh zu Gold spinne?" „Meinen Ring von dem Finger", antwortete das Mädchen. Das Männchen nahm den Ring, fing wieder an zu schnurren mit dem Rad und hatte bis zum Morgen alles
20 Stroh zu Gold gesponnen. Der König hatte aber immer noch nicht genug Gold und ließ die Müllerstochter in

eine noch größere Kammer voll Stroh bringen und sprach: „Die musst du noch in dieser Nacht verspinnen. Gelingt dir es, so sollst du meine Frau werden." Als das Mädchen allein war, kam das Männlein zum dritten Mal wieder und sprach: „Was gibst du mir, wenn ich dir auch diesmal das Stroh spinne?" „Ich habe nichts mehr, das ich dir geben könnte", antwortete das Mädchen. „So versprich mir, wenn du Königin wirst, dein
25 erstes Kind." Die Müllerstochter wusste sich in der Not nicht anders zu helfen; sie versprach also dem Männchen, was es verlangte, und das Männchen spann dafür noch einmal das Stroh zu Gold.
Und als am Morgen der König alles fand, wie er gewünscht hatte, heiratete er die schöne Müllerstochter und sie wurde Königin. Im nächsten Jahr brachte sie ein Kind zur Welt und dachte gar nicht mehr an das Männchen. Da trat es plötzlich in ihre Kammer und sprach: „Nun gib mir, was du versprochen hast." Die
30 Königin erschrak und bot dem Männchen alle Reichtümer des Königreichs an, wenn es ihr das Kind lassen wollte, aber das Männchen sprach: „Nein, etwas Lebendes ist mir lieber als alle Schätze der Welt." Da fing die Königin so an zu jammern und zu weinen, dass das Männchen Mitleid hatte: „Drei Tage will ich dir Zeit lassen", sprach es, „wenn du bis dahin meinen Namen weißt, so sollst du dein Kind behalten."
Nun überlegte die Königin die ganze Nacht und dachte an alle Namen, die sie jemals gehört hatte. Sie
35 schickte einen Boten aus, der sich erkundigen sollte, was es sonst noch für Namen gab. Als am nächsten Tag das Männchen kam, fing sie an mit „Caspar, Melchior, Balthasar" und sagte alle Namen, die sie wusste, aber bei jedem sprach das Männlein: „So heiß ich nicht." Am zweiten Tag ließ sie in der Nachbarschaft herumfragen, wie die Leute da hießen, und sagte dem Männlein die ungewöhnlichsten und seltsamsten Namen vor. Aber es antwortete immer: „So heiß ich nicht." Am dritten Tag kam der Bote wie-
40 der zurück und erzählte: „Ich konnte keinen einzigen neuen Namen finden, aber ich sah im Wald ein kleines Haus, und vor dem Haus brannte ein Feuer, und um das Feuer sprang ein lächerliches Männchen, hüpfte auf einem Bein und schrie: „Heute back' ich, morgen brau' ich, übermorgen hol' ich der Königin ihr Kind; ach, wie gut, dass niemand weiß, dass ich Rumpelstilzchen heiß!"
45 Die Königin war sehr froh, als sie den Namen hörte, und als bald danach das Männlein hereintrat und fragte: „Nun, Frau Königin, wie heiß ich?" Da fragte sie erst: „Heißt du Kunz?" „Nein." „Heißt du Heinz?" „Nein." „Heißt du etwa Rumpelstilzchen?" „Das hat dir der Teufel gesagt, das hat dir der Teufel gesagt!", schrie das Männlein und packte in seiner
50 Wut den linken Fuß mit beiden Händen und riss sich selbst mitten entzwei.

Gebrüder Grimm
Jakob Grimm (1785–1863) und Wilhelm Grimm (1786–1859) waren Sprachwissenschaftler und die Sammler und Herausgeber von Märchen. Neben ihren weltberühmten Märchensammlungen veröffentlichten sie auch „Das deutsche Wörterbuch" und „Die deutsche Grammatik". Sie gelten als Gründungsväter der Germanistik.

c Wie sind die Personen in diesem Märchen? Arbeiten Sie zu zweit und notieren Sie Stichpunkte zu ihren Charakteren. Vergleichen Sie dann im Kurs.

König: will noch reicher werden, ...
Müller: ...
Müllerstochter: ...
Rumpelstilzchen: ...

d Erstellen Sie einen Zeitstrahl zu den Ereignissen in dem Märchen.

Müller spricht mit König

4

Theater-Projekt: ein Märchen spielen. Bilden Sie Gruppen und wählen Sie ein Märchen („Rumpelstilzchen" oder ein anderes Märchen). Bearbeiten Sie folgende Punkte.

- Entscheiden Sie, welche Szenen Sie vorspielen wollen und was der Erzähler sagt.
- Schreiben Sie ein Drehbuch und erfinden Sie Dialoge für die Szenen im Märchen.
- Verteilen Sie die Rollen (Erzähler, König, Prinzessin, ...)
- Besorgen Sie die Gegenstände, die Sie brauchen.
- Üben Sie Ihr Theaterstück.
- Spielen Sie das Märchen vor.

Lernziele

Texte über soziales Engagement verstehen und darüber sprechen
Vorgänge beschreiben
einen Zeitungsartikel verstehen
Projekte und Vorgänge beschreiben
über Projekte sprechen
Informationen über die EU verstehen
eine kurze Präsentation halten

Grammatik

Passiv Präsens, Präteritum und Perfekt
Passiv mit Modalverben
Präpositionen mit Genitiv: *innerhalb, außerhalb*

1

a **Werte in der Gesellschaft. Arbeiten Sie zu zweit. Welche Begriffe passen zu welchem Bild? Ordnen Sie zu.**

die Gerechtigkeit • die Freiheit • die Zivilcourage • die Gesundheit • die Fairness • die Demokratie • die Rücksicht • die Bildung • die Sicherheit • der Respekt • die Ehrlichkeit • die Hilfsbereitschaft • die Toleranz • die Gleichberechtigung

Wortschatz AB **b** **Vergleichen Sie Ihre Zuordnungen mit einem anderen Team.**

2

2.24–26

a Welche Werte finden die Menschen besonders wichtig? Hören Sie und notieren Sie in der Tabelle.

	Person 1	Person 2	Person 3
Werte			
Gründe/Beispiele			

2.24–26

b Hören Sie noch einmal. Welche Gründe/Beispiele nennen die Personen? Notieren Sie Stichpunkte in der Tabelle.

c Welche Werte finden Sie für das Leben in einer Gesellschaft am wichtigsten? Begründen Sie.

Für mich ist Toleranz wichtig, weil ich meine Religion ausüben möchte.

Ich finde Bildung sehr wichtig, weil Bildung die Zukunft sichert.

Freiwillig

3

a Soziales Engagement. Sehen Sie die Fotos an. Was denken Sie: Für wen oder was setzen sich die Leute ein? Was machen sie?

b Arbeiten Sie zu dritt. Jeder liest einen Text und macht Notizen zu den Fragen. Informieren Sie dann die anderen über Ihren Text.

Was machen die freiwilligen Helfer? Wem oder wann helfen sie? Welche wichtigen Informationen oder Zahlen über die Organisation gibt es?

A Freiwillige Feuerwehr

Besonders auf dem Land und in kleineren Städten engagieren sich viele Menschen bei der Freiwilligen Feuerwehr. Alle Vereinsmitglieder werden in Erster Hilfe ausgebildet und machen verschiedene Lehrgänge. In der Stadt unterstützen sie die

Berufsfeuerwehr, z. B. wenn es brennt, bei Unfällen oder Hochwasser. Die Freiwillige Feuerwehr in Frankfurt Ginnheim rückt z. B. jährlich zwischen 40- bis 60-mal aus. Auf dem Land müssen sie Einsätze oft allein bewältigen. Die Feuerwehrleute werden von der Zentrale alarmiert. Das kann zu jeder Tages- oder Nachtzeit sein. Immer dann, wenn andere Menschen Hilfe brauchen.

B Die *Tafel*

Käse, Braten, Soße, Margarine oder sogar frische Möhren – in Deutschland werden täglich viele Tonnen Lebensmittel vernichtet, obwohl

man sie noch essen kann. Gleichzeitig gibt es viele Menschen, die nicht genug zu essen haben. Lebensmittel werden oft weggeworfen, besonders von Supermärkten und Kantinen. Die Lebensmittel, die qualitativ noch gut sind, werden von der *Tafel* gesammelt und an arme Menschen verteilt. Viele Lebensmittel werden von Firmen gespendet. Die *Tafel* ist in ganz Deutschland aktiv. 1,5 Millionen Menschen werden unterstützt, ein Drittel davon sind Kinder und Jugendliche. 50 000 Menschen engagieren sich ehrenamtlich für die Organisation. Allein in Köln gibt es 38 Ausgabestellen, wo bedürftige Menschen diese Lebensmittel abholen können.

C Patenschaften

Eine gute Möglichkeit, sich für die Gesellschaft zu engagieren, ist Pate zu sein. Manche Familien haben Schwierigkeiten, den Alltag allein zu bewältigen. Diese Familien werden von Paten unterstützt. Paten helfen bei Behördengängen, bei der Wohnungs- und Arbeitssuche und bei den Hausaufgaben der Kinder. Viele Paten kümmern sich zum Beispiel um ein Kind, unternehmen etwas mit ihm und hören bei Problemen zu. Normalerweise trifft sich ein Pate einmal pro Woche mit der Familie bzw. dem Kind. So entstehen oft auch Freundschaften und der Pate begleitet die Familie manchmal über viele Jahre. Die Kontakte werden von vielen Organisationen

vermittelt, die meist in Broschüren über ihre Arbeit informieren. So eine Organisation ist z. B. BiffyBerlin. Dieser Verein ist 2004 gegründet worden und hat inzwischen zahlreiche Patenschaften vermittelt.

c Freiwillige Feuerwehr, die *Tafel* oder Patenschaften. Welche Organisation gefällt Ihnen am besten? Wo würden Sie selbst gern mithelfen? Begründen Sie.

Ich würde mich gern als Pate engagieren, denn …

Die Tafel gefällt mir am besten, weil …

Ich könnte mir vorstellen, bei …

4

a Aktiv und Passiv. Lesen Sie Text B noch einmal, ergänzen Sie die Passivsätze aus dem Text.

Aktiv → Wer tut etwas?	Passiv → Was passiert?
1. Supermärkte werfen oft Lebensmittel weg.	1. ____________
2. Firmen spenden viele Lebensmittel.	2. ____________
3. Die Organisation unterstützt 1,5 Millionen Menschen.	3. ____________

Aktiv
Die *Tafel* verteilt **die Lebensmittel.**
Akkusativ
Passiv
Die Lebensmittel werden verteilt.
Nominativ + *werden* + Partizip II

b Gibt es in Ihrer Sprache eine Passivform? Wie bildet man sie?

c Ein Tag bei der *Tafel*. Was passiert? Formulieren Sie Sätze im Passiv.

1. Tagesablauf planen – morgens
2. Lebensmittel einsammeln – am Vormittag
3. mittags – Lebensmittel zu den Ausgabestellen bringen
4. am Nachmittag – Lebensmittel verteilen

1. Morgens wird der Tagesablauf geplant.

5

a Passiv in der Vergangenheit. Lesen Sie den Text und markieren Sie die Passivformen. Ergänzen Sie dann den Grammatikkasten.

Die erste deutsche *Tafel* wurde 1993 in Berlin gegründet. Das Konzept dazu wurde aus den USA übernommen. Durch das große Interesse der Medien wurde die Idee der *Tafel* schnell im ganzen Land verbreitet. Mittlerweile sind bundesweit mehr als 900 *Tafeln* gegründet worden.

Für das **Passiv in der Vergangenheit** verwendet man meistens das Präteritum.

Passiv in der Vergangenheit

Präteritum: ____________ + Partizip II | Perfekt: *sein* + Partizip II + ____________

b Bei der freiwilligen Feuerwehr. Was ist hier passiert? Schreiben Sie Passivsätze im Präteritum.

ein Feuer melden

die Feuerwehrleute alarmieren

den Brand löschen

die Bewohner retten

6

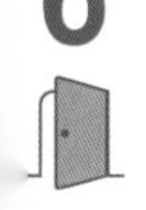

Welche sozialen Projekte gibt es in Ihrem Land? Für wen oder was würden Sie sich gern engagieren (z. B. für die Umwelt, für Kinder, für alte Menschen, ...)? Recherchieren Sie dazu im Internet ein interessantes Projekt. Schreiben Sie einen kurzen Text, ähnlich wie in Aufgabe 3b.

Mini-München

7

a Alltag in einer Stadt. Was passt zusammen? Notieren Sie.

die Straßen	den Bürgermeister
den Müll	Geld
einen Ausweis	ein Grundstück
das Gehalt	eine Stelle

wählen • erhalten • suchen • ~~reinigen~~ • entsorgen • kaufen • sparen • auszahlen

die Straßen reinigen
...

b Lesen Sie den Text und erklären Sie in ein bis zwei Sätzen, was Mini-München ist.

Mini-München

Alle zwei Jahre organisieren Kinder in München zwei Wochen lang eine Stadt: Mini-München. Die Kinder machen alles selbst und lernen, wie eine Stadt funktioniert.

Mini-München gibt es bereits seit 1979. Eine große Halle im Olympiapark wird zu einer Stadt für Kinder von 7 bis 15 Jahren. Bis zu 2000 Kinder kommen täglich. Eltern sind nur als Besucher in der Spielstadt willkommen, sie dürfen nicht mitmachen. Die meiste Zeit warten sie außerhalb des Spielstadt-Gebiets im Eltern-Café.

Wie funktioniert Mini-München?
In einer Stadt muss viel erledigt werden: Der Müll muss entsorgt werden, Straßen müssen gereinigt werden, Menschen suchen Arbeit beim Jobcenter, gehen arbeiten und bekommen dafür Gehalt. Das Gehalt muss ausgezahlt werden, Restaurants müssen geführt werden, es gibt eine Uni, ein Theater, ein Kino, eine Zeitung, ein Kaufhaus und vieles mehr. Der Bürgermeister der Stadt muss gewählt werden und, und, und. In Mini-München organisieren und machen das alles die Kinder – und zwar ganz demokratisch. Und wenn etwas nicht gut funktioniert, dann droht schon auch mal Streik – wie im letzten Jahr an der Mini-München-Hochschule.

Beim ersten Besuch erhalten die Kinder einen Mini-München-Ausweis. Es gibt wenige und klare Regeln, sodass jeder sofort mitspielen kann. In den Ausweis werden Arbeits- und Studienzeiten eingetragen. Im Jobcenter suchen sich die Kinder dann aus mehr als 800 Arbeitsplätzen eine freie Stelle. Innerhalb einer Stunde sind fast alle Arbeitsplätze besetzt. Das verdiente Spielgeld kann – nach Abzug einer Steuer – entweder gespart oder im Kaufhaus, Gasthaus, Kino oder Theater ausgegeben werden. Über 500 Studienplätze werden täglich angeboten. Wer vier Stunden gearbeitet und vier Stunden studiert hat, kann „Vollbürger" werden. „Vollbürger" dürfen wählen und können sich zum Beispiel als Bürgermeister wählen lassen. Sie können ein Grundstück kaufen und ein Haus bauen.

In allen Bereichen innerhalb der Spielstadt übernehmen die Kinder die Berufe: Zum Beispiel arbeiten sie als Köche und kochen die Speisen im Gasthaus oder sie schreiben die Artikel für die Zeitung. Sie organisieren, wer welche Arbeit macht, sie bestimmen das Gehalt, den Ein- und Verkauf und die Preise. Kurz: Sie sorgen völlig selbstständig dafür, dass die Stadt funktioniert. Mini-München ist auch global und international: In Mini-München eröffnen die Kinder Botschaften verschiedenster Länder. Außerdem gibt es weltweit inzwischen ähnliche Projekte, z. B. in Japan. Aus vielen Ländern (z. B. auch aus Indien) reisen Jugendgruppen an, um bei Mini-München mitzumachen und gleichzeitig ihr Deutsch zu verbessern.

***außerhalb* und *innerhalb* + Genitiv**
Die Eltern warten **außerhalb des** Stadt-Gebiets.
Innerhalb einer Stunde ist alles besetzt.

c Lesen Sie den Text noch einmal. Welche Aussagen sind richtig? Kreuzen Sie an.

Mini-München …

1 ist ein Spiel, bei dem Kinder eine Stadt organisieren.
2 gibt es seit über 30 Jahren.
3 findet jährlich in München statt.
4 wird von den Eltern der Kinder organisiert und betreut.

In Mini-München …

5 können Kinder Dinge tun, die sonst nur Erwachsene machen.
6 müssen die Kinder selbst Müll wegräumen und alles sauber halten.
7 wird das Essen von ausgebildeten Köchen zubereitet.
8 darf nicht gestreikt werden.

d Wie finden Sie die Idee von Mini-München? Würden Sie Ihre Kinder dorthin schicken? Diskutieren Sie mit einem Partner / einer Partnerin.

Ich habe keine Kinder, aber die Idee von Mini-München ist doch toll, stimmt's?

Ja. Ich würde …

2.27

Gut gesagt: Partikel bei Fragen
Mini-München war toll, **stimmt's**?
Das war super, **gell**? (im Süden)
Wir gehen morgen wieder hin, **ne**? (im Norden)
Wir machen in zwei Jahren wieder mit, **oder**?

8

a Passiv mit Modalverb. Lesen Sie in 7b noch einmal die Zeilen 7–9 und ergänzen Sie die Sätze.

In einer Stadt __________ viel ______________________________.

Der Müll ____.

Straßen ____.

Passiv mit Modalverb
In der Stadt **muss** viel **gemacht werden**.
Modalverb + Partizip II + ***werden***

b Was muss hier alles gemacht werden?

den Müll entsorgen • die Straßenlaterne reparieren • das Geschirr abräumen • die Lieferung in den Keller bringen • die Blumen gießen • die Fenster putzen

9

2.28

a Satzmelodie: Kontrastakzente in *oder*-Fragen. Hören Sie die Sätze und markieren Sie die stark akzentuierten Kontrastwörter.

1. Finden Sie den Text über Mini-München interessant oder uninteressant?
2. Möchten Sie mehr über das Projekt erfahren oder haben Sie genug Informationen bekommen?
3. Hätten Sie als Kind gerne bei Mini-München mitgemacht oder lieber nicht?

2.29

b Lesen Sie die Sätze laut und achten Sie auf die Satzmelodie mit Kontrastakzenten. Hören Sie zur Kontrolle.

1. Willst du den Text morgen oder nächste Woche schreiben?
2. Hast du dich schon für ein Projekt entschieden oder überlegst du noch?
3. Sollen wir heute zusammen lernen oder machen wir das lieber am Wochenende?

Europa

10 a Was fällt Ihnen zu Europa und der Europäischen Union (EU) ein? Sammeln Sie an der Tafel.

b Lesen Sie den kurzen Text über die EU. Welche Informationen sind neu? Ergänzen Sie die Sammlung in 10a.

Nach dem Zweiten Weltkrieg beschlossen die Politiker in Europa, besser zusammenzuarbeiten, um Kriege in Zukunft zu vermeiden. Sie waren sich sicher, dass Länder, die wirtschaftlich eng zusammenarbeiten, keinen Grund mehr haben, Krieg zu führen. So gründeten zunächst sechs Staaten 1952 die Europäische Gemeinschaft. Aus dieser Gemeinschaft wurde dann 1992 mit dem Vertrag von Maastricht die Europäische Union.
Seit es die EU gibt, ist einiges passiert: Seit 2002 benutzen immer mehr EU-Länder dasselbe Geld, den Euro. Die Bürgerinnen und Bürger der EU können seit 1995 ohne Grenzkontrollen reisen, in anderen EU-Ländern studieren und arbeiten und in der ganzen EU Waren und Dienstleistungen kaufen. Aber natürlich gibt es auch Kritik an der EU. Skeptiker befürchten z. B., dass die nationalen Besonderheiten der einzelnen EU-Länder verschwinden könnten.

c Ordnen Sie Ihre Sammlung aus 10a und b thematisch und erstellen Sie eine Übersicht (Tabelle, Mindmap, ...).

11 a Eine Präsentation über die EU. Hören Sie den Vortrag. Welche Themen aus Ihrer Übersicht kommen vor? Vergleichen Sie.

2.30

b Hören Sie noch einmal. Was passt zusammen? Verbinden Sie.

2.30

1. Sechs Länder wollten 1952
2. Ihr Ziel war,
3. Dabei sagt das Motto der EU, dass
4. Die Vorteile der EU sind, dass

A jedes Land seine eigenen Traditionen bewahren kann.
B es gemeinsames Geld und keine Grenzkontrollen gibt und dass alle EU-Bürger in allen EU-Ländern arbeiten oder studieren können.
C wirtschaftlich eng zusammenarbeiten.
D nie wieder einen Krieg zu führen.

c **Wie sollte ein Vortrag aufgebaut sein? Ordnen Sie die Teile in die Übersicht.**

die wichtigsten Punkte zusammenfassen • Beispiele nennen • Vor- und Nachteile nennen • Informationen zum Thema geben • sich bedanken • über eigene Erfahrungen sprechen • die eigene Meinung sagen • das Thema vorstellen • Inhalt und Struktur der Präsentation erklären

Einleitung	Hauptteil	Schluss

d **Erinnern Sie sich oder hören Sie noch einmal. Was hat Ihnen an dem Vortrag gut gefallen, was hat Ihnen nicht so gut gefallen? Lesen Sie die Tipps und formulieren Sie im Kurs noch weitere Tipps für Präsentationen oder Vorträge.**

Tipps für eine Präsentation / einen Vortrag
Notieren Sie nur Stichpunkte, keine ganzen Sätze.
Lesen Sie nicht vom Blatt ab, sondern sprechen Sie frei.
Sehen Sie Ihr Publikum an.

Noch mehr Tipps …

10

12

a **Wählen Sie nun ein Thema und bereiten Sie eine Präsentation vor. Machen Sie Notizen und nutzen Sie auch die Checkliste in 11c.**

Praktikum im Ausland · Sprachen in der EU · Reisen in Europa · Freiwilliges Engagement · Wählen schon mit 16 · Traditionen in Europa · …

b **Arbeiten Sie zu zweit. Jeder bereitet seine Präsentation vor und übt sie dann mit einem Partner / einer Partnerin. Er/Sie gibt ein Feedback. Beachten Sie die Tipps in 11d und verwenden Sie die Ausdrücke im Kasten.**

Einleitung
Ich mache heute eine Präsentation zum Thema …
Mein Thema heute ist …

Ich spreche über folgende Punkte: …
Meine Präsentation ist folgendermaßen gegliedert: …

Hauptteil
Zu meiner ersten Frage / meinem ersten Punkt: …
Damit komme ich zum zweiten Punkt.
Ich möchte ein Beispiel nennen: … / Ich gebe Ihnen ein Beispiel: …
Ich bin der Meinung, dass …
Meiner Meinung nach sollte/könnte …

Schluss
Abschließend möchte ich kurz zusammenfassen: …
Zum Schluss möchte ich noch einmal sagen, dass …

Vielen/Herzlichen Dank für Ihre Aufmerksamkeit.

Gibt es / Haben Sie noch Fragen zum Thema?

c **Halten Sie Ihren Vortrag jetzt im Kurs.**

d **Sprechen Sie mit einem neuen Partner / einer neuen Partnerin. Welche Tipps aus Aufgabe 11 haben Ihnen geholfen, was könnten Sie bei Ihrer nächsten Präsentation besser machen?**

Was ist ein Simultanübersetzer?

13 **Was macht ein Simultanübersetzer? Wo arbeitet er/sie? Was muss er/sie besonders gut können? Sammeln Sie in Gruppen.**

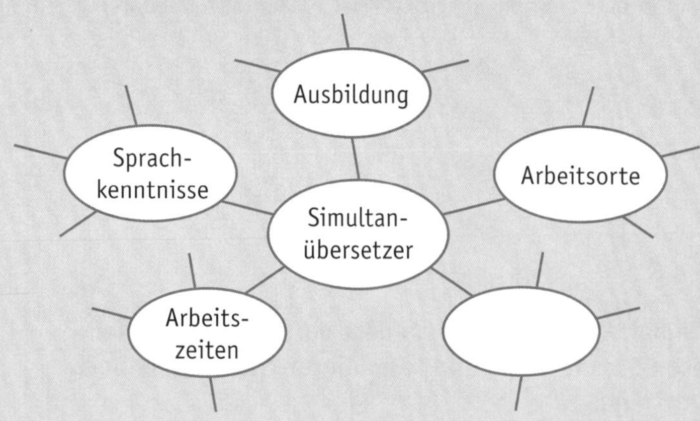

14 a **Sehen Sie den Film an. Wo sind die Personen? Was machen sie? Warum?**

10

b **Sehen Sie den Film noch einmal. Simultanübersetzer unterteilen Sprachen bzw. Sprachkenntnisse sehr strikt. Welche Erklärung passt zu welcher Sprache? Verbinden Sie.**

10

A-Sprache	1. Man kann aus dieser Sprache übersetzen, aber nicht in sie.
B-Sprache	2. Die Muttersprache, in die übersetzt wird.
C-Sprache	3. Weitere Sprache, in die und aus der übersetzt werden kann.

c **Der Beruf Simultanübersetzer ist anstrengend. Welche Lösungen werden dafür im Film genannt? Kreuzen Sie an.**

1. Nach spätestens einer halben Stunde machen die Übersetzer eine Pause. ☐
2. Sie nehmen nicht so viele Aufträge an. ☐
3. Simultanübersetzer arbeiten oft zu zweit. ☐
4. Sie übersetzen normalerweise nur in ihre Muttersprache. ☐

d **Lesen Sie die folgende Aussage aus dem Film. Können Sie ihr zustimmen oder nicht? Sprechen Sie im Kurs und begründen Sie.**

„Man beherrscht keine Sprache so gut wie die Muttersprache. Das liegt an Gefühlen und Erfahrungen, die wir nur in der Muttersprache machen und deshalb auch nur mit ihr assoziieren."

15 a **Machen Sie ein kleines Experiment. Arbeiten Sie zu dritt und spielen Sie Dialoge zu den Situationen 1 bis 3. Jeweils zwei Personen sprechen miteinander auf Deutsch. Die dritte Person versucht, diesen Dialog simultan, also gleichzeitig, in ihre Muttersprache zu übersetzen.**

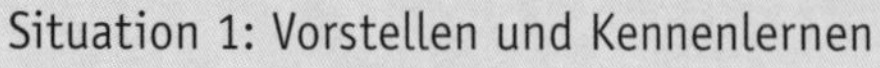

Situation 1: Vorstellen und Kennenlernen
Situation 2: Im Kaufhaus
Situation 3: Im Restaurant

b **Können Sie sich vorstellen, Simultanübersetzer zu werden? Warum? Warum nicht?**

Ich finde, das ist ein toller Beruf. Man lernt viele Menschen kennen. …

Kurz und klar

Eine Präsentation halten

Einleitung

Ich mache heute eine Präsentation zum Thema ...
Mein Thema heute ist ...

Ich spreche über folgende Punkte: ...
Meine Präsentation ist folgendermaßen gegliedert: ...

Hauptteil

Zu meiner ersten Frage / meinem ersten Punkt: ...
Damit komme ich zum zweiten Punkt.
Ich möchte ein Beispiel nennen: ... / Ich gebe Ihnen ein Beispiel: ...
Ich bin der Meinung, dass ...
Meiner Meinung nach sollte/könnte ...

Schluss

Abschließend möchte ich kurz zusammenfassen: ...
Zum Schluss möchte ich noch einmal sagen, dass ...

Vielen/Herzlichen Dank für Ihre Aufmerksamkeit.

Gibt es noch Fragen? / Haben Sie noch Fragen zum Thema?

Grammatik

Passiv

Aktiv → **Wer** tut etwas?	Die *Tafel* verteilt **die Lebensmittel**. (**Akkusativ**)
Passiv → **Was** passiert?	**Die Lebensmittel** werden verteilt. **Die Lebensmittel** werden von der *Tafel* verteilt. (**Nominativ**)

Wenn man weiß, wer etwas tut, kann man den Akteur im Passivsatz mit *von* + Dativ nennen.

Bildung des Passivs

Präsens	*werden* + Partizip II	Die Feuerwehr **wird alarmiert**.
Präteritum	*wurde* + Partizip II	Die Feuerwehr **wurde alarmiert**.
Perfekt	*sein* + Partizip II + **worden**	Die Feuerwehr **ist alarmiert worden**.

Passiv mit Modalverb

Modalverb + Partizip II + *werden* im Infinitiv	Die Lampe	**muss**	**repariert**	**werden**.
	Das Spielgeld	**kann**	**gespart**	**werden**.

Präpositionen mit Genitiv: *innerhalb, außerhalb*

Lokale Bedeutung

Innerhalb der Spielstadt übernehmen die Kinder alle Berufe.
Die Eltern warten **außerhalb des** Stadt-Gebiets.

Temporale Bedeutung

Innerhalb einer Stunde sind alle Arbeitsplätze besetzt.
Außerhalb der Ferien gibt es kein Programm.

Man verwendet in der gesprochenen Sprache auch *von* + Dativ statt dem Genitiv. Das gilt ganz besonders für Städte- und Ländernamen ohne Artikel: Reisen **innerhalb von** Deutschland ist einfach.

Lernziele

Forumskommentare verstehen
über Stadt/Land sprechen
wichtige Informationen verstehen
einen Bericht schreiben
Meinungen über Städterankings verstehen
eine Stadt beschreiben
ein Rankingergebnis vorstellen
einen Text über eine Besonderheit von Köln verstehen
verschiedenen Empfängern schreiben
Attraktionen einer Stadt beschreiben

Grammatik

Artikelwörter als Pronomen: *einer, keiner, meiner, ...*
Adjektive als Substantive
Relativpronomen *was* und *wo*

Vom Leben in Städten

1 **a** **Die Stadt Leipzig. Sehen Sie die Bilder an. Welche finden Sie typisch für „Leben in der Stadt"? Vergleichen Sie in Gruppen und begründen Sie.**

b **Wählen Sie ein Foto. Welche Wörter und Ausdrücke im Kasten passen? Verwenden Sie auch ein Wörterbuch.**

das Amt • das Angebot • das Gebiet / die Zone • das Stadtzentrum • das Tempo / die Geschwindigkeit • der Abfall • der Arbeitsplatz • der Bewohner / die Bewohnerin • der Dreck / der Schmutz • der Gehsteig • der Lärm • der Rand / der Stadtrand • das Schaufenster • der Stadtteil / das Viertel • der Verkehr • die Fahrzeuge (Pl.) • die Fahrbahn • die Abgase (Pl.) • die Fußgängerzone • die Lage • die Luft • der Betrieb • der Nachbar / die Nachbarin • das Geschäft

c **Erzählen Sie Ihrem Partner / Ihrer Partnerin von Ihrem Foto. Folgende Fragen können Ihnen helfen.**

Wer wohnt oder arbeitet da? Welche Vorteile und Nachteile gibt es? Wie ist die Atmosphäre?

2

a Stimmen aus Leipzig. Worüber sprechen die Personen? Kreuzen Sie die Themen an.

.31–33

	Wohnen	Arbeit	Verkehr	kulturelles Angebot
Person 1				
Person 2				
Person 3				

.31–33 11

b Bilden Sie 4er-Gruppen. Hören Sie noch einmal. Jeder notiert wichtige Informationen zu einem Thema aus 2a. Tauschen Sie sich dann in Ihrer Gruppe aus und ergänzen Sie fehlende Informationen.

3

Welche Orte in einer Stadt sind wichtig für Sie? Was machen Sie dort?

Für mich ist mein Arbeitsplatz am wichtigsten.

Ich finde, eine schöne Einkaufsstraße muss sein. Mit interessanten Geschäften und …

Bist du ein Stadtmensch?

4

a Lesen Sie die Kommentare und die Sätze 1 bis 3. Zu wem passt der Satz? Ergänzen Sie die Forumsnamen.

Han Solo Hallo! Was für ein Stadttyp seid ihr? Was braucht ihr, was nicht? Ich brauche die Uni und das Studentenleben. Shopping und Kultur und so, das ist nicht mein Ding.

☐ ↳ **W&W** Was heißt hier Stadttyp? Hier wohne ich, hier arbeite ich, hier wohnen fast alle meine Freunde. Aber am Wochenende in der Stadt bleiben, das geht nicht. Ich brauche einen See zum Baden und den Wald, wo mich keiner sieht. Stadtmensch? Bin ich also einer oder nicht?

Sattmann Ich bin vor 10 Jahren vom Land in die Stadt gezogen. Und ich will nie mehr raus aus der Stadt. Ein kleines Haus irgendwo auf dem Land und stolz sagen „Das ist meins!" – nee! Und dauernd den Garten pflegen – oh je! Ich bin einer, der in die Stadt gehört! Nur da kann ich leben, wie ich will. Was ich mache oder nicht, das geht doch keinen was an! Und zu W&W: Gerade das Wochenende zählt. Stadtmensch bist du keiner.

2.34

Gut gesagt: Langweilige Orte
Da ist nix los!
Da ist tote Hose.
Da sagen sich Fuchs und Hase gute Nacht.

☐ ↳ **Grünling** Ich gebe Ihnen recht. Aber was haben Sie gegen Gärten? Es gibt auch in der Stadt welche! Ich sage nur: interkultureller Garten in Hamburg-Wilhelmsburg, wo ich wohne und glücklich bin!

1. ____________________ geht nach der Arbeitswoche in der Stadt raus in die Natur.
2. ____________________ wohnt gern in der Stadt und liebt Gärten.
3. ____________________ glaubt, dass man nur in der Stadt wirklich frei leben kann.

b Und Sie? Sind Sie ein Stadtmensch oder ein Landmensch? Sprechen Sie im Kurs.

c Lesen Sie den Kasten und markieren Sie in den Forumstexten alle Artikelwörter, die als Pronomen verwendet werden.

Artikelwörter als Pronomen

der Stadttyp	Bin ich **ein** Stadttyp? → Nein, du bist **keiner**.
das Haus	Ist das **dein** Haus? → Ja, das ist **meins**.
die Stadt	Was für **eine** Stadt ist das? → Das ist **eine**, in der ...
die Gärten	Gärten gibt es nur auf dem Land. → Unsinn! Es gibt auch in der Stadt **welche**.

d Ergänzen Sie die Pronomen.

1. Wo ist denn hier der Hafen? – Hafen? Hier gibt es ______________ (kein).
2. In welches Theater gehen wir eigentlich? – Hier gibt es nur ______________ (ein).
3. Welchen Bus kann ich zum Bahnhof nehmen? – Oh je! Es gibt ______________ (welch), aber ich kenne mich mit den Linien nicht aus.
4. Ist heute Markt? – Nee, heute ist ______________ (kein). Nur freitags.
5. In welchem Park kann man gut joggen? – Es gibt nur ______________ (ein), den Stadtgarten.

5

Spielen Sie in 5er-Gruppen. Jeder legt zwei persönliche Sachen auf einen Tisch. Wem gehört das? Fragen und antworten Sie.

Wem gehört das Handy? Ist das deins?
Nein, das ist nicht meins. Ich glaube, das ist ihres.
Ja, das ist meins. Und wem gehört die Kette? Ist das...?

Wenn die Stadt erwacht

6 a Morgens um fünf in einer Stadt. Wer arbeitet schon zu der Zeit? Oder immer noch? Welche Aktivitäten gibt es um diese Zeit? Sammeln Sie.

b Lesen Sie den Magazinbericht. Welche Personen machen was am frühen Morgen?

Morgens um fünf

Morgens um 5.00 Uhr im Allgemeinen Krankenhaus. Pfleger Fery ist seit 21.00 Uhr im Dienst. Noch eine Stunde, bis die Kollegen von der Frühschicht kommen. Die Nacht war unruhig heute, zwei Patienten hatten Probleme. „Einer hatte nach einer Operation plötzlich hohes Fieber, ein anderer hat mich sicher

zehnmal gerufen. Also ein ganz normaler Nachtdienst." Fery beginnt jetzt, alles für die Übernahme vorzubereiten, um 7.00 ist für ihn Schluss.

Nicht weit vom Krankenhaus entfernt ist die Bäckerei Bucher. Fünf Personen sind seit 2.00 Uhr bei der Arbeit. In der Backstube ist es sehr warm, es riecht nach frischem Brot, die Angestellten und der Chef arbeiten auf Hochtouren. Pünktlich um 5.00 Uhr, wie jeden Morgen, kommt Vera, die Fahrerin, mit einem Lehrling. Sie lädt große Körbe mit frischem Brot in das Auto, der Lehrling hilft ihr dabei. „Ich fahre jetzt zu den größeren Kunden und bringe ihnen ihre Bestellungen."

Zur gleichen Zeit beginnt der Arbeitstag auch im städtischen Bauhof. Das große Tor wird geöffnet, ein Reinigungsfahrzeug macht sich auf den Weg. Bevor sich das automatische Tor wieder schließt, geht ein Obdachloser mit seinem Schlafsack

hinein, keiner hält ihn auf oder sagt etwas. Er lächelt und sagt: „Max fährt immer als Erster weg. Er macht dann das Tor nicht sofort zu und ich kann rein. Bis elf habe ich dann einen trockenen Platz zum Schlafen. Der Max ist ein Guter!" Wo der Obdachlose bisher die Nacht verbracht hat, das sagt er nicht.

c Lesen Sie die Texte noch einmal. Richtig oder falsch? Kreuzen Sie an.

	r	f
1. Fery hatte heute im Nachtdienst nicht mehr Arbeit als üblich.	☐	☐
2. In der Bäckerei arbeiten seit 2 Uhr nachts fünf Angestellte.	☐	☐
3. Eine Angestellte hilft der Fahrerin, das frische Brot ins Auto zu laden.	☐	☐
4. Im Bauhof der Stadt wird die ganze Nacht gearbeitet.	☐	☐
5. Der Fahrer vom Reinigungsfahrzeug lässt das Tor für einen Obdachlosen kurz offen.	☐	☐

d Ergänzen Sie die Endungen in den Sätzen 1 bis 4.

1. Ich habe mit einem Deutsch____ gesprochen.
2. Er ist Sozialarbeiter und betreut Jugendlich____.
3. Eine Bekannt____ von mir arbeitet auch mit Jugendlich____.
4. Sie ist Angestellt____ bei der Stadt.

Adjektive als Substantive: Nominativ

der Obdachlos**e** ~~Mann~~	**ein** Obdachlos**er** ~~Mann~~
die Angestellt**e** ~~Bäckerin~~	**eine** Angestellt**e** ~~Bäckerin~~
die Obdachlos**en** ~~Leute~~	■ Obdachlos**e** ~~Leute~~

Adjektive als Substantive haben die gleiche Endung wie gewöhnliche Adjektive.

7 Die erste Stunde Ihres Tages. Was passiert um Sie herum? Was geschieht außerhalb Ihrer Wohnung? Schreiben Sie einen kurzen Text. Tauschen Sie ihn mit Ihrem Partner / Ihrer Partnerin und korrigieren Sie.

Wenn ich aufwache, höre ich draußen …

Lebenswerte Städte

8 **a** **Sehen Sie die Grafik an. Wo liegen die Städte und was wissen Sie über sie? Was könnte diese Städte lebenswert machen?**

Zufriedenheit mit der Stadt insgesamt
Wie zufrieden sind Sie mit Ihrer Stadt insgesamt?

1. Hamburg	84,4
2. Düsseldorf	81,0
3. Dresden	80,3
4. Hannover	79,6
5. München	79,4
6. Leipzig	79
7. Frankfurt a. M.	77,5
8. Bremen	76,3
9. Stuttgart	74,3
10. Bonn	73,6
11. Berlin	73,3
12. Köln	72,8
13. Essen	68,5

b **Was sind die beliebtesten Städte in Ihrem Land? Berichten Sie.**

9 **a** **Städterankings. Lesen Sie den Text. Warum gibt es Städterankings? Was ist die zentrale Aussage zu dieser Frage?**

Artikel | Diskussion

Städterankings vergleichen und bewerten Städte nach verschiedenen Kriterien. Meist werden Listen mit Rankingplätzen erstellt. Die Kriterien der Rankings sind verschieden. Oft werden z. B. Wohnraum, Arbeits-/Ausbildungsplätze, Einkommensstruktur usw. verglichen. Die Rankings dienen als Informationsquelle für Wohnungs- und Arbeitssuchende, Arbeitgeber, Ministerien und sonstige Interessierte. Sie sind sehr populär und jede größere Stadt in Deutschland versucht, auf die vorderen Ränge eines der vielen Rankings zu kommen. Denn: Wer einen guten Platz im Ranking erreicht, zieht Investoren und auch Firmen an. Es geht also – wie so oft – ums Geld.

2.35

b **Hören Sie den Beitrag zum Thema Städteranking. Wer sagt was? Kreuzen Sie an.**

	Leonie Winter	Jens Becker	Ilse Naumann
1. Ich fühle mich nur dort wohl, wo ich gute Freunde habe.			
2. Für mich kann das, was in Rankings steht, sehr interessant sein.			
3. Ich weiß nicht, ob alles, was in Rankings steht, auch wirklich stimmt.			
4. Ich bin nicht sicher, ob München die Stadt ist, wo ich studieren möchte.			
5. Das, was in seriösen Rankings steht, kann für Firmen sehr interessant sein.			

10

a Relativsätze mit *was* und *wo*. Lesen Sie noch einmal die Aussagen in Aufgabe 9b. Markieren Sie in den Sätzen die Ausdrücke, auf die sich *was* und *wo* beziehen.

b Ergänzen Sie *was* oder *wo*. Schreiben Sie die Sätze zu Ende.

1. Ich finde alles interessant, _____ ...
2. Ich möchte in einer Stadt wohnen, _____ ...
3. Für mich gibt es in dieser Stadt nichts, _____ ...
4. Ein schöner Ort ist für mich eine Stadt, _____ ...
5. Es gibt immer neue Städterankings, _____ ich ... finde.
6. Es gibt viele Freizeitmöglichkeiten, _____ ...

Relativpronomen *was* und *wo*
- ***was*** bezieht sich auf ganze Sätze oder auf Pronomen wie *alles, etwas, nichts, das*
- ***wo*** bezieht sich auf Ortsangaben

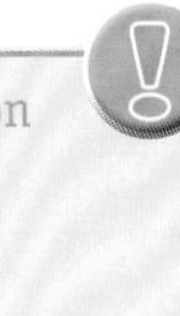

Beides geht: lokale Präposition oder Relativpronomen:
*Die Stadt, **in der** ich wohne.*
Relativsatz mit *wo:*
*Die Stadt, **wo** ich wohne.*

11

a Zufriedenheit mit einer Stadt. Arbeiten Sie in Gruppen und diskutieren Sie: Welche Themenbereiche finden Sie wichtig? Machen Sie eine Übersicht. Ergänzen Sie dann Unterthemen.

Themenbereiche:	*Ausbildung/Arbeit*	*Wohnen*	*Freizeit*	...
Unterthemen:	*Universitäten* *Gehaltsniveau*			

b Wählen Sie einen Themenbereich aus Ihrer Übersicht und bewerten Sie Ihren Kursort. Geben Sie Noten von 1 (= sehr gut) bis 6 (= ganz schlecht) für die Unterthemen.

c Stellen Sie die Ergebnisse Ihres Rankings im Kurs vor.

Unsere Gruppe hat folgendes Thema für das Ranking ausgewählt: ...
Wir haben uns auf diese Unterthemen geeinigt, was nicht so leicht war / was kein Problem war: ...
Alles, was uns wichtig ist, haben wir bewertet.
Für das Thema ... haben wir die Note ... gegeben.
Wir waren uns nicht einig, ob ... eine Stadt ist, wo man ...
Wir waren uns einig, dass ...
Wir sind zu folgendem Ergebnis gekommen: ...

12

a Texte vorlesen: Satzzeichen helfen. Lesen Sie den Text und ergänzen Sie die Satzzeichen. Korrigieren Sie, wenn nötig, auch die Satzanfänge.

Ich wohne in Köln mir gefällt die Stadt sehr gut ich verstehe allerdings nicht warum sie in sämtlichen Rankings immer so weit hinten steht ich kann mir keine schönere Stadt vorstellen warum es mir so gut in Köln gefällt das ist ganz einfach zu beantworten hier gibt es schöne Museen viele gute Theater und Kinos kleine Cafés den Rhein mit den vielen Schiffen und hier wohnen meine Freunde außerdem habe ich hier eine sehr gute Arbeit gefunden

Pausen
Satzzeichen helfen beim Lesen: Sie zeigen, wo man beim Lesen eine Pause machen kann und wo inhaltliche Zusammenhänge sind.

2.36

b Hören Sie den Text zur Kontrolle. Lesen Sie dann den Text noch einmal, erst leise, dann laut.

Typisch Kölsch

13 a Öffnungszeiten. Hören Sie zwei Gespräche. Welches Gespräch passt zu den beiden Fotos?

2.37–38

Situation 1 ☐
Situation 2 ☐

b Was kann man in Ihrem Land am späten Abend oder an Feiertagen einkaufen – und wo?

14 a In Köln. Lesen Sie den Text. Um welche Kölner Attraktion geht es?

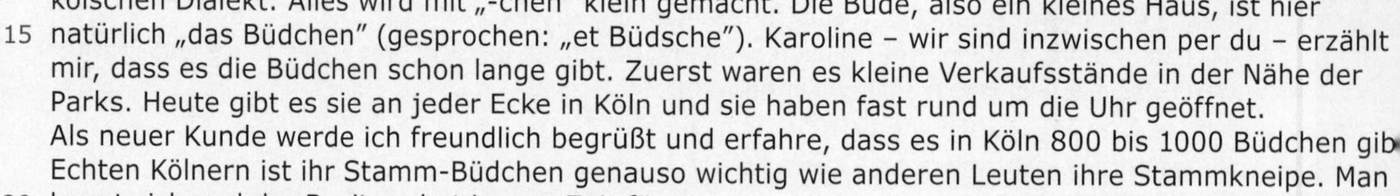

Meine ersten Tage in Köln

Samstagabend, 19:57 Uhr – ich freue mich auf einen guten Krimi im Fernsehen und mein Magen knurrt. Ich habe große Lust auf eine Cola, Chips und ein Sandwich – am liebsten mit Hühnerfleisch und Currygewürz. Auf dem Weg in die Küche habe ich schon so
5 eine Ahnung ... Ist doch klar: Der Kühlschrank ist (natürlich) leer. Ich rase das Treppenhaus hinunter – das dauert, denn ich wohne in der vierten Etage – und renne zum Supermarkt. Zu spät. Der Laden hat gerade zugemacht. Und jetzt? Eine Frau lächelt mich an und sagt: „Neu in Köln? Gehen Sie doch einfach zum Büdchen an
10 der Ecke. Da bekommen Sie fast alles: Aprikosen und Katzenfutter, Spülmittel und Zeitschriften, Ketchup und Konfitüre, Streichhölzer oder Feuerzeuge, Lebensmittel und, und, und."
Sie begleitet mich zum Büdchen – übrigens typisch für den kölschen Dialekt: Alles wird mit „-chen" klein gemacht. Die Bude, also ein kleines Haus, ist hier
15 natürlich „das Büdchen" (gesprochen: „et Büdsche"). Karoline – wir sind inzwischen per du – erzählt mir, dass es die Büdchen schon lange gibt. Zuerst waren es kleine Verkaufsstände in der Nähe der Parks. Heute gibt es sie an jeder Ecke in Köln und sie haben fast rund um die Uhr geöffnet.
Als neuer Kunde werde ich freundlich begrüßt und erfahre, dass es in Köln 800 bis 1000 Büdchen gib
Echten Kölnern ist ihr Stamm-Büdchen genauso wichtig wie anderen Leuten ihre Stammkneipe. Man
20 kennt sich und der Besitzer hat immer Zeit für ein „Verzällchen" – eine Unterhaltung. Fast überall in Deutschland muss man lange suchen, bis man an Feiertagen oder nachts irgendwo ein Geschäft findet, in dem man etwas zu essen kaufen kann. In Köln ist das kein Problem – und die Büdchen sind inzwischen sogar als Attraktion für Touristen bekannt: Viele Stadtführer bieten spezielle Büdchenführungen an.
25 Als ich mit meinem Sandwich, der Cola und den Chips nach Hause komme, ist der Krimi schon zur Hälfte um, der Tote ist schon längst gefunden worden, die Zeugen und Verdächtigen vernommen und der Täter ist zwar noch auf der Flucht, aber so gut wie festgenommen. Aber mein Abend war toll und morgen früh bin ich zum Frühstück bei Karoline eingeladen. Die Brötchen bringe ich mit – die hole ich am Morgen beim Büdchen.

b Ergänzen Sie die Aussagen mit den Informationen aus dem Text.

1. Der Erzähler hat es eilig, weil ...
2. Er wohnt seit ... in Köln.
3. Der Supermarkt ...
4. Das Besondere an Kölner Büdchen ist, dass ...
5. Für Köln-Touristen ...
6. Als der Erzähler nach Hause kommt, ...

c Gibt es in Ihrer Stadt auch eine Besonderheit wie die Kölner Büdchen? Erzählen Sie.

Meine Stadt

15 a Tourismus in Ihrer Stadt. Recherchieren Sie: Was sind typische Sehenswürdigkeiten in Ihrer Stadt oder einer anderen Stadt in Ihrem Heimatland? Machen Sie Notizen.

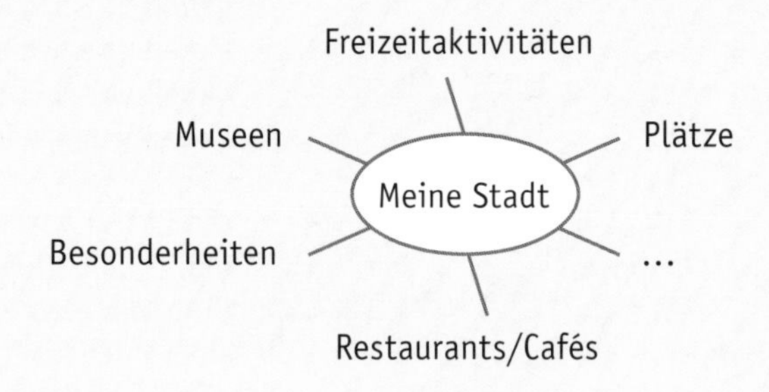

b Sie wollen einen Brief / eine E-Mail mit Vorschlägen für einen Tag in Ihrer Stadt schreiben. Welche Formulierungen passen zu welchem Empfänger? Ordnen Sie zu.

bald kommen Sie zu uns nach ... • Bis bald • Gerne zeigen meine Kollegen und ich Ihnen einige der genannten Sehenswürdigkeiten. • Hallo ..., • Hoffentlich gefallen dir die Vorschläge. • Viele Grüße • Hoffentlich haben Sie Lust bekommen, die Stadt kennenzulernen. • Ich freue mich schon darauf, dir meine Stadt zu zeigen. • Ich freue mich sehr, dass du mich bald besuchen kommst. • Liebe ..., / Lieber ..., • Meine Kollegen und ich freuen uns schon darauf, Sie kennenzulernen. • Mit freundlichen Grüßen • Sehr geehrter Herr ..., / Sehr geehrte Frau ..., • Ich freue mich / Wir freuen uns, Sie bald hier zu begrüßen.

	A Sie schreiben an einen guten Freund / eine gute Freundin, der/die Sie besuchen will.	B Sie schreiben an einen Geschäftspartner / eine Geschäftspartnerin, den/die Sie noch nicht kennen und der/die für zwei Tage in Ihre Stadt kommt.
Anrede	*Liebe ..., / Lieber ...,*	
Einleitung		
Abschluss		
Gruß		

c Wählen Sie aus 15b Spalte A oder B und schreiben Sie den Brief / die E-Mail.

Briefe/E-Mails schreiben
Überlegen Sie vor dem Schreiben:
- Welche Inhalte wollen Sie mitteilen? Machen Sie Notizen.
- An wen schreiben Sie? Welche Anrede ist passend?
- Wählen Sie Formulierungen für die Anrede, die Einleitung, den Schluss und den Gruß.
- Vergessen Sie in Briefen nicht das Datum und bei formellen Briefen den Betreff.

Salzburg

16 Ein Vormittag in Salzburg. Was würden Sie gern ansehen? Sprechen Sie in Kleingruppen.

1 Festung Hohensalzburg
8 Dom
18 Museum der Moderne
20 Mozarts Geburtshaus und Getreidegasse

Mozart wurde 1756 in Salzburg geboren. Sein Geburtshaus kann man heute besichtigen und dabei viel über das Leben Mozarts und seine Zeit erfahren.

Die Festung wurde 1077 erbaut und ist die größte erhaltene Burg Mitteleuropas. Die Räume sind prachtvoll, besonders das „Goldene Wohnzimmer".

Die Einkaufsstraße „Getreidegasse" erhält ihren Charme durch hohe und schmale Häuser, schöne Innenhöfe und Geschäfte.

17

11

a **Sehen Sie den Film an. Welche Sehenswürdigkeiten aus der Liste in Aufgabe 16 werden gezeigt?**

11

b **Drei Berufe in Salzburg. Sehen Sie den Film noch einmal und lesen Sie die Sätze im Kasten. Was passt zu welchem Beruf? Ordnen Sie zu.**

Koch

Stadtjäger

Bergputzer

ein alter Traditionsberuf mit Aussicht • Goldener Hirsch • die grüne Lunge Salzburgs • die Berge sind sein Zuhause • „Nockerl" symbolisieren die Berge um Salzburg • untersuchen die Felswände • kümmert sich um die Tiere, besonders um Gämsen

11

c **Möchten Sie selbst einmal Salzburger Nockerl machen? Dann sehen Sie den Film noch einmal und notieren Sie das Rezept.**

18

a **Die Altstadt von Salzburg steht auf der Liste des Unesco-Weltkulturerbes. Arbeiten Sie in Kleingruppen. Recherchieren Sie Informationen zu einer weiteren Unesco-Weltkulturerbe-Stätte in Deutschland (www.unesco-welterbe.de), Österreich (www.unesco.at) oder der Schweiz (www.welterbe.ch). Gestalten Sie ein Poster mit Bildern und Informationen.**

b **Machen Sie eine Ausstellung im Kursraum.**

Kurz und klar

Ergebnisse einer Gruppenarbeit vorstellen

Unsere Gruppe hat folgendes Thema ausgewählt: … • Wir haben uns auf diese Unterthemen geeinigt, was nicht so leicht war / was kein Problem war: … • Alles, was uns wichtig ist, haben wir bewertet. • Für das Thema … haben wir die Note … gegeben. • Wir waren uns nicht einig, ob … eine Stadt ist, wo man … • Wir waren uns einig, dass … • Wir sind zu folgendem Ergebnis gekommen: …

Briefe / E-Mails schreiben

	informell	**(halb-)formell**
Anrede	Liebe …, / Lieber …, Hallo …,	Sehr geehrter Herr …, / Sehr geehrte Frau …,
Einleitung	Ich freue mich sehr, dass du … • Ich freue mich schon darauf, dir … zu …	bald kommen Sie … • Meine Kollegen und ich freuen uns schon darauf, Sie kennenzulernen / … zu …
Abschluss	Hoffentlich gefallen dir die Vorschläge.	Hoffentlich haben Sie Lust bekommen, … kennenzulernen. • Gerne zeige ich Ihnen die genannten … • Ich freue mich / Wir freuen uns, Sie bald hier zu begrüßen.
Gruß	Bis bald • Viele Grüße	Mit freundlichen Grüßen

Grammatik

Artikelwörter als Pronomen

der Stadttyp	Bin ich **ein** Stadttyp? → Nein, du bist **keiner**.
das Haus	Ist das **dein** Haus? → Ja, das ist **mein(e)s**.
die Stadt	Was für **eine** Stadt ist das? → Das ist **eine**, in der …
die Gärten	Gärten gibt es nur auf dem Land → Unsinn! Es gibt auch in der Stadt **welche**.

Artikelwörter als Pronomen: Formen

Nominativ maskulin	Das ist **der**/ein Hund.	Das ist ein**er**/kein**er**/mein**er**.
Nominativ neutrum	Das ist **das**/ein Haus.	Das ist ein**(e)s**/kein**(e)s**/mein**(e)s**.
Akkusativ neutrum	Ich sehe **das**/ein Haus.	Ich sehe ein**(e)s**/kein**(e)s**/mein**(e)s**.

In allen anderen Fällen sind die Formen wie bei den Artikelwörtern *ein/kein/mein*.

Adjektive als Substantive

maskulin Singular	**der** Obdachlos**e** ~~Mann~~	**ein** Obdachlos**er** ~~Mann~~
feminin Singular	**die** Angestellt**e** ~~Bäckerin~~	**eine** Angestellt**e** ~~Bäckerin~~
Plural	**die** Obdachlos**en** ~~Leute~~	■ Obdachlos**e** ~~Leute~~

Adjektive als Substantive haben die gleiche Endung wie gewöhnliche Adjektive.

Oft gebrauchte Adjektive als Substantive:
der/die Angehörige, der/die Angestellte, der/die Arbeitslose, der/die Bekannte, der/die Deutsche, der/die Erwachsene, der/die Jugendliche, der/die Kranke, der/die Tote, der/die Verwandte

Relativpronomen *was* und *wo*

was bezieht sich auf ganze Sätze oder auf Pronomen wie *alles, etwas, nichts, das:*	Hier gibt es viele Freizeitmöglichkeiten, **was** ich toll finde. Ich finde alles interessant, **was** du vorgeschlagen hast.
wo bezieht sich auf Ortsangaben:	Ich fahre nach Hamburg, **wo** ich gute Freunde habe. Hamburg ist eine Stadt, **wo** ich gerne wohnen würde.

Lernziele

Informationen in einem Werbetext finden
Gespräche in der Bank verstehen
Gespräche in der Bank führen
Hinweise verstehen
Argumente verstehen
Meinungen erkennen und äußern
Personen, Dinge, Situationen näher beschreiben
über Verhalten diskutieren
eine Gewissensfrage schreiben
einen informativen Text verstehen
über etwas berichten

Grammatik

Sätze mit *je ... desto*
Partizip I und II als Adjektiv

A

Szene ____

Geld regiert die Welt

B

Szene ____

C

Szene ____

1

a **Wenn Ihnen jemand viel Geld schenken würde, wofür würden Sie es ausgeben? Was wäre Ihnen nicht wichtig? Sprechen Sie in Kleingruppen.**

2.39–44

b **Hören Sie die Szenen und sehen Sie die Fotos an. Welches Foto passt zu welcher Szene?**

2.39–44

Wortschatz AB

c **Hören Sie noch einmal und notieren Sie jeweils den Grund, warum die Person dafür Geld ausgegeben hat.**

Szene 1 ____________________ Szene 4 ____________________

Szene 2 ____________________ Szene 5 ____________________

Szene 3 ____________________ Szene 6 ____________________

D

Szene _____

E

Szene _____

F

Szene _____

2

a Wie viel kosten diese Produkte an Ihrem Kursort? Finden Sie das teuer oder billig? Sprechen Sie im Kurs.

1 Kilo Brot • 1 Tasse Kaffee • 1 Kilo Bananen • 1 Tafel Schokolade

b War früher wirklich alles billiger? Arbeiten Sie zu dritt. Sehen Sie die Tabelle an. Wie lange musste man in Deutschland arbeiten, bis man sich etwas kaufen konnte? Wie ist das heute? Was fällt Ihnen auf?

Früher und heute – wie lange arbeitet man für diese Produkte?	Einheit	Arbeitszeit 1950 (in Std.)	Arbeitszeit 2009 (in Std.)
Mischbrot	1 kg	0:27	0:11
Eier	10 Stück	2:01	0:08
Vollmilch	1 l	0:19	0:03
Bohnenkaffee	500 g	26:22	0:19
Schweinekotelett	1 kg	3:54	0:32
Herrenanzug	1 Stück	108:38	17:00
Kleiderschrank	1 Stück	146:59	38:24
Fernseher (Wert für 1960)	1 Stück	351:38	35:31

c Was ist bei Ihnen viel teurer oder billiger geworden? Warum?

In der Bank

3

a Die Traumbank. Lesen Sie den Werbetext und markieren Sie die Informationen, die nicht realistisch sind.

> Wechseln Sie jetzt zur Traumbank.
>
> Wir bieten Ihnen ein Girokonto ohne Gebühren und schenken Ihnen 500,– € zur Kontoeröffnung. Sie bekommen 3 EC-Karten und 7 Kreditkarten umsonst und können damit an allen Geldautomaten weltweit kostenlos abheben. Und wir bieten Ihnen noch mehr!
>
> – Je mehr Geld Sie bei uns sparen, desto mehr Geld schenken wir Ihnen.
> – Je reicher Sie sind, desto freundlicher sind wir zu Ihnen.
> – Je teurer die anderen Banken werden, desto günstiger werden wir.
>
> Traumbank

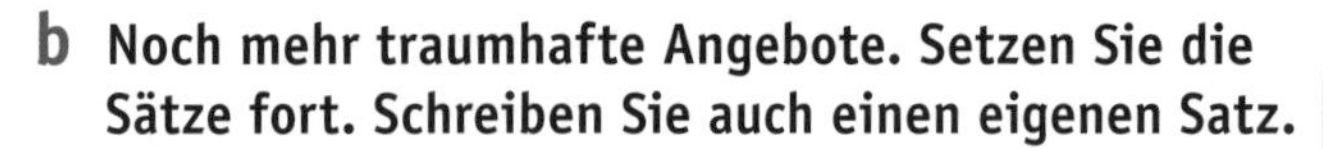

b Noch mehr traumhafte Angebote. Setzen Sie die Sätze fort. Schreiben Sie auch einen eigenen Satz.

1. Je mehr Geld Sie ausgeben, …
2. Je schneller Sie …
3. Je netter …
4. …

Sätze mit *je* … *desto* …

Je reicher Sie sind,	**desto freundlicher** sind wir zu Ihnen.
je + **Komparativ**	*desto* + **Komparativ**

4

Wortschatz AB

a Louis und der Geldautomat. Sehen Sie die Fotos an. Was passiert? Was ist das Problem?

der Geldautomat
die EC-Karte

die PIN / die Geheimnummer eingeben

das Portemonnaie
Geld vom Konto abheben

der Bankangestellte

einen Kredit bekommen

2.46

Gut gesagt: Geld in der Umgangssprache
Euronen • Kohle • Kröten • Mäuse

2.45

b Hören Sie das Gespräch. Warum hatte Louis Probleme am Geldautomaten?

2.45

c Hören Sie das Gespräch noch einmal. Welche Ausdrücke kommen vor? Kreuzen Sie an.

Bankkunde

1. Ich kann kein Geld abheben. ☐
2. Ich brauche aber dringend Geld. ☐
3. Ich habe meine EC-Karte verloren. ☐
4. Der Automat hat meine Karte eingezogen. ☐
5. Kann ich mit der Kreditkarte Geld abheben? ☐
6. Der überwiesene Betrag ist noch nicht da. ☐
7. Wieso dauert die Überweisung so lang? ☐
8. Da wäre ich Ihnen sehr dankbar. ☐

Bankangestellte/r

1. Ihre Karte ist gesperrt, weil … ☐
2. Haben Sie die Geheimzahl richtig eingegeben? ☐
3. Wie ist denn Ihre Kontonummer? ☐
4. Bargeld von der Kreditkarte kostet Gebühren. ☐
5. Sie haben Ihren Kredit überzogen. ☐
6. Dann muss ich Ihre Karte sperren und eine neue bestellen. ☐
7. Wir können den Kredit kurzfristig erhöhen. ☐
8. Sie können auch hier am Schalter Geld abheben. ☐

d Bankprobleme. Arbeiten Sie zu zweit und spielen Sie die Dialoge. Eine/r ist Bankangestellte/r, der/die andere ist Kunde/Kundin. Tauschen Sie dann die Rollen. Verwenden Sie Ausdrücke aus 4c.

A Der Bankautomat hat Ihre Karte eingezogen.

B Sie haben Ihre EC-Karte verloren und brauchen dringend Geld.

5

a Bank-Informationen. Lesen Sie die Sätze. Welche Bedeutung passt zu den markierten Teilen: a oder b? Kreuzen Sie an.

1 [a] Es dauert länger als zwei Tage, bis das Geld beim Empfänger ist.
[b] Nach zwei Tagen wird das Geld an den Empfänger überwiesen.

2 [a] Auf dem Kontoauszug gibt es keine Informationen zu den Daueraufträgen.
[b] Wenn Daueraufträge ausgeführt wurden, steht das auf dem Kontoauszug.

3 [a] Wenn man die Karte im Geldautomaten vergessen hat, nehmen andere Kunden sie mit.
[b] Der Geldautomat behält die Karten, die vergessen wurden.

4 [a] Wenn eine Karte gesperrt wurde und man sie wiederfindet, soll man sie kaputt machen.
[b] Wenn Karten beschädigt sind, dann funktionieren sie automatisch nicht mehr.

INFO

Wichtige Hinweise für Neukunden

Mit der EC-Karte können Sie online oder am Geldautomaten Überweisungen machen. Der überwiesene Betrag ist maximal zwei Arbeitstage später auf dem Konto des Empfängers. Am Geldautomaten können Sie weitere Bankgeschäfte erledigen. Sie können Daueraufträge einrichten und verwalten. Die ausgeführten Daueraufträge finden Sie auf Ihrem Kontoauszug.

Um Geld abzuheben, benötigen Sie nur Ihre EC-Karte und die Geheimnummer. Für den Fall, dass Sie den abgehobenen Geldbetrag nicht entnehmen, zieht der Automat den Betrag ein und er wird Ihrem Konto gutgeschrieben. Vergessene Karten werden automatisch eingezogen. Diese erhalten Sie in der für Sie zuständigen Filiale zurück.

Unsere EC-Karten haben einen Geldkarten-Chip, den Sie am Automaten aufladen können. Mit dem Chip bezahlen Sie zum Beispiel an Fahrkarten- oder Parkautomaten.

Bitte melden Sie sich bei Verlust oder Diebstahl Ihrer Karte umgehend in Ihrer Filiale. Ihre Karte wird sofort gesperrt und wir schicken Ihnen innerhalb von zwei Tagen eine neue Karte zu. Falls Sie die gesperrte Karte wiederfinden, bitten wir Sie, diese zu zerstören.

b Lesen Sie die Regel und ergänzen Sie die Partizipien in der richtigen Form.

zuschicken • einzahlen • verlieren • ausfüllen • wünschen

Partizip II als Adjektiv

Viele Partizipien können als Adjektiv verwendet werden.
Sie werden wie Adjektive dekliniert.
– der Betrag, der ausgezahlt wurde → der ausgezahl**te** Betrag
– die Gebühren, die berechnet wurden → die berechnet**en** Gebühren

1. Für Ihre Kontoeröffnung benötigen wir das __________ Formular.
2. Sie können auch Bargeld einzahlen. Die __________ Beträge werden umgehend auf Ihrem Konto gutgeschrieben.
3. Sie müssen die __________ Geheimnummer sicher aufbewahren.
4. Die Bank ersetzt Ihre __________ EC-Karte innerhalb einer Woche.
5. Geben Sie am Automaten den __________ Geldbetrag ein.

12

Total global

6 **a** **Hören Sie das Gespräch zum Thema *Globalisierung* und notieren Sie, welche Aspekte zu diesem Thema genannt werden.**

2.47

Wirtschaft hat sich verändert, ...

b **Globalisierung – Was ist das? Welche Aspekte gehören noch dazu? Sammeln Sie im Kurs.**

7 **a** **Meinungen zur Globalisierung. Arbeiten Sie zu zweit. Jeder liest einen Text und notiert die Argumente aus dem Text in Stichworten.**

A Ich finde es eigentlich gut, dass unser Leben internationaler geworden ist. Man bekommt durch das Internet sofort alle Informationen, egal wo auf der Welt etwas passiert ist. Auch in der Forschung werden ständig weltweit Informationen ausgetauscht und es wird mehr zusammengearbeitet. Das ist doch ein großer Vorteil. Durch die Globalisierung verbreitet sich technischer Fortschritt mit rasender Geschwindigkeit und wir haben eine viel größere Auswahl an Produkten als früher. Durch die große Konkurrenz gibt es auch viele billige Produkte. Wir Konsumenten profitieren von den sinkenden Preisen. Positiv ist auch, dass viele Länder von der Globalisierung profitieren und es dort viel mehr Wohlstand als früher gibt. Außerdem gefällt es mir, dass heute alles mobiler ist, auch in der Arbeitswelt. Ich habe zum Beispiel fünf Jahre in Asien gearbeitet, jetzt lebe und arbeite ich in Frankreich. In anderen Ländern zu arbeiten ist heute viel einfacher als früher. Ich finde, es gibt viele überzeugende Argumente für die Globalisierung.

Bernd Christiansen, Toulouse

B Ich sehe die Globalisierung eher kritisch. Mein Nachbar hat bei einem Handyhersteller in der Produktion gearbeitet und gerade seine Stelle verloren. Das ist natürlich eine furchtbare Situation für die Familie. Die komplette Produktion wurde in ein anderes Land verlegt. Und warum? Weil die Firma dort billiger produzieren kann. Das ist doch ein wichtiges Argument gegen die Globalisierung. Dort arbeiten die Leute dann unter schlechteren Bedingungen für weniger Geld. Man muss auch bedenken, dass auf dem wachsenden Weltmarkt nur die großen Firmen überleben können, und die werden dann immer größer. Kleinere Firmen schaffen es bei dieser starken Konkurrenz oft nicht. Und diese schrecklichen Finanzkrisen gehören ja leider auch zur Globalisierung. Plötzlich sind wir betroffen, weil Banker in der ganzen Welt falsch spekulieren. Das ist für mich eine beunruhigende Situation. Insgesamt haben wir sinkende Löhne durch die Globalisierung, aber die Topmanager wissen nicht, wohin mit ihrem Geld. Ich finde es wirklich sehr problematisch, dass die Unterschiede zwischen Arm und Reich immer größer werden.

Kati Grubens, Mannheim

b **Informieren Sie Ihren Partner und erstellen Sie zusammen eine Tabelle mit den Vor- und Nachteilen der Globalisierung.**

Vorteile	*Nachteile*

c **Lesen Sie die Texte noch einmal. Mit welchen Formulierungen drücken die Personen ihre Meinung aus? Markieren Sie im Text und sammeln Sie im Kurs.**

Text A: Ich finde es eigentlich gut ...

d **Was ist Ihre Meinung? Was hat sich in Ihrem Land durch die Globalisierung verändert? Sprechen Sie in Gruppen und nennen Sie Beispiele. Verwenden Sie dabei die Redemittel, die Sie in 7c gesammelt haben.**

8

a Partizip I als Adjektiv. Lesen Sie die Erklärungen im Kasten und schreiben Sie wie im Beispiel.

1. sinkende Löhne → *Löhne, die sinken*
2. steigende Preise → ______
3. der wachsende Weltmarkt → ______
4. ein überzeugendes Argument → ______
5. eine beunruhigende Situation → ______

> **Partizip I als Adjektiv**
> Partizip I: Infinitiv + *d*
> sinken → sinken**d**
> die sinken**den** Löhne
> rasen → rasen**d**
> mit rasen**der** Geschwindigkeit
> Partizipien werden wie Adjektive dekliniert.

b Rund um die Welt. Was ist auf dem Bild? Arbeiten Sie zu zweit und notieren Sie.

1. *ein schwitzender/laufender Mann*
2. ______
3. ______
4. ______
5. ______
6. ______
7. ______
8. ______
9. ______
10. ______

9

a Wortakzent. Hören Sie und markieren Sie den Wortakzent.

2.48

1. zahlen – bezahlen – die Bezahlung
2. fahren – erfahren – die Erfahrung
3. ändern – verändern – die Veränderung
4. sprechen – versprechen – das Versprechen

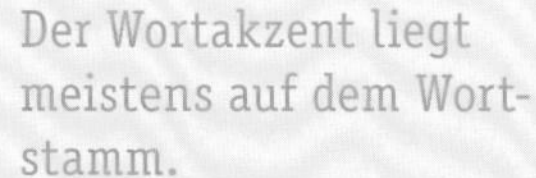

> Der Wortakzent liegt meistens auf dem Wortstamm.

b Lesen Sie die Wörter in 9a laut und klopfen Sie beim Wortakzent mit der Hand auf den Tisch.

c Wortakzent bei zusammengesetzten Substantiven. Hören Sie und markieren Sie den Wortakzent. Lesen Sie dann alle Wörter laut vor.

.49

1. der Markt – der Weltmarkt
2. die Welt – die Arbeitswelt
3. die Krise – die Finanzkrise
4. der Betrag – der Geldbetrag
5. der Automat – der Geldautomat
6. die Nummer – die Geheimnummer

> Bei zusammengesetzten Substantiven liegt der Wortakzent meistens auf dem ersten Wortteil.

Mit gutem Gewissen

10 a Gewissensfragen. Sehen Sie zuerst nur die Bilder an und beschreiben Sie die Situationen.

b Lesen Sie nun die Texte. Sind die Situationen so, wie Sie sie in 10a beschrieben haben?

A

B

A *Bei uns in der Stadt gibt es Zeitungskästen, aus denen man sich die Zeitungen einfach nehmen kann und das Geld selbst einwirft. Das Konzept basiert also auf der Ehrlichkeit der Kunden, denn niemand kann nachprüfen, ob man bezahlt hat oder ob man betrügt. Dieben wird das Stehlen so leicht gemacht. Ich hole mir jeden Morgen meine Zeitung am Kasten. Aber natürlich habe ich nicht immer genug Kleingeld. Ist es okay, an manchen Tagen gar nicht oder zu wenig zu bezahlen? Und dafür an anderen Tagen mehr? Im Durchschnitt bezahle ich ja für jede Zeitung. Aber wenn das Geld dann zwischendurch aus dem Kasten geholt wird, ist vielleicht zu wenig drin. Muss ich deshalb auf meine Zeitung verzichten, wenn ich das Kleingeld nicht habe?*
LARS S., MÜNCHEN

B *Zu meinem letzten Geburtstag habe ich von Bekannten eine wirklich hässliche und altmodische Vase bekommen. Ich war ein bisschen überrascht. Denn wer mich gut kennt, schenkt mir so etwas nicht. Jetzt steht die Vase im Keller und verstaubt. Nächste Woche hat meine Großtante Erika Geburtstag. Ich weiß, dass sie die Vase wunderschön finden würde. Ist es in Ordnung, wenn ich ein Geschenk, das ich bekommen habe, weiterverschenke? Ich will diese Vase nicht und jemand anders würde sich freuen. Aber wären meine Bekannten nicht verletzt, wenn sie das herausfinden würden? Oder kann man mit geschenkten Dingen tun, was man möchte? Schließlich gehört die Vase ja jetzt mir und ich kann entscheiden. Niemand kann mir einen Vorwurf machen, oder?*
ANJA P., BIELEFELD

c Bilden Sie kleine Gruppen und diskutieren Sie die beiden Situationen aus Aufgabe 10b. Was ist Ihre Meinung? Was würden Sie tun? Begründen Sie.

etwas akzeptieren/befürworten	**etwas ablehnen**
Ich finde es in Ordnung, wenn ...	Ich kann es nicht leiden, wenn ...
Für mich ist es okay, ...	Auf keinen Fall sollte man ...
Ich habe kein Problem damit, dass ...	Ich finde es falsch/schlimm/ unmöglich, ...
Man muss das akzeptieren/tolerieren, wenn/dass, ...	So ein Verhalten lehne ich ab, weil ...

In Diskussionen zu Wort kommen
- Signalisieren Sie durch Blickkontakt, Räuspern oder das Wort *Entschuldigung*, dass Sie etwas sagen möchten.
- Nutzen Sie Pausen der anderen und sprechen Sie dann.

d Schreiben Sie zu zweit eine weitere Gewissensfrage wie in 10b auf ein Blatt Papier. Mischen Sie alle Blätter und verteilen Sie sie neu. Diskutieren Sie zu zweit.

Gutes tun mit Geld

11 a Wen oder was würden Sie gern finanziell unterstützen, wenn Sie genug Geld hätten? Erzählen und begründen Sie.

Dem Kindergarten bei uns um die Ecke würde ich gern Geld geben. Denn …

Ich würde Greenpeace unterstützen, weil …

b Die Fuggerei in Augsburg. Lesen Sie den Text und notieren Sie zu jedem Absatz eine Frage.

Die Fuggerei in Augsburg ist die älteste Sozialsiedlung der Welt. Jakob Fugger, Mitglied der reichen und bekannten Augsburger Kaufmannsfamilie, gründete 1521 diese Siedlung, um armen und bedürftigen Augsburgern zu helfen. Für die damalige Zeit war die Konzeption „Hilfe zur Selbsthilfe" sehr fortschrittlich.

Handwerker und Arbeiter, die ohne Schuld, z. B. durch Krankheit, in finanzielle Schwierigkeiten geraten waren, konnten in die Fuggerei ziehen. Dort oder auch außerhalb der Fuggerei konnten sie arbeiten und Geld verdienen. Wenn sie sich finanziell erholt hatten, zogen sie wieder aus. Von 1681 bis 1694 lebte auch Franz Mozart, der Urgroßvater von Wolfgang Amadeus Mozart, in der Fuggerei.

Die Wohnungen sind jeweils 60 Quadratmeter groß, was in der Entstehungszeit ziemlich groß war. Die

Fuggerei mit acht Gassen, einer „Stadtmauer", drei Toren und einer Kirche ist wie eine Stadt in der Stadt. Für Besucher ist heute aber nur noch ein Tor geöffnet, das jede Nacht geschlossen und von 22 bis 5 Uhr von einem Nachtwächter bewacht wird. Fuggereibewohner, die bis 24 Uhr durch das Tor gehen, geben dem Nachtwächter 50 Cent, danach 1 Euro.

Noch heute wohnen in den 140 kleinen Wohnungen der 67 Häuser 150 bedürftige Augsburger Bürger. Die Bewohner zahlen dafür eine symbolische Jahresmiete von 0,88 Euro plus Nebenkosten. Um dort wohnen zu dürfen, muss man allerdings Augsburger und katholisch sein. Außerdem beten die Bewohner dreimal täglich. Bis heute wird die Siedlung aus dem Stiftungsvermögen von Jakob Fugger finanziert, zu dem zahlreiche Wälder und Immobilien gehören.

Inzwischen zählt die Fuggerei auch zu den touristischen Attraktionen der Stadt Augsburg. Neben einem Spaziergang durch die Fuggerei kann man das Fuggereimuseum besuchen. Auch zwei Wohnungen kann man besichtigen: eine im Originalzustand mit Möbeln aus dem 18. Jahrhundert und eine Wohnung, die zeigt, wie die Bewohner heute leben.

c Tauschen Sie die Fragen mit Ihrem Partner / Ihrer Partnerin und beantworten Sie seine/ihre Fragen. Kontrollieren Sie sich gegenseitig.

d Welche Information finden Sie besonders interessant?

12 Gutes tun mit Geld. Kennen Sie andere Beispiele? Recherchieren Sie in Gruppen und stellen Sie im Kurs ein Projekt / eine Aktion vor.

So erkennt man ... Falschgeld

13 a **Nehmen Sie einen Geldschein und arbeiten Sie in Gruppen. Was ist auf dem Schein abgebildet? Woran erkennt man, dass der Schein echt ist? Sammeln Sie.**

die Qualität des Papiers • das Wasserzeichen • die Dicke des Papiers • ...

b **Welche Umschreibungen passen? Ordnen Sie zu.**

1. etwas mit Gewissheit sagen können	A aufpassen
2. achtsam sein / die Augen offen halten	B einen (meist finanziellen) Verlust haben
3. im Umlauf sein	C ganz sicher sein / etwas ganz sicher wissen
4. die Blüte	D unbemerkt irgendwo hinkommen
5. sich einschleichen	E auf dem Markt sein
6. einen Schaden haben	F das Falschgeld

14 a **Sehen Sie den ersten Teil des Films an. Woran erkennt die Kassiererin, dass der Schein echt ist? Beschreiben Sie.**

12.1

b **Sehen Sie den zweiten Teil an. Woran erkennt man einen echten Geldschein? Erklären Sie: Was kann man fühlen, was sehen und was kann man durch Kippen erkennen?**

12.2

c **Sehen Sie den zweiten Teil noch einmal. Was passiert, wenn man eine „Blüte" annimmt? Welche Aussage ist richtig? Was halten Sie von dieser Regelung?**

12.2

1 Man kann den falschen Schein bei der Bank gegen einen echten tauschen.
2 Man darf den Schein nicht benutzen, bekommt aber auch keinen Ersatz.
3 Man darf das Geld auf sein Konto einzahlen.

15 **Recherchieren Sie: Welche Bedeutung haben die Bilder auf den Euro-Scheinen? Oder: Welche Bedeutung haben die Bilder auf den Geldscheinen Ihrer Währung? Präsentieren Sie die Ergebnisse im Kurs.**

Kurz und klar

Gespräche in der Bank führen

Bankkunde
Ich kann kein Geld abheben.
Ich brauche aber dringend Geld.
Ich habe meine EC-Karte verloren.
Der Automat hat meine Karte eingezogen.
Kann ich mit der Kreditkarte Geld abheben?
Der überwiesene Betrag ist noch nicht da.
Wieso dauert die Überweisung so lang?
Da wäre ich Ihnen sehr dankbar.

Bankangestellte/r
Ihre Karte ist gesperrt, weil ...
Haben Sie die Geheimzahl richtig eingegeben?
Wie ist denn Ihre Kontonummer?
Bargeld von der Kreditkarte kostet Gebühren.
Sie haben Ihren Kredit überzogen.
Dann muss ich Ihre Karte sperren und eine neue bestellen.
Wir können den Kredit kurzfristig erhöhen.
Sie können auch hier am Schalter Geld abheben.

Argumente nennen / eine Meinung ausdrücken

positiv
- Ich finde es eigentlich gut, dass ...
- ..., das ist doch ein (großer) Vorteil.
- Positiv ist auch, dass ...
- Außerdem gefällt mir, dass ...

negativ
- Ich sehe ... eher kritisch.
- ... Das ist doch ein wichtiges Argument gegen ...
- Ich finde es wirklich sehr problematisch, dass ...

neutral
- Ich finde, es gibt ...
- Man muss auch bedenken, dass ...
- Das ist für mich ...

etwas akzeptieren/befürworten

Ich finde es in Ordnung, wenn ...
Für mich ist es okay, ...
Ich habe kein Problem damit, dass ...
Man muss das akzeptieren/tolerieren, wenn/dass, ...

etwas ablehnen

Ich kann es nicht leiden, wenn ...
Auf keinen Fall sollte man ...
Ich finde es falsch/schlimm/unmöglich, ...
So ein Verhalten lehne ich ab, weil ...

Grammatik

Sätze mit *je ... desto ...*

Je reicher	Sie	sind,	**desto freundlicher**	sind	wir zu Ihnen.
Je mehr Geld	Sie bei uns	sparen,	**desto mehr** Geld	schenken	wir Ihnen.
je + Komparativ		Verb (Ende)	*desto* + Komparativ	Verb (Position 2)	

Partizip als Adjektiv

Partizip II
der ausgezahlte Betrag
= der Betrag, der ausgezahlt wurde
ein gekauftes Produkt
= ein Produkt, das gekauft wurde
die berechneten Gebühren
= die Gebühren, die berechnet wurden

Partizip I → Infinitiv + *d*
sinkende Löhne
= Löhne, die sinken
der wachsende Weltmarkt
= der Weltmarkt, der wächst
eine beunruhigende Situation
= eine Situation, die beunruhigt

Partizipien werden wie Adjektive dekliniert.

Wiederholungsspiel

1 **Spielen Sie zu viert. Sie brauchen einen Würfel und für jeden eine Spielfigur, einen Zettel und einen Stift.**

Spielbeginn: Alle Figuren stehen auf START. Wer die höchste Zahl würfelt, darf beginnen.

Spielverlauf: Gehen Sie mit Ihrer Figur so viele Felder, wie Sie gewürfelt haben, in eine beliebige Richtung. Zählen Sie auch Knoten mit. Wenn Sie auf ein Aufgabenfeld kommen, beantworten Sie die Frage schriftlich auf einem Zettel. Achtung! Arbeiten Sie allein und zeigen Sie Ihre Antworten nicht den anderen Spielern.

Dann ist der nächste Spieler dran. Auf einem Feld darf nur ein Spieler stehen.

Auf einem Knoten macht man eine Pause.

Spiel-Ende: Wer zuerst alle 12 Fragen beantwortet hat, ruft „Stopp". Jetzt werden die Punkte gezählt: Für jede beantwortete Frage gibt es einen Punkt. Dann vergleichen alle Spieler gemeinsam ihre Antworten. Für jede richtige Antwort gibt es noch einen Punkt. Wer hat die meisten Punkte?

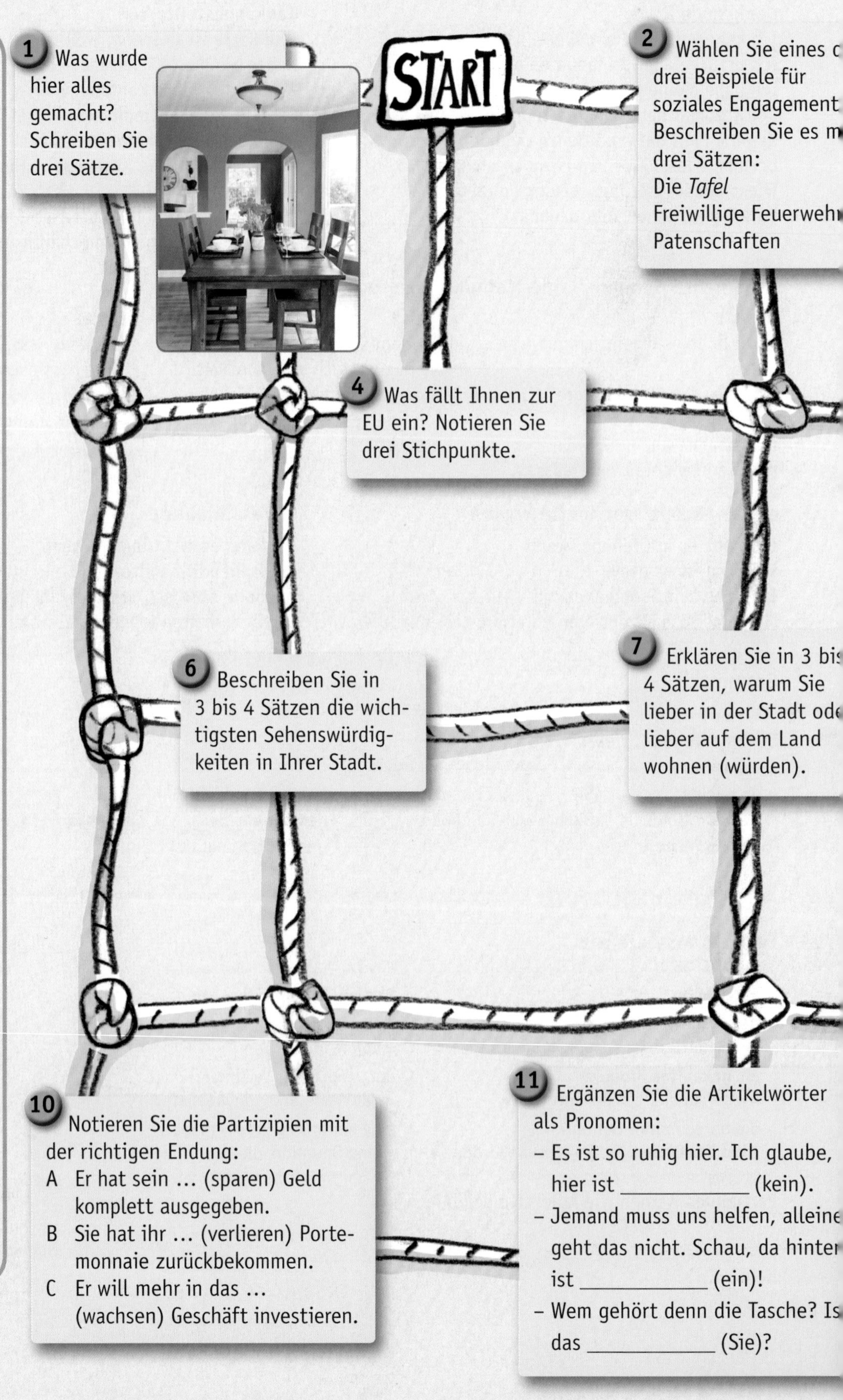

START
1 Was wurde hier alles gemacht? Schreiben Sie drei Sätze.
2 Wählen Sie eines d
drei Beispiele für soziales Engagement
Beschreiben Sie es m
drei Sätzen:
Die *Tafel*
Freiwillige Feuerweh
Patenschaften
4 Was fällt Ihnen zur EU ein? Notieren Sie drei Stichpunkte.
6 Beschreiben Sie in 3 bis 4 Sätzen die wichtigsten Sehenswürdigkeiten in Ihrer Stadt.
7 Erklären Sie in 3 bis
4 Sätzen, warum Sie lieber in der Stadt od
lieber auf dem Land wohnen (würden).
10 Notieren Sie die Partizipien mit der richtigen Endung:
A Er hat sein … (sparen) Geld komplett ausgegeben.
B Sie hat ihr … (verlieren) Portemonnaie zurückbekommen.
C Er will mehr in das … (wachsen) Geschäft investieren.
11 Ergänzen Sie die Artikelwörter als Pronomen:
– Es ist so ruhig hier. Ich glaube, hier ist ____________ (kein).
– Jemand muss uns helfen, alleine
geht das nicht. Schau, da hinte
ist ____________ (ein)!
– Wem gehört denn die Tasche? Is
das ____________ (Sie)?

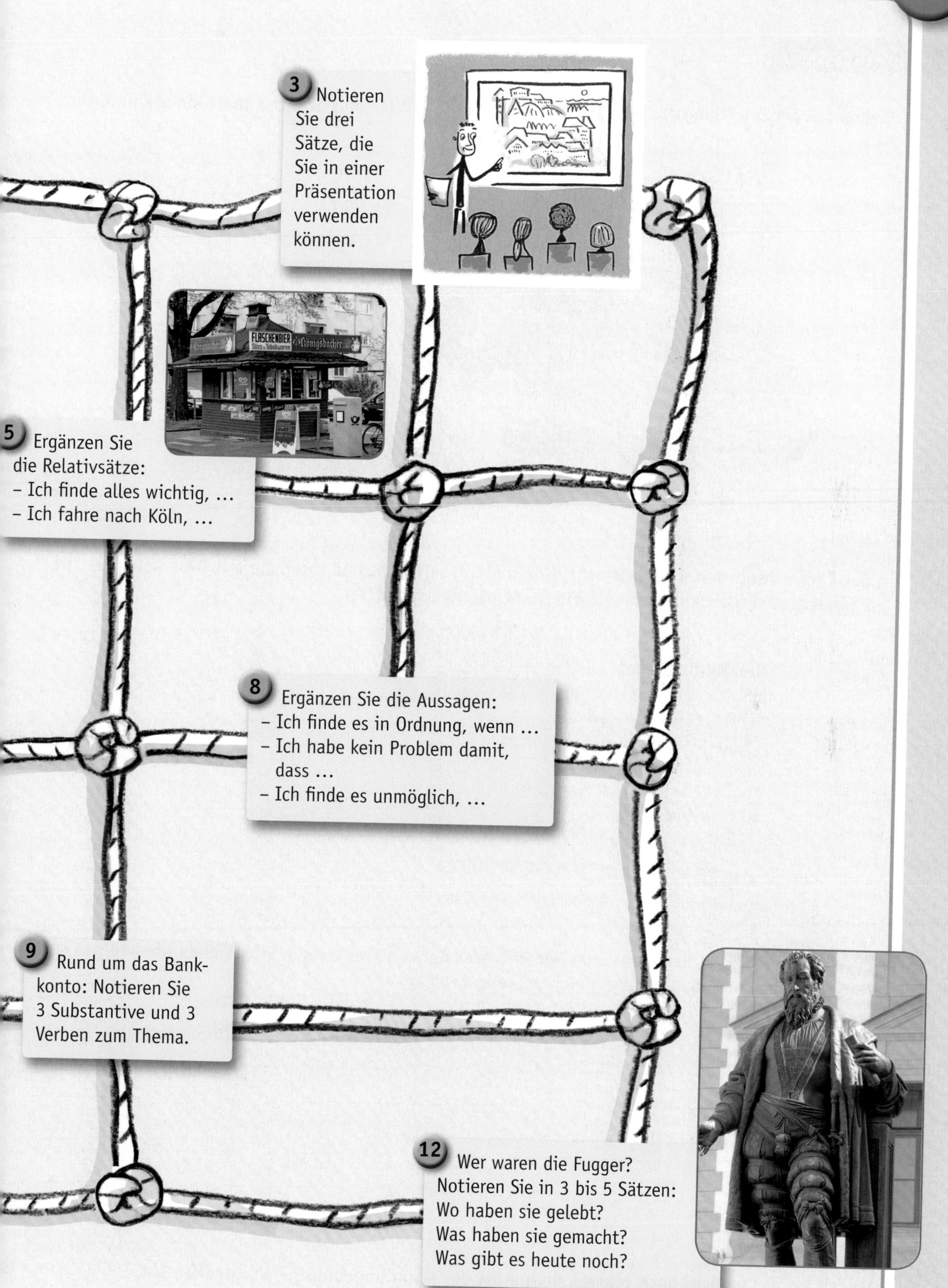

3 Notieren Sie drei Sätze, die Sie in einer Präsentation verwenden können.

5 Ergänzen Sie die Relativsätze:
- Ich finde alles wichtig, ...
- Ich fahre nach Köln, ...

8 Ergänzen Sie die Aussagen:
- Ich finde es in Ordnung, wenn ...
- Ich habe kein Problem damit, dass ...
- Ich finde es unmöglich, ...

9 Rund um das Bankkonto: Notieren Sie 3 Substantive und 3 Verben zum Thema.

12 Wer waren die Fugger? Notieren Sie in 3 bis 5 Sätzen:
Wo haben sie gelebt?
Was haben sie gemacht?
Was gibt es heute noch?

Zwei Gedichte

2 **a** **Sehen Sie die Zeichnung an. Was denkt der Mann wohl? Wie fühlt er sich? Sammeln Sie im Kurs.**

b **„Der Radwechsel" von Bertolt Brecht. Hören Sie das Gedicht und lesen Sie mit. Was kann der Titel „Radwechsel" bedeuten? Sammeln Sie Assoziationen zum Titel.**

2.50

Der Radwechsel
Ich sitze am Straßenhang.
Der Fahrer wechselt das Rad.
Ich bin nicht gern, wo ich herkomme.
Ich bin nicht gern, wo ich hinfahre.
Warum sehe ich den Radwechsel
mit Ungeduld?

Bertolt Brecht (1898–1956)

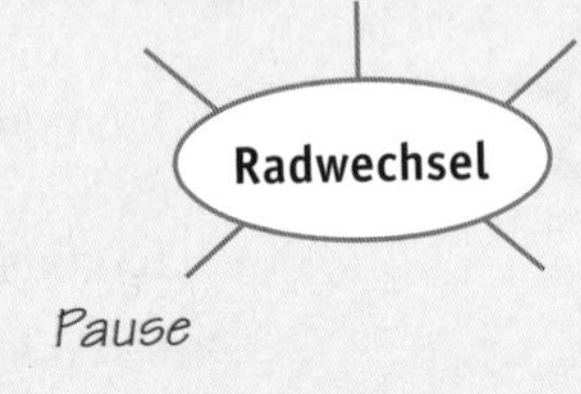

c **Lesen Sie die beiden Sätze aus dem Gedicht. Was denken Sie: Welche Situationen können das sein? Notieren Sie Ihre Gedanken. Vergleichen Sie in Gruppen.**

Ich bin nicht gern, wo ich herkomme. *Man kommt aus der Firma, wo es viel Stress und ...*

Ich bin nicht gern, wo ich hinfahre.

d **Lesen Sie das Gedicht noch einmal. Warum ist der Mann ungeduldig? Was denken Sie?**

3

2.51

a „Der kleine Unterschied" von Mascha Kaléko. Hören Sie das Gedicht und lesen Sie mit. Warum ist die Person nicht glücklich? Was könnten die Gründe sein? Sprechen Sie im Kurs.

Der kleine Unterschied
Es sprach zu Mister Goodwill
ein deutscher Emigrant:
»Gewiß, es bleibt dasselbe,
sag ich nun *land* statt Land,
sag ich für Heimat *homeland*
und *poem* für Gedicht.
Gewiß, ich bin sehr *happy*:
Doch glücklich bin ich nicht.«
Mascha Kaléko (1907–1975)

b Lesen Sie die Informationen zum Leben von Mascha Kaléko. Welche Erfahrung aus ihrem Leben verarbeitet sie in diesem Gedicht?

Artikel | Diskussion

Maschka Kaléko

Maschka Kaléko wurde 1907 in Chrzanów im heutigen Polen geboren, zog 1914 mit ihrer Mutter nach Deutschland und verbrachte ihre Schul- und Studienzeit in Berlin.
Dort wurde sie ab 1930 als Dichterin bekannt: 1933 erschien die Gedichtsammlung „Das lyrische Stenogrammheft", zwei Jahre später „Das kleine Lesebuch für Große". Mascha Kaléko hatte viel Erfolg und schrieb auch Texte für Radio und Kabarett. Sie hatte engen Kontakt zu vielen anderen Künstlern ihrer Zeit. Aber 1935 erhielt sie von den Nazis Schreibverbot und 1938 musste sie mit ihrer Familie – kurz nach ihrer Hochzeit mit ihrem zweiten Mann Chemjo Vinaver – vor den Nazis fliehen und in die USA emigrieren.
1957 kehrte sie aus dem Exil nach Berlin zurück, hatte aber nicht mehr so viel Erfolg wie vor 1938. 1960 zog sie mit ihrem Mann nach Israel, jedoch fühlte sie sich dort kulturell und sprachlich isoliert. 1975 starb sie in Zürich – nach einem Besuch in Berlin, auf der Rückreise nach Jerusalem.

c Lesen Sie das Gedicht noch einmal. Hat die letzte Zeile jetzt für Sie eine andere Bedeutung?

d Was ist anders, wenn Sie nicht Ihre Sprache sprechen, sondern Deutsch? Wie fühlen Sie sich? Sprechen Sie in Gruppen.

e Wann haben Sie sich mit Deutsch richtig wohl gefühlt? Beschreiben Sie ein Erlebnis. Geben Sie in Ihrem Text Informationen zu mindestens drei Fragen.

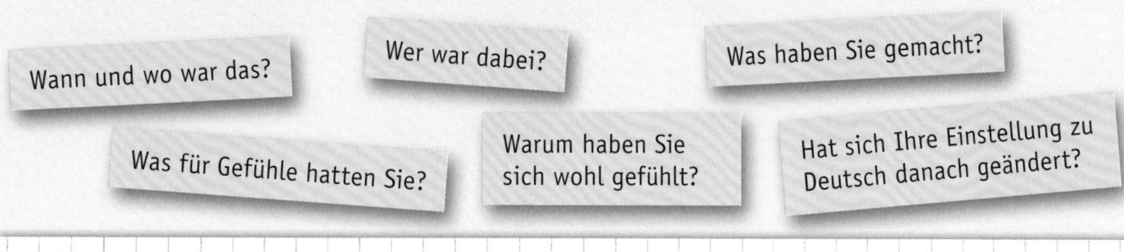

Wann und wo war das?
Wer war dabei?
Was haben Sie gemacht?
Was für Gefühle hatten Sie?
Warum haben Sie sich wohl gefühlt?
Hat sich Ihre Einstellung zu Deutsch danach geändert?

Ich habe mich richtig wohl gefühlt, als ich zum ersten Mal einen Witz auf Deutsch erzählt habe und die anderen gelacht haben. Das war …

Arbeitsbuch

7 Beziehungskisten

1

a Passen die Eigenschaften eher zu einem Mann, einer Frau oder zu beiden? Markieren Sie mit drei Farben und vergleichen Sie dann mit einem Partner / einer Partnerin.

gut mit Geld umgehen können
auf die Ernährung achten
ordentlich sein
anderen sagen, was sie tun sollen
problemlos parken
sich Bewunderung wünschen
Wert auf das eigene Aussehen legen
sich für Autos begeistern
nicht richtig zuhören
gut kochen

b Das nervt mich total! Lesen Sie den Forumsbeitrag über Klischees und schreiben Sie Ihre Meinung.

Lumi12 Also, heute habe ich mich wieder mal total geärgert. Ich habe einen Kollegen im Auto mitgenommen und eine Autofahrerin vor uns ist sehr unsicher gefahren. Da hat mein Kollege gesagt: „Das ist ja wieder mal typisch: Frau am Steuer!" Wie doof ist das denn? Erstens hat er selbst gar keinen Führerschein und zweitens bin ich ja auch eine Frau, und ich bin die ganze Zeit gut und problemlos gefahren! Warum denken eigentlich so viele Menschen in Klischees? Klischees stimmen einfach nicht. Jedenfalls kenne ich immer Gegenbeispiele. Findet ihr das auch so blöd wie ich?

2

Wortschatz

a Aussehen und Charakter. Wie heißt das Gegenteil? Arbeiten Sie mit dem Wörterbuch.

ängstlich • dick • dumm • dunkelhaarig • ernst • faul • hässlich • pessimistisch • schwach • unehrlich • untreu • unzuverlässig

1. zuverlässig – ____________
2. lustig – ____________
3. hübsch – ____________
4. ehrlich – ____________
5. blond – ____________
6. fleißig – ____________
7. schlank – ____________
8. optimistisch – ____________
9. mutig – ____________
10. kräftig – ____________
11. klug – ____________
12. treu – ____________

b Typisch Mann, oder? Ergänzen Sie die Sätze. Schreiben Sie, wo nötig, auch die Endungen.

ängstlich • dumm • fleißig • hübsch • klug • lustig • mutig • zuverlässig

1. Mein Bruder Leon ist sehr beliebt, weil er echt ____________ ist. Mit ihm hat man immer Spaß.
2. Obwohl er in der Schule gut war, hat er zu Hause oft ____________ Fragen gestellt.
3. Das Aussehen einer Frau ist für Leon unwichtig. Er möchte seiner Freundin vertrauen können. Das Wichtigste für ihn ist nämlich, dass sie ____________ ist.
4. Leons neue Freundin ist trotzdem sehr ____________, sie arbeitet manchmal als Model. Aber sie ist auch ____________ und hat das beste Abitur ihrer Schule gemacht.
5. Im Büro arbeitet Leon viel, weil seine Eltern ihm beigebracht haben, ____________ zu sein.
6. Als Kind war Leon ____________ und hat sich vieles nicht getraut. Das hat sich nach der Schulzeit geändert und er ist ____________ geworden. Jetzt liebt er das Risiko, manchmal zu sehr.

c Wie ist Ihr Traumpartner / Ihre Traumpartnerin? Beschreiben Sie.

Eine Familie als Patchwork

3 a Familienmodelle. Welche Wörter fehlen? Lesen Sie die Forumstexte und ordnen Sie zu.

Familienmodelle | Plattform | Forum | News

Also, mein Mann und ich haben sehr jung ____________ (1). Bei der ____________ (2) waren wir erst zwanzig Jahre alt. Es war ein tolles Fest! Leider ging es nicht gut mit uns und nach fünf Jahren haben wir uns ____________ (3). Wir sind aber immer noch gute Freunde und kümmern uns ____________ (4) um unsere Tochter.

Ich war noch nie verheiratet und bin damit glücklich. Wenn ich eine Freundin habe, hält das sowieso nie lang. Spätestens nach einem Jahr kommen die ersten ____________ (5). Dann folgt ein paar Monate später die ____________ (6) und man hört nichts mehr voneinander. Ich brauche keine Hochzeit, ich bin einfach kein Typ für die ____________ (7). Ich habe eine große Familie und supernette Freunde und fühle mich wohl so, wie ich lebe.

Ich habe mich vor fünf Jahren scheiden lassen. Nach der ____________ (8) von meinem ersten Mann habe ich lange allein gelebt und auch gedacht, dass das für immer so bleibt. Aber dann habe ich Fred getroffen und mich sofort in ihn ____________ (9). Ich wusste: Er ist meine große Liebe. Und seit zwei Wochen ist es ganz offiziell: Wir sind ____________ (10) und das wollen wir auch bleiben. Da Fred schon zwei Kinder hat und ich drei, sind wir jetzt eine große ____________ (11).

Patchworkfamilie • Ehe • gemeinsam/zusammen • Probleme • geheiratet • Hochzeit • verheiratet • Scheidung • verliebt • getrennt • Trennung

b Schreiben Sie über Ihre Familie auch einen Forumstext wie in 3a.

c Familienentwicklungen. Ergänzen Sie die Verben im Plusquamperfekt.

geben • gehen • streiten • ~~sich entscheiden~~ • ziehen • lernen • sprechen

1. Tom und Nina _hatten_ sich schnell _entschieden_, zusammenzuziehen. 2. Vor einem Jahr ____________ Elisa sich mit ihrer Mutter ____________ und ____________ zu Tom und Nina ____________. 3. Zuerst ____________ es viele Probleme ____________ und Elisa ____________ nichts mehr für die Schule ____________. 4. Dann ____________ Tom und Nina zu einer Beratungsstelle ____________ und ____________ über alles ____________. Danach konnten sie wieder besser miteinander reden und jetzt verstehen sich alle eigentlich ganz gut.

d Was war vorher passiert? Schreiben Sie Sätze im Plusquamperfekt.

1. Ich war sauer. *Ich hatte mich mit meiner Mutter gestritten.*
2. Ich konnte nicht schlafen. ______
3. Ich war glücklich. ______
4. Ich war total überrascht. ______
5. Ich war enttäuscht. ______

4

a Ein normaler Familientag. Was passt zusammen? Ordnen Sie zu.

1. Die Familie streitet weniger, ____
2. Elisa versteht sich wieder besser mit ihrer Mutter, ____
3. Elisa muss das Geschirr spülen, ____
4. Nina macht für alle das Frühstück, ____
5. Am Abend isst die Familie zusammen, ____
6. Alle waschen sich die Hände, ____

A ... bevor sie mit ihrer Freundin chatten darf.
B ... bevor sie zum Abendessen kommen.
C ... nachdem sie sich den ganzen Tag nicht gesehen haben.
D ... nachdem sie zu ihrem Vater gezogen ist.
E ... nachdem alle zusammen bei der Beratungsstelle gewesen sind.
F ... bevor sie zur Arbeit geht.

b *Bevor* oder *nachdem*? Was passt? Kreuzen Sie an.

	bevor	nachdem	
1. Pia und Jan zogen gleich zusammen,	☐	☐	sie sich kennengelernt hatten.
2. Sie kannten sich schon lange,	☐	☐	sie heirateten.
3. Sie hatten immer genug Geld,	☐	☐	Jan arbeitslos wurde.
4. Jan war frustriert,	☐	☐	er seinen Job verloren hatte.
5. Pia zog aus,	☐	☐	sie sich mal wieder gestritten hatten.
6. Sie lebte allein,	☐	☐	sie mit einer Freundin zusammenzog.

c Den Tag beginnen. Bilden Sie die Sätze mit *bevor* oder *nachdem*.

1. Jeden Morgen dusche ich, ______ ______. (aufstehen)
2. Ich decke den Tisch fürs Frühstück, ______ ______. (Kinder wecken)
3. Die Kinder kommen erst zum Frühstück, ______. (sich waschen)
4. Die Kinder gehen zur Schule, ______. (frühstücken)
5. Ich räume noch alles auf, ______. (zur Arbeit gehen)

P Z B1

d Schreiben Sie eine E-Mail (circa 80 Wörter). Schreiben Sie etwas zu allen drei Punkten. Achten Sie auf den Textaufbau (Anrede, Einleitung, Reihenfolge der Inhaltspunkte, Schluss).

Sie waren auf der Hochzeitsfeier einer Freundin. Ein Freund / Eine Freundin von Ihnen konnte nicht mitkommen, weil er/sie krank war.
- Beschreiben Sie: Wie war die Hochzeit?
- Begründen Sie: Was hat Ihnen am besten gefallen und warum?
- Machen Sie einen Vorschlag für ein Treffen.

Immer das Gleiche!

5 a Lesen Sie den Text und wählen Sie die richtige Aussage: a, b oder c.

Wie können Mann und Frau gut zusammenleben?
Eine neue Studie hat untersucht, worüber österreichische Paare streiten. Das Ergebnis unterscheidet sich wahrscheinlich kaum von anderen Ländern, denn die häufigsten Gründe für Streit sind Unordnung und Schmutz – und wer sich um beides kümmern soll.

Es könnte doch so schön sein mit einem Partner: Man frühstückt am Wochenende lange, schaut sich einen tollen Film im Fernsehen an oder unterhält sich stundenlang. Man muss auch gar nicht immer die gleichen Interessen haben, um glücklich zu sein. Aber zu jeder Beziehung gehören leider Dinge, die den Partner oder die Partnerin nerven und die immer wieder Grund für einen Streit sind.

Das Ergebnis der Studie ist wohl keine Überraschung: Der Haushalt bietet am meisten Stoff für Streitereien. Frauen ärgern sich besonders über Unordnung, schmutziges Geschirr bzw. Wäsche und werden sauer, wenn der Partner mit dreckigen Schuhen durch die Wohnung geht. Männer haben Probleme mit Haaren im Badezimmer und damit, dass Frauen beim Anziehen und Schminken zu lange brauchen. Andere Aufgaben im Haushalt, wie zum Beispiel das Kochen oder die Gartenarbeit, bieten viel weniger Diskussionsstoff. Das liegt wohl daran, dass diese Aufgaben nicht so oft als unangenehme Arbeit empfunden werden, sondern sogar Spaß machen.

Mann und Frau streiten sich also über eine faire Verteilung der „langweiligen" Aufgaben, denn keiner hat allzu große Lust auf Waschen und Putzen. Paare sollten also am besten möglichst früh und offen über diese Punkte diskutieren, damit es später nicht zu einem großen Streit und vielleicht sogar zur Trennung kommt. Die Experten des Partnerschaftsinstituts empfehlen, viele dieser Aufgaben einfach gemeinsam zu erledigen. Das macht mehr Spaß als allein und danach bleibt mehr Zeit für die gemeinsame Freizeit.

1. In dem Text geht es um
   a Freizeitaktivitäten von Paaren.
   b typisch österreichische Eigenschaften.
   c Konfliktthemen in Beziehungen.
2. In einer guten Beziehung
   a macht man alles zusammen.
   b kann man unterschiedliche Hobbys haben.
   c streitet man nicht.
3. Männer ärgern sich darüber, dass
   a sie am Wochenende kochen sollen.
   b sie auf die Partnerin warten müssen.
   c Frauen in der Wohnung Schuhe tragen.
4. Streit lässt sich vermeiden, wenn
   a man den passenden Partner wählt.
   b jeder das macht, was er/sie gut kann.
   c man gleich über Probleme spricht.

b ***Bis, seit*** **oder** ***während*****? Setzen Sie die passenden Konnektoren ein.**

Britta und Eric sind schon lange ein Paar. Aber ____________ (1) sie sich kennen, hatten sie schon oft Probleme. Es wurde nicht besser, ____________ (2) sie zu einem Paartherapeuten gegangen sind. ____________ (3) sie dort über ihre Probleme sprachen, verliebten sie sich wieder neu ineinander.

Domenico will mit Pia einen schönen Abend verbringen und hat etwas Gutes gekocht. Aber ____________ (4) das Essen fertig ist, telefoniert Pia in ihrem Zimmer mit ihrer Freundin. ____________ (5) Domenico am Tisch wartet, wird das Essen kalt. Er ärgert sich sehr. ____________ (6) er Pia kennt, gibt es deswegen immer wieder Streit.

Sara hatte endlich Zeit zum Shoppen. ____________ (7) sie die neuen Sachen anzieht, überlegt sie, was Tim wohl dazu sagen wird. ____________ (8) sie zusammengezogen sind, hat sie sich selten etwas Neues zum Anziehen gekauft. Leider dauert es noch lange, ____________ (9) Tim nach Hause kommt.

c Temporale Präpositionen. Lesen Sie den Text und ergänzen Sie die fehlenden Präpositionen.

am • bis • bis • in • in • in • nach • nach • nach • seit • über • um • um • vor

________ (1) dem ersten Juni hat Sara eine neue Stelle. Sie muss jetzt genau ________ (2) sieben Uhr in der Praxis sein. Dann arbeitet sie meistens ________ (3) halb fünf. Das sind ________ (4) acht Stunden Arbeit, fünf Tage ________ (5) der Woche. ________ (6) der Mittagspause geht sie nur schnell in die Kantine und isst eine Kleinigkeit.

________ (7) der Arbeit trifft sie am Abend manchmal eine Freundin. Tim kommt auch nie ________ (8) sieben nach Hause, eher später. Zweimal ________ (9) der Woche gehen sie ________ (10) der Arbeit noch zusammen ins Fitness-Studio. An diesen Tagen ist Sara abends schon ________ (11) zehn Uhr normalerweise so müde, dass sie gleich ________ (12) dem Sport ins Bett geht und ganz schnell einschläft. Nur ________ (13) Wochenende gehen sie oft tanzen und sind ________ (14) Mitternacht unterwegs.

6 **Kombinieren Sie. Schreiben Sie acht Sätze mit *seit, bis, während, bevor* und *nachdem*.**

verheiratet sein	wenig Zeit haben
Sport machen	Mails schreiben
in die Stadt fahren	fernsehen
Freunde besuchen	telefonieren
Deutsch lernen	kochen
Urlaub machen	sich langweilen
krank sein	Fotos ansehen

Während du Deutsch lernst, solltest du nicht fernsehen.
Bevor er Deutsch lernt, sieht er noch ein bisschen fern.

Richtig streiten

7 a **Lesen Sie den Text und schließen Sie die Lücken 1 bis 10. Welche Lösung (a, b oder c) ist jeweils richtig? Markieren Sie Ihre Lösungen.**

P ZD DTZ

Hallo Hanna,

endlich finde ich Zeit, dir zu schreiben. Ich bin nämlich ziemlich im Stress, (1) ich eine Ausbildung als Mediatorin begonnen habe. Dafür brauche ich (2) Zeit, als ich dachte. Aber es ist total spannend und gefällt (3) sehr gut. Wie du weißt, wollte ich das (4) lange machen, und nun hat es endlich geklappt.

Wir haben einmal im Monat (5) Wochenendkurs und in der restlichen Zeit müssen wir viel lesen und Testaufgaben machen. Im Kurs sind noch fünf andere Teilnehmer, (6) alle sehr nett sind. Es ist immer lustig, (7) wir Rollenspiele machen. Unsere Trainerin ist erfahren und erzählt viel aus (8) Praxis. Manchmal kann ich es kaum glauben, was für Probleme die Leute haben oder sich machen. Zum Beispiel kam ein Geschwisterpaar (9) ihr, das Hilfe brauchte. Sie haben sich total gestritten, weil sie beide den Hund der Mutter haben wollten. Und (10) Ende kam der arme Hund zu einem anderen Besitzer – verrückt, oder?

Jetzt muss ich aber weiterlernen, lass uns doch bald mal wieder telefonieren.

Liebe Grüße

Sabine

1 [a] darum [b] deshalb [c] weil
2 [a] mehr [b] meist [c] viel
3 [a] mich [b] mir [c] sich
4 [a] erst [b] noch [c] schon
5 [a] ein [b] eine [c] einen
6 [a] der [b] den [c] die
7 [a] als [b] wann [c] wenn
8 [a] ihrer [b] ihre [c] ihren
9 [a] für [b] zu [c] mit
10 [a] am [b] ans [c] im

Diese Aufgabe gibt es in den Prüfungen ZD und DTZ. Nur die Anzahl der Lücken variiert: Beim ZD gibt es 10 Lücken, beim DTZ nur sechs Lücken.

b Die eigene Meinung sagen. Wie heißen die Ausdrücke richtig?

1. bin / ich / Meinung / dass / der / , / … ______________________
2. Meinung / nach / meiner / … ______________________
3. auf / ich / , / Standpunkt / dem / stehe / dass / … ______________________
4. dass / , / überzeugt / bin / ich / … ______________________
5. das / ich / so / sehe / nicht / . ______________________
6. am / das / scheint / wichtigsten / mir / . ______________________
7. finde / ich / das / nicht richtig / . ______________________

c Arbeiten Sie zu zweit. Sagen Sie Ihre Meinung zu den Themen und verwenden Sie die Redemittel aus 7b.

Kollegen kann man kritisieren.

In einer Ehe darf man nicht streiten.

8

a Hören Sie zwei Streitgespräche. Worum geht es? Notieren Sie. Sind sie eher diplomatisch oder undiplomatisch? Markieren Sie die richtige Variante.

2.2–3

Thema in Gespräch 1: ______________ diplomatisch / undiplomatisch

Thema in Gespräch 2: ______________ diplomatisch / undiplomatisch

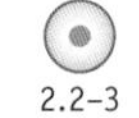
2.2–3

b Lesen Sie die Ausdrücke 1 bis 6 und hören Sie die Gespräche noch einmal. In welchem Gespräch hören Sie die Redemittel? Notieren Sie 1 oder 2.

1. Das nervt mich wirklich. _____
2. Das ist ja nicht so schlimm. _____
3. Ich kann dich gut verstehen. _____
4. Immer das Gleiche! _____
5. Das kann doch nicht wahr sein! _____
6. Ich wünsche mir, dass _____

9

Modalpartikel. Hören Sie und sprechen Sie nach.

2.4

1. a Beeil dich mal!
   b Du kannst uns mal besuchen.
2. a Das hat er ja schon gesagt.
   b Sie kommt ja immer zu spät.
3. a Was ist das denn?
   b Wie heißt du denn?
4. a Da fährt wohl kein Bus mehr.
   b Sie haben wohl keine Lust.
5. a Das ist aber teuer!
   b Er kocht aber gut!

Gemeinsam sind wir stark

10 **Sie hören jetzt mehrere Gespräche. Zu jedem Gespräch lösen Sie zwei Aufgaben. Bitte kreuzen Sie die richtige Antwort an.**

P DTZ 2.5

Beispiel

01 Julia und Cornelius möchten heiraten. — Richtig / ~~Falsch~~ [X]

02 Was wollen sie für die Kinder organisieren?
- [X] a Einen Spieleraum.
- b Einen Clown.
- c Ein Extra-Programm.

1 Thomas und Katja sind Nachbarn. — Richtig / Falsch

2 Wie bekommt Katja die Konzertkarte?
- a Sie hat sie im Internet gekauft.
- b Thomas verkauft ihr eine.
- c Thomas gibt sie ihr gratis.

3 Frau Riedinger ist die Kollegin von Herrn Kaminski. — Richtig / Falsch

4 Was hat Herr Kaminski im Urlaub gemacht?
- a Er ist zu Hause geblieben.
- b Er hat Verwandte besucht.
- c Er hat eine Fahrradtour gemacht.

5 Sie hören ein Gespräch zwischen zwei Lehrern. — Richtig / Falsch

6 Was machen die Schüler der 7. Klasse?
- a Sie spielen zusammen Theater.
- b Sie haben einen Schüleraustausch.
- c Sie gehen Ski fahren.

7 Herr Schurig ist Hausmeister. — Richtig / Falsch

8 Was ist kaputt?
- a Die Lampe im Flur.
- b Die Waschmaschine im Keller.
- c Die Klingel an der Haustür.

Die Moral von der Geschichte ...

11 **Kennen Sie die Tiere? Notieren Sie das Wort in Ihrer Sprache. Wie viele Wörter sind ähnlich?**

Wortschatz

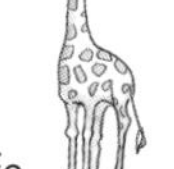

die Giraffe	das Krokodil	die Mücke	der Hase	der Pinguin
______	______	______	______	______

der Bär	der Elefant	der Löwe	die Fliege	der Rabe
______	______	______	______	______

12

a Schön vorlesen. Lesen Sie die Fabel zuerst langsam und markieren Sie wichtige Wörter und Informationen, die Sie betonen möchten. Lesen Sie schwierige Wörter mehrmals laut.

Der Hase und die Frösche

Ein Hase saß in seinem Lager und grübelte[1]. „Wer furchtsam[2] ist“, dachte er, „ist eigentlich unglücklich dran! Nichts kann er in Frieden genießen, immer gibt es neue Aufregung für ihn. Ich schlafe vor Angst schon mit offenen Augen. Das muss anders werden, sagt mir der Verstand. Aber wie?“

So überlegte er. Dabei war er aber immer auf der Hut[3], denn er war nun einmal misstrauisch und ängstlich. Ein Geräusch, ein Schatten, ein Nichts – alles erschreckte ihn.

Plötzlich hörte er ein leichtes Säuseln[4]. Sofort sprang er auf und rannte davon. Er hetzte bis an das Ufer eines Teiches. Da sprangen die aufgescheuchten Frösche alle ins Wasser. „Oh“, sagte der Hase, „sie fürchten sich vor mir! Da gibt es also Tiere, die vor mir, dem Hasen, zittern! Was bin ich für ein Held!“

Da kann einer noch so feige[5] sein, er findet immer einen, der ein noch größerer Feigling ist.

[1] grübeln = intensiv nachdenken
[2] furchtsam = ängstlich
[3] auf der Hut sein = Acht geben, damit nichts passiert
[4] das Säuseln = leises Geräusch
[5] feige = ängstlich, furchtsam

b Lesen Sie dann den Text laut und nehmen Sie sich selbst auf. Hören Sie Ihre Aufnahme an: Was können Sie besser machen? Markieren Sie im Text und lesen Sie noch einmal.

Wortbildung – Adjektive mit *-ig* und *-lich*

A

Welche Endungen haben diese Adjektive? Ergänzen Sie *-ig* oder *-lich*.

1. abhäng_____	5. fröh_____	9. neugier_____	13. nachdenk_____
2. salz_____	6. ängst_____	10. schrift_____	14. lebend_____
3. nebl_____	7. freund_____	11. berg_____	15. mut_____
4. glück_____	8. durst_____	12. fried_____	16. heut_____

Im Norden Deutschlands spricht man ***-ig* am Wortende** „-ich“, im Süden Deutschlands, in der Schweiz und in Österreich „-ik“.

B

Kennen Sie ein ähnliches Wort aus der Wortfamilie? Schreiben Sie für jedes Adjektiv aus A ein Wort in die Tabelle.

Substantiv	Verb	Adjektiv
das Salz	*abhängen*	

Adjektive mit *-ig* oder *-lich* sagen aus, dass etwas existiert oder da ist, z. B.:
*sonn**ig** – Die Sonne ist da.*
*glück**lich** – Jemand empfindet Glück.*
Manchmal kann man die Bedeutung nicht mehr erkennen (z. B. *plötzlich, eigentlich*).

Das kann ich nach Kapitel 7

R1 **Schon wieder zu spät! Arbeiten Sie zu zweit. Führen Sie das Gespräch mit Ihrem Partner / Ihrer Partnerin zweimal: zuerst diplomatisch, dann undiplomatisch.**

Person A:
Sie sind meistens im Stress und kommen oft zu spät. Heute waren Sie um 19 Uhr mit einem guten Freund / einer guten Freundin verabredet. Sie wollen um 20 Uhr zusammen ins Kino. Sie kommen um 19.45 direkt zum Kino. Dort steht er/sie mit verärgertem Gesicht.

Person B:
Sie hatten einen langen Arbeitstag und haben sich beeilt, um pünktlich um 19 Uhr einen guten Freund / eine gute Freundin zu treffen. Aber er/sie verspätet sich mal wieder. Sie haben schon Karten gekauft und Ihnen war langweilig. Jetzt ist es schon 19.45 Uhr und Person A kommt endlich.

	☺☺	☺	😐	☹	KB	AB
Ich kann Konfliktgespräche verstehen und führen.					8	8

R2 **Ergänzen Sie die Sätze.**

1. Bevor ich heute in den Deutschkurs gekommen bin, ______________________
2. Während ich im Deutschkurs bin, ______________________
3. Nachdem der Kurs angefangen hatte, ______________________

	☺☺	☺	😐	☹	KB	AB
Ich kann zeitliche Abfolgen ausdrücken.					3e, 4, 5, 6	3c–d, 4a–c, 5b–c, 6

R3 **Schreiben Sie einen Text über ein Paar. Es kann ein berühmtes Paar sein oder ein Paar wie Ihre Eltern oder Freunde.**

	☺☺	☺	😐	☹	KB	AB
Ich kann ein Paar vorstellen.					10d	

Außerdem kann ich	☺☺	☺	😐	☹	KB	AB
... Informationen aus Alltagsgesprächen verstehen.						10
... über Fabeln sprechen.					11	
... über Konflikte sprechen.					5a	
... die eigene Meinung sagen.						7b–c
... einen Text lebendig lesen.					12	12
... zeitliche Abfolgen verstehen.					3b–d	
... Informationen über Familien verstehen.						3a
... kurzen Texten Informationen zuordnen.					10	
... einen Zeitungsartikel verstehen.						5a
... einen persönlichen Brief schreiben und lesen.						4d, 7c
... einen Kommentar zum Thema Klischees und zum Thema Streiten schreiben.					7b	1b
... eine Familie beschreiben.						3b

Lernwortschatz Kapitel 7

Klischees über Männer und Frauen

der Humor (Singular) ______
die Parklücke, -n ______
ein|parken ______
rein|passen ______
Da passe ich nicht rein. ______
______
ängstlich ______
blond ______
faul ______
gepflegt ______
kräftig ______
mutig ______
optimistisch ↔ pessimistisch ______
______
schick ______
schlank ______
schwach ______
treu ______

Familienleben

die Beratungsstelle, -n ______
der Kompromiss, -e ______
die Patchworkfamilie, -n ______
die Pubertät (Singular) ______
in Schutz nehmen ______
Er nimmt sie in Schutz. ______
______
klar|kommen (mit) ______
Sie kommt mit der Trennung klar. ______
______
sich scheiden lassen ______
sich verlieben (in) ______
verwandt sein ______
wagen ______
Wir wagen einen Neuanfang. ______

Konflikte in Beziehungen

das Gift, -e ______
die Harmonie (Singular) ______
ab|spülen ______
Ich muss das Geschirr abspülen. ______
______
(sich) auf|regen ______
auf|räumen ______
nach|geben ______
nerven ______
Das nervt total. ______
schweigen ______
beschäftigt sein ______
erschöpft sein ______
böse sein ______
Sei mir nicht böse, bitte! ______
______
diplomatisch ↔ undiplomatisch ______
______
tolerant ______

berühmte Paare

das Atelier, -s ______
die Gewalt (Singular) ______
Sie kämpfen gegen Gewalt gegen Kinder. ______
______
der Kampf (für/gegen) (Singular) ______
______
der Krebs (Singular) ______
Er hat Krebs. ______
der Künstler, – ______
die Konzentration (Singular) ______
die Inspiration (Singular) ______
sterben an ______
Er ist an Krebs gestorben. ______
______

zwingen ______

Die Situation zwang sie dazu. ______

______

finanziell ______

kommerziell ______

unabhängig ______

die Mücke, -n ______

der Rabe, -n ______

beißen ______

schmeicheln ______

Das hat ihm geschmeichelt. ______

wütend ______

Tier- und Fabelwelt

die Fabel, -n ______

die Feder, -n ______

die Jagd (Singular) ______

die Lebensweisheit, -en ______

die Fliege, -n ______

die Giraffe, -n ______

der Hase, -n ______

das Krokodil, -e ______

andere wichtige Wörter und Wendungen

Kopf hoch! ______

die Dusche, -n ______

die Gegenwart (Singular) ______

die Neuigkeit, -en ______

der Zahn, Zähne ______

zu etwas kommen ______

Ich komme zu nichts. ______

wahnsinnig ______

wichtig für mich

______

______

______

Notieren Sie jeweils drei Adjektive, die zu Männern bzw. zu Frauen passen.

Frauen: ______ Männer: ______

Welche Wörter und Ausdrücke zum Thema Familie kenne Sie? Ergänzen Sie die Mindmap.

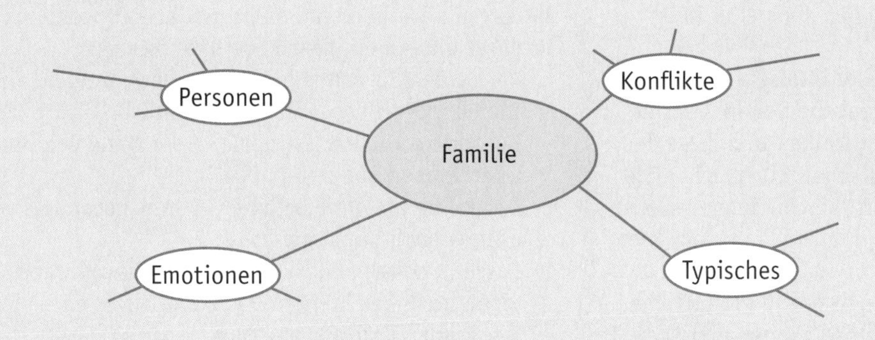

8 Von Kopf bis Fuß

1

a Rund um Körper und Gesundheit. Welches Wort passt? Kreuzen Sie an.

1. Frau Graf macht nur wenig Sport ☐ Bewegung ☐, aber sie fährt mit dem Fahrrad zur Arbeit.
2. Weil sie nach der Arbeit müde ist, beginnt sie ☐ schafft sie es nicht ☐, ins Fitness-Studio zu gehen.
3. Aber sie weiß, dass sie mehr Gesellschaft ☐ Bewegung ☐ braucht. Das wäre gut für sie.
4. Frau Fritz arbeitet halbtags und muss dann auch noch den Haushalt leiten ☐ erledigen ☐.
5. Sie macht viel Sport, um den Alltag ☐ das Wochenende ☐ zu schaffen.
6. Sie braucht jeden Tag ihren Sport, um den Stress ☐ die Fitness ☐ zu vergessen.

P
Z B1

b So machen Sie es richtig. Lesen Sie die Aufgaben 1 bis 3 und den Text dazu. Wählen Sie zu jeder Aufgabe die richtige Lösung [a], [b] oder [c].

0. Bei einem Bienen oder Wespenstich
   - [a] gehen Sie sofort zum Arzt.
   - [b] sollten Sie keine Salben verwenden.
   - [X] hilft es, wenn man die Stelle des Stiches kühlt.
1. Wenn man einen Stich im Mund oder Hals hat, soll man
   - [a] sich hinlegen und ruhig atmen.
   - [b] Eiswürfel auf den Hals legen.
   - [c] sofort den Rettungsdienst rufen.
2. Wenn Ihr Körper stark auf Stiche reagiert,
   - [a] dürfen Sie im Freien kein Obst essen.
   - [b] sollten Sie immer Ihre Medikamente bei sich haben.
   - [c] sollten Sie besser nicht ins Freie gehen.
3. Man kann sich vor Stichen schützen, wenn man
   - [a] nicht nah zu Blumen oder Bäumen geht.
   - [b] nichts Süßes und kein Fleisch isst.
   - [c] schnell vor den Insekten wegläuft.

Verhalten bei Bienen- und Wespenstichen

Bienen und Wespen sind nicht gefährlich. Sie stechen nur selten, wenn man ruhig bleibt. Wenn Sie aber einmal eine Biene oder Wespe gestochen hat, kühlen Sie die Stelle mit Eiswürfeln oder mit einem nassen Tuch. Sie können auch eine Salbe verwenden, die kühlt.
Bei einem Stich im Mund oder im Hals rufen Sie sofort den Notarzt. Es besteht die Gefahr, dass es zu einer starken Schwellung kommt und diese das Atmen blockiert. In der Zwischenzeit lutschen Sie vorsichtig Eiswürfel oder trinken Sie immer wieder ein bisschen kaltes Wasser. Bleiben Sie ruhig, aber legen Sie sich nicht hin.
Wenn Sie wissen, dass Bienen- oder Wespenstiche für Sie gefährlich sind, weil Ihr Körper allergisch reagiert, müssen Sie vorsichtig sein. Nehmen Sie Ihre Medikamente für den Notfall mit, wenn Sie im Freien essen oder wenn es im Garten viele Blumen oder reifes Obst gibt.
Bienen und Wespen sind nicht gefährlich, wenn man aufpasst und an ein paar Regeln denkt:

- Vermeiden Sie schnelle, heftige Bewegungen, wenn Bienen oder Wespen herum fliegen.
- Besondere Vorsicht ist nötig in der Nähe von Blumen und Bäumen mit reifem Obst.
- Gehen Sie nie ohne Schuhe im Gras, besonders wenn es dort auch Blumen gibt.
- Lassen Sie keine Süßigkeiten oder Fleischwaren offen im Freien stehen. Das zieht Insekten – nicht nur Bienen und Wespen – an.

c Was machen die Personen? Schreiben Sie die Ausdrücke zur passenden Zeichnung.

auf dem Rücken liegen • viel trinken • chillen • das Gehirn fit halten • das Gedächtnis trainieren • durch den Mund atmen • im Schatten bleiben • laut schnarchen • Rätsel lösen • sich nicht anstrengen • sich eincremen • sich konzentrieren • täglich üben

1

2

3

______________ ______________ ______________

______________ ______________ ______________

______________ ______________ ______________

______________ ______________ ______________

d „Was machen Sie für Ihre Gesundheit?" – Schreiben Sie einen Beitrag für ein Online-Forum. Schreiben Sie zu mindestens zwei Themen.

Erholung und Entspannung • Sport • Schlaf • Ernährung • Bewegung

hatschi13
Um mich zu erholen, gehe ich ...

2 Was brauchen die Personen zum Wohlfühlen? Lesen und ergänzen Sie die Kommentare.

anstrengen • Atem • ausreichend • draußen • frei • entspannen • Ernährung • Gewicht • Gymnastik • Herz • Rad fahren • Luft • schmecken • wohl

Ich arbeite gern und viel. Aber ich brauche jeden Tag auch kurz Zeit für mich, sodass ich mich richtig ______________ (1) kann. Am besten geht das bei mir, wenn ich ______________ (2) bin, wenn ich Bewegung an der frischen ______________ (3) habe. Wenn ich eine halbe Stunde spazieren gehe, dann wird mein ______________ (4) ganz ruhig und tief. Und der Kopf wird ______________ (5). Oder ich setze mich für eine Stunde ins Café und lese. Dann fühle ich mich auch richtig ______________ (6).

☐ ↳ Oh nein, das ist nichts für mich, da schlaf ich ja ein ;-)) Ich brauche nach der Arbeit Bewegung, ich muss erst mal raus, laufen oder ______________ (7). Ich mag es, wenn ich mich ein bisschen ______________ (8) muss, und das ist gut für das ______________ (9). Und nachher mache ich noch ______________ (10), weil ich ja den ganzen Tag nur im Büro sitze. Außerdem muss ich dann nicht so auf die ______________ (11) achten und kann fast alle Sachen essen, die mir ______________ (12). Ich brauche ______________ (13) Bewegung, sonst bekomme ich Probleme mit dem ______________ (14), weil ich einfach gern und viel esse.

Im Krankenhaus

3

Wortschatz

a Was sagt der Arzt / die Ärztin? Ordnen Sie die Aussagen den Situationen zu.

1. Sie haben sich in den Finger geschnitten, es blutet ziemlich stark. ____
2. Ihnen ist schlecht und Ihr Herz schlägt sehr schnell. Ein Freund hat Sie zum Arzt gefahren. ____
3. Der Arzt gibt Ihnen ein Rezept. Sie sollen in der Apotheke ein Mittel gegen Fieber holen. ____
4. Sie haben starke Schmerzen. Der Arzt verschreibt Ihnen ein Schmerzmittel. ____
5. Der Hausarzt untersucht Sie. Aber er braucht den Rat von einem Facharzt. ____
6. Sie hatten einen kleinen Unfall, man hat den Notarzt gerufen. ____
7. Sie haben eine Grippe, aber am nächsten Tag haben Sie einen wichtigen Termin. ____

A „Am besten ist, wenn Sie es nach dem Essen und mit ausreichend Flüssigkeit einnehmen. Dann sind die Schmerzen bald vorbei."

B „Dieses Medikament senkt die Temperatur. Am besten ist es, wenn Sie es in Wasser auflösen. Beachten Sie die Anweisungen auf der Schachtel."

C „Der Krankenwagen bringt Sie gleich ins Krankenhaus, in die Notaufnahme."

D „Es ist nicht schlimm, ich klebe Ihnen ein Pflaster auf die Wunde."

E „Sie müssen zu Hause und im Bett bleiben. Gehen Sie ja nicht arbeiten, das schadet der Gesundheit. Halten Sie sich bitte daran."

F „Ich schreibe Ihnen eine Überweisung für den Facharzt. Nach der Untersuchung bei ihm wissen wir Genaueres."

G „Gut, dass Sie gleich in die Praxis gekommen sind. Haben Sie Ihre Versichertenkarte dabei?"

b Hilfe anbieten und annehmen. Wie heißen die Ausdrücke? Ergänzen Sie.

Geht's allein? Oder ______________ (1) Sie Hilfe? — *Ja, bitte, das ______________ (2) sehr nett!*

Kann ich noch etwas für Sie ______________ (3)? — *Nein, danke, das ist nicht ______________ (4).*

Und ______________ (5) noch was? — *Nein danke, du brauchst ______________ (6) mehr zu machen.*

Rufen Sie mich, wenn ich Ihnen ______________ (7) soll. — *Danke, das ist ______________ (8) von Ihnen.*

brauchen • helfen • nett • nichts • nötig/notwendig • sonst • tun • wäre

c Jemanden warnen. Ergänzen Sie die Warnungen.

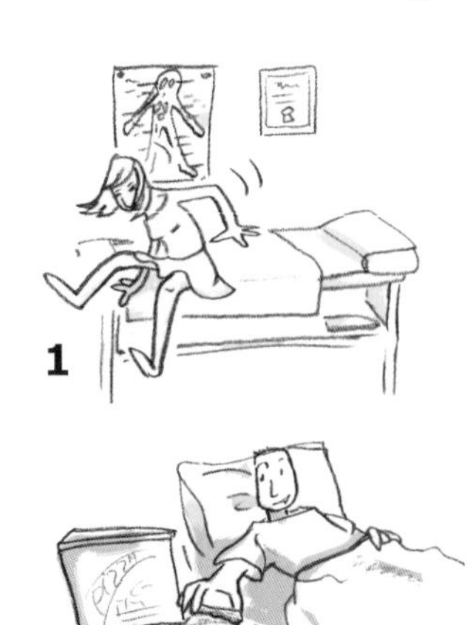

1. Langsam! Seien Sie ruhig ☐ vorsichtig ☐! Sie dürfen nicht schnell gehen ☐ aufstehen ☐. Das ist nicht locker ☐ gut ☐ für Sie.

2. Nein, das geht nicht. Ich muss Sie warnen ☐ beruhigen ☐. Das ist zu einfach ☐ gefährlich ☐. Sie müssen ☐ dürfen ☐ noch nicht ohne Hilfe gehen.

3. Tun Sie das nicht! Sie müssen ☐ dürfen ☐ heute noch nichts essen. Ich kann Ihnen nur dringend sagen ☐ raten ☐: Halten Sie sich daran.

4

Was müssen die Personen machen? Schreiben Sie Sätze mit *brauchen ... nur* oder *brauchen ... nicht/kein(e)*.

> In der gesprochenen Sprache lässt man „zu" oft weg:
> *Ich helfe dir gern, du brauchst es nur sagen.*
> *Du brauchst keine Angst haben!*

1. *Sie brauchen nur mit dem Rezept in die Apotheke zu gehen.*
   mit dem Rezept / in die Apotheke / Sie / gehen / nur / .
2. *Nein, morgen* ______________________
   nein / morgen / Sie / wieder kommen / nicht / .
3. *Wenn* ______________________
   wenn / einen Tee / Sie / möchten / , / nur / etwas / sagen / Sie / .
4. *Sie* ______________________
   keine Angst / haben / Sie/ , / die Untersuchung / nicht / weh tun / .
5. *Wenn* ______________________
   die Schmerzen / sein / vorbei / , / keine Tabletten / nehmen / Sie / mehr / .

5

a Ergänzen Sie das passende Verb und das Reflexivpronomen in der richtigen Form.

sich beeilen • sich bemühen • sich entschuldigen • sich kümmern • sich rasieren • sich umziehen • sich entscheiden

1. Das tut mir wirklich leid. Ich möchte __________ bei Ihnen __________.
2. Meine Freundin kommt gleich. Sie will __________ nur noch schnell __________.
3. Elias kommt erst später. Er muss __________ noch um seine Arbeit __________.
4. Wenn wir doch mehr Zeit hätten! Dann müssten wir __________ nicht so __________.
5. Kommt ihr morgen mit oder nicht? Ihr müsst __________ langsam __________. Ich muss nämlich Plätze reservieren.
6. Seit dem Urlaub hat er diesen hässlichen Bart. Ich finde, er sollte __________ endlich mal wieder __________.
7. Ich bin nicht zufrieden mit Ihrer Arbeit. Sie müssen __________ wirklich mehr __________.

> Reflexivpronomen 3. Person Singular und Plural im Dativ und Akkusativ immer *sich*.

b Bitten und Ausreden. Ergänzen Sie das Reflexivpronomen in der richtigen Form.

1. ◆ Wir müssen gehen! Zieh *dich* bitte noch schnell um.
   ◆ Aber ich will __________ diese blöden Schuhe nicht anziehen.
2. ◆ Bitte dusch __________! Und vergiss nicht, deine Haare zu waschen.
   ◆ Es ist kein Shampoo da. Wir können __________ die Haare nicht waschen.
3. ◆ Gleich müssen wir in die Schule. Wir müssen __________ beeilen!
   ◆ Ich bin ja schon fertig. Und du musst __________ nur noch die Zähne putzen.
4. ◆ Was nimmst du denn mit, Brot oder Obst? Entscheide __________ endlich!
   ◆ Gar nichts. Ich kaufe __________ in der Schule ein Brötchen.

6

a Im Krankenhaus. Zu welchem Thema passen die Wörter? Notieren Sie.

das Mobiltelefon • das Nachthemd • der Schlafanzug • der Trainingsanzug • die Besuchszeit • die Chipkarte • der Bademantel • die Diät • die Gebühren (Pl.) • die Getränke • die Hausschuhe (Pl.) • die Rufnummer • die Zwischenmahlzeit • Rücksicht nehmen • die Hauptmahlzeit • sich leise unterhalten

CHECKLISTE

Was für Kleidung sollte man mitbringen?	______
Wie sieht es mit der Ernährung aus?	______
Telefonieren im Krankenhaus?	______
Was müssen Besucher beachten?	______

P
Z B1

b Sich entschuldigen. Schreiben Sie eine E-Mail (ca. 40 Wörter). Vergessen Sie nicht die Anrede und den Gruß am Schluss.

Sie besuchen zweimal pro Woche einen Yoga-Kurs. Die Kursleiterin, Frau Moser, hat für morgen Abend organisiert, dass alle nach dem Kurs zusammen essen gehen. Informieren Sie Frau Moser, dass Sie nicht kommen können.

Schreiben Sie an Frau Moser. Entschuldigen Sie sich höflich und berichten Sie, warum Sie nicht kommen können.

Alles Musik

7

2.6

Musik kann Wunder wirken. Hören Sie das Gespräch mit der Musikforscherin Kathrin Salomon. Richtig oder falsch? Kreuzen Sie an.

	r	f
1. Musik wirkt nicht nur auf die Gefühle, sondern auch auf den Körper.	☐	☐
2. Wenn man Musik hört, die einem nicht gefällt, dann kann das Schmerzen verursachen.	☐	☐
3. Wenn kranke Menschen Musik hören, spüren sie ihre Schmerzen nicht so stark.	☐	☐
4. In Schulklassen, die gemeinsam Musik machen, gibt es weniger Konflikte und Streit.	☐	☐
5. Es macht nichts, wenn die Schüler beim Musikmachen öfter nicht aufmerksam sind.	☐	☐
6. Das Klima in der Klasse ist nur während der Musikstunde ruhig und entspannt.	☐	☐
7. Beim Musizieren sind oft Schüler besonders gut, die in anderen Fächern Probleme haben.	☐	☐
8. Das Konzert am Schluss ist motivierend für die Schüler.	☐	☐

8 Wortschatz

a Musikinstrumente. Schreiben Sie die Namen der Instrumente zu den Zeichnungen.

der Bass • die Flöte • die Geige / die Violine • die Gitarre • das Klavier • das Schlagzeug

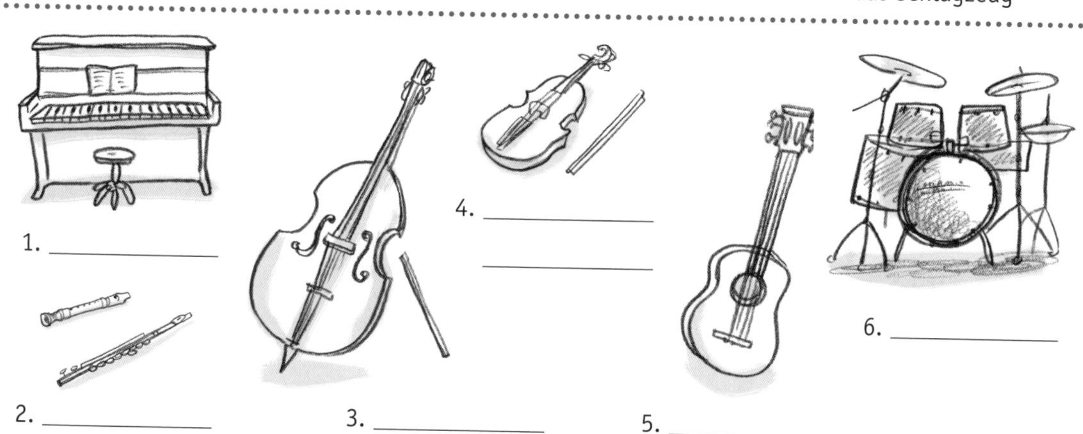

1. ______________
2. ______________
3. ______________
4. ______________ ______________
5. ______________
6. ______________

b Musik. Was gehört zusammen? Ordnen Sie zu.

1. ___ Kurt Cobain hat in der Band Nirvana nicht nur Gitarre gespielt und gesungen,
2. ___ John Lennon war sowohl mit den Beatles erfolgreich
3. ___ Lena Mayer-Landrut hatte ihre ersten Erfolge zwar als Sängerin,
4. ___ Nena ist einerseits die erfolgreichste Sängerin aus Deutschland,
5. ___ Louis Armstrong sagte, dass es nur zwei Arten von Musik gibt: entweder gute
6. ___ Das dänische Duo Sussi & Leo hat Erfolg, obwohl sie sagen, dass sie weder singen

A als auch allein als Sänger.
B noch spielen können.
C andererseits hat sie mit ihrem Partner auch eine eigene Schule in Hamburg gegründet.
D oder schlechte.
E aber sie ist inzwischen auch Moderatorin im Fernsehen.
F sondern er hat auch fast alle Lieder selbst geschrieben.

c Musiker und Instrumente. Schreiben Sie Sätze mit den zweiteiligen Konnektoren.

> Zweiteilige Konnektoren können ganze Sätze oder nur Satzteile verbinden.
> Satzteile: *Ella spielt nicht nur Flöte, sondern auch Klavier.*
> Ganze Sätze: *Brian spielt nicht nur Gitarre, sondern er singt auch gut.*

1. *nicht nur …* Hanna *spielt nicht nur gut Klavier,* ______________
(gut Klavier spielen und kann toll singen)
2. *sowohl …* Lilian ______________
(kann Flöte spielen und auch Saxophon)
3. *zwar …* Daniel ______________
(kann Trompete spielen, noch lieber spielt er Saxophon)
4. *weder …* Manuel ______________
(spielt nicht Trompete und auch nicht Geige)
5. *entweder …* Miriam ______________
(spielt bei Konzerten Trompete oder singt)
6. *einerseits …* Denis ______________
(hat Spaß beim Spielen, mag nicht üben)

d Musikstile und Instrumente. Lösen Sie das Rätsel: Vier Musikerinnen – Wer spielt Gitarre?

Anna, Ella, Jana und Eva hören gern Musik und sie machen auch selbst Musik. Eine findet Jazz und Rock spitze, eine mag klassische Musik, eine hat Volksmusik gern und eine Pop. Eine ist Sängerin, die anderen drei spielen Instrumente: Klavier, Gitarre und Saxophon.

Anna findet Rock und Jazz super, sie spielt nicht Gitarre. Ella spielt Klavier. Jana mag besonders klassische Musik. Die Sängerin mag gern Volksmusik.

Name	Musikstil	Instrument/Stimme
Anna	*Rock und Jazz*	
Ella		*Klavier*
Jana		
Eva		

9

P ZD DTZ

a Ich und meine Musik, du und deine Musik. Unterhalten Sie sich mit Ihrem Partner / Ihrer Partnerin.

Diese Themen sind für das Gespräch mit Ihrem Partner / Ihrer Partnerin möglich.

> Im ersten Teil der **Prüfung** antworten Sie auf die Fragen links. Der Prüfer / Die Prüferin kann auch Fragen zu einem anderen Thema stellen, z. B. wie die Fragen rechts zum Thema Musik.
>
> Diese Aufgabe ist in der Prüfung DTZ ähnlich. Dort stellen Sie sich selbst vor.

- Name
- Wo er/sie herkommt
- Wo und wie er/sie wohnt (Wohnung, Haus ...)
- Familie
- Was er/sie macht (Beruf, Studium, Schule ...)
- Ob er/sie schon in anderen Ländern war
- Sprachen (welche? wie lange? warum?)

- Ob Musik für ihn/sie wichtig ist
- Wer seine/ihre Lieblingsmusiker sind
- Ob er/sie auch selbst Musik macht
- Welches Konzert für ihn/sie am schönsten war
- Welchen Musiker / Welche Musikerin er/sie treffen möchte (warum?)
- Welches Lied ihm/ihr oft durch den Kopf geht

b Musikalische Redewendungen. Wie sagt man das in Ihrer Sprache? Schreiben Sie.

Das ist Musik in meinen Ohren. ______________________________

Das Lied ist ein Ohrwurm. ______________________________

Hier spielt die Musik!
(= Das Wichtige passiert hier!) ______________________________

10

a Wie ist die Satzmelodie: steigend ↗, fallend ↘ oder gleichbleibend →? Markieren Sie.

◆ Weißt du schon, ____ dass ich seit kurzem in einem Chor bin? ____

◆ Ach wirklich? ____ Das habe ich nicht gewusst, ____ aber du hast ja schon immer gern gesungen. ____

◆ Eben. ____ Und als mich ein Freund gefragt hat, ____ ob ich auch Lust habe, ____ da habe ich sofort ja gesagt. ____

◆ Und? ____ Wie ist es? ____ Gefällt es dir? ____

◆ Oh ja! ____ Es macht wirklich Spaß. ____ Und nächste Woche ____ haben wir einen Auftritt. ____ Ich freu mich schon. ____

2.7

b Hören und kontrollieren Sie. Lesen Sie das Gespräch dann mit einem Partner / einer Partnerin laut.

Gedächtnisleistung

11 a Das Gedächtnis trainieren – Fehler suchen. In jedem Wort ist ein Buchstabe falsch. Markieren Sie den Fehler und schreiben Sie das Wort richtig.

Die Wirkung von Musik

1. sich erintern *sich erinnern*
2. sich berunigen ______
3. beeinklussen ______
4. aufnihmen ______
5. das Erlefnis ______
6. das Gebäusch ______
7. die Stammung ______
8. feiertich ______

b Wählen Sie zwölf neue Wörter aus dem Kapitel. Schreiben Sie jedes Wort mit einem falschen Buchstaben. Ihr Partner / Ihre Partnerin schreibt die Wörter richtig.

STANNEND SPANNEND

12 a Sich etwas merken. Was funktioniert bei Ihnen gut? Kreuzen Sie an und ergänzen Sie.

Ich merke mir neue Informationen – auch Wörter – besonders gut, ...

- ☐ wenn ich Bilder oder Zeichnungen dazu sehe.
- ☐ wenn ich mich beim Zuhören oder Lernen bewegen kann.
- ☐ wenn ich an meinem Lieblingsplatz sitze und es ganz ruhig ist.
- ☐ wenn ich auf dem Bett oder der Couch liege und im Hintergrund leise Musik läuft.
- ☐ wenn ich mir Notizen mache und diese später noch mal in Ruhe durchgehe.
- ☐ wenn ich einer anderen Person etwas über die neuen Dinge erzähle.
- ☐ wenn mir jemand die Dinge mit guten Beispielen erklärt.
- ☐ wenn mich die neuen Informationen und das Thema wirklich interessieren.
- ☐ wenn ich die neuen Informationen oder Wörter gleich verwende.
- ☐ ______

b Vergleichen Sie Ihre Ergebnisse aus 12a mit Ihrem Partner / Ihrer Partnerin. Geben Sie sich gegenseitig Tipps, wie man sich Dinge besser merken kann.

13 a Mit Wörtern spielen – neue Wörter suchen. Suchen Sie acht bis zehn Wörter, die Sie aus den Buchstaben von „Deutsch lernen" machen können.

D E U T S C H L E R N E N

Lust, und, reden, ...

b Schreiben Sie eine kurze Geschichte zum Thema „Deutsch lernen". Verwenden Sie in jedem Satz mindestens ein Wort aus Ihrer Liste in 13a und markieren Sie es.

Deutsch lernen
Gestern hatte ich keine Lust, Deutsch zu lernen. Und ich habe ...

Neue Lernwege in der Schule

14 a Welche Sätze gehören zusammen? Ordnen Sie zu. Der Text 14b im Kursbuch hilft.

1. ____ Eine Gesamtschule bringt Schüler in einer Klasse zusammen,
2. ____ Die Schüler bringen gute Leistungen,
3. ____ An der Lichtenberg-Schule gibt es keine Noten, sondern ein Feedback für die Schüler,
4. ____ Wenn Schüler in Gruppen zusammenarbeiten und Probleme lösen,
5. ____ Wenn stärkere und schwächere Schüler gemeinsam arbeiten,
6. ____ Die Lehrer einer Schulstufe tauschen sich in dieser Schule intensiv aus,

A weil das Lernen ohne Druck besser funktioniert.
B dann kann jeder von den Stärken der anderen Schüler profitieren.
C die sonst verschiedene Schultypen besuchen würden, z. B. Hauptschule oder Gymnasium.
D so lernen auch sie von den Erfahrungen ihrer Kollegen.
E dann wechseln oft die Rollen, denn je nach Fach sind mal die einen, mal die anderen die Stärkeren.
F wenn sie den Stoff selbstständig bearbeiten und selbst Lösungen entdecken.

b Was möchten Sie von Ihrem Partner / Ihrer Partnerin wissen? Notieren Sie sechs Fragen zum Thema Schule. Machen Sie ein Interview und notieren Sie die Antworten.

Welches Schulfach hat dir am meisten Spaß gemacht?

Wortbildung – Verben mit *weg-, weiter-, zusammen-, zurück-* und *mit-*

A Welches Verb ist richtig? Kreuzen Sie an.

1. Feierabend! Ich fahre jetzt nach Hause. Möchtest du mitfahren ☐ wegfahren ☐?
2. Ich habe die Jacke vergessen. Ich muss noch mal ins Café zusammengehen ☐ zurückgehen ☐.
3. Ich bin morgen im Büro, dann können wir an unserem Projekt mitmachen ☐ weitermachen ☐.
4. Wir kennen uns gut, wir haben lange weitergearbeitet ☐ zusammengearbeitet ☐.
5. Die Ware ist schon zu Ihnen unterwegs, wir haben sie gestern weggeschickt ☐ zurückgeschickt ☐.

B Ergänzen Sie *mit-, weg-, weiter-, zusammen-* oder *zurück-*.

1. Gestern sind wir nach der Arbeit alle noch gemeinsam ______________gegangen, in eine Kneipe bei uns um die Ecke.
2. Auch Christine und Luis sind ______________gekommen.
3. Ich musste leider früher gehen, denn meine Eltern sind aus dem Urlaub ______________gekommen und ich musste sie abholen.
4. Mein Kollege und ich, wir passen einfach gut ______________!
5. Feierabend! Wir können morgen ______________arbeiten!

> **!** Verben mit *mit-, weg-, weiter-, zusammen-* oder *zurück-* sind trennbar:
> *Ich will am Freitagabend weggehen.*
> *Ich gehe am Freitag weg.*

C Welche anderen Verben kennen Sie? Ergänzen Sie in jeder Spalte mindestens drei Verben. Das Wörterbuch hilft.

mit-	*weg-*	*weiter-*	*zusammen-*	*zurück-*
mitmachen, …				

Das kann ich nach Kapitel 8

R1 Hilfe anbieten und annehmen oder ablehnen. Wählen Sie zwei Situationen. Spielen Sie zu zweit die Gespräche.

	☺☺	☺	😐	☹	KB	AB
Ich kann Hilfe anbieten und annehmen/ablehnen.					3b, c, 4c	3b

R2 Hören Sie die beiden Gespräche. Richtig oder falsch? Kreuzen Sie an.

2.8

	richtig	falsch
1. Der Mann sagt, dass er eine weniger anstrengende Arbeit suchen will.	☐	☐
2. Die Ärztin sagt dem Mann, dass er auf das Gewicht aufpassen und abnehmen muss.	☐	☐
3. Das Kind will Rad fahren und möchte keinen Helm aufsetzen.	☐	☐
4. Der Vater erlaubt, dass es ohne Helm fährt, wenn es vorsichtig ist.	☐	☐

	☺☺	☺	😐	☹	KB	AB
Ich kann Warnungen verstehen.					3b, c	3c

R3 Alinas Schule. Schreiben Sie Sätze mit den Ausdrücken. Wählen Sie die passenden Konnektoren.

das Gebäude – alt und hässlich der Unterricht – modern und offen	*1. Das Gebäude ist zwar*
nicht nur viel lernen – auch Spaß haben dabei	*2. Alina lernt*
es gibt keine Noten – keinen Prüfungsstress	*3.*

	☺☺	☺	😐	☹	KB	AB
Ich kann eine besondere Schule beschreiben.					14a–d	14a,b

Außerdem kann ich	☺☺	☺	😐	☹	KB	AB
... ein Gespräch über Musik verstehen.						7
... Aussagen über Wohlfühlen verstehen und machen.					2	2
... über Gewohnheiten sprechen.					5a, b	
... über das eigene Gedächtnis sprechen.					11–13	12b
... Anweisungen zum richtigen Verhalten verstehen.					1a	1b
... Informationen für einen Aufenthalt im Krankenhaus verstehen und darüber sprechen.					6a, b	6a
... einen Text über eine alternative Schule verstehen und über Schulerfahrungen sprechen.					14a–d	14
... einen Zeitungsartikel über Musik und Gefühle verstehen und über Musik sprechen.					7–9	8, 9

Lernwortschatz Kapitel 8

Körper und Gesundheit

der Atem (Singular) ______

die Bewegung, -en ______

die Diät, -en ______

die Ernährung (Singular) ______

die Entspannung (Singular) ______

das Gehirn, -e ______

die Gymnastik (Singular) ______

der Muskel, -n ______

der Schlaf (Singular) ______

(sich) an|strengen ______

atmen ______

(sich) ein|cremen ______

(sich) entspannen ______

schaden ______

Das schadet der Gesundheit. ______

schlagen ______

Ihr Herz schlägt sehr schnell. ______

schnarchen ______

stechen ______

üben ______

verschlucken ______

(sich) wohl|fühlen ______

ausreichend ______

Sie sollten sich ausreichend bewegen! ______

roh ______

rohes Fleisch essen ______

vegetarisch ______

Personen im Krankenhaus

der Facharzt, -ärzte ______

der Patient, -en ______

der Notarzt, -ärzte ______

die Pflegerin, -nen ______

die Schwester, -n ______

krank sein – gesund werden

die Flüssigkeit, -en ______

die Hilfe (Singular) ______

das Medikament, -e ______

das Mittel, – (für/gegen) ______

der Rettungsdienst, -e ______

die Schachtel, -n ______

der Schmerz, -en ______

die Überweisung, -en ______

die Versichertenkarte, -n ______

die Wunde, -n ______

auf|lösen ______

ein|nehmen ______

senken ______

Das Medikament senkt die Temperatur. ______

untersuchen ______

verschreiben ______

schlecht ______

Mir ist schlecht. ______

schwindlig ______

Mir wird schwindlig. ______

eine Warnung ausdrücken

(sich) halten an ______

Halten Sie sich daran! ______

raten ______

warnen ______

Es ist notwendig/nötig, dass ... ______

glatt ______

Aufenthalt im Krankenhaus

die Besuchszeit, -en ______

die Fernbedienung, -en ____________

die Gebrauchsanweisung, -en ____________

die Mahlzeit, -en ____________

das Nachthemd, -en ____________

die Notaufnahme (Singular) ____________

der Notausgang, -ausgänge ____________

der Notfall, -fälle ____________

der Schlafanzug, -anzüge ____________

die Rücksicht (Singular) ____________

Bitte nehmen Sie Rücksicht! ____________

____

die Rufnummer, -n ____________

die Wertsachen (Plural) ____________

Musik und Gefühle

das Geräusch, -e ____________

die Tonart, -en ____________

Dur ↔ Moll ____________

aus|lösen ____________

Musik löst Gefühle aus. ____________

____

beeinflussen ____________

Musik beeinflusst die Stimmung. ____________

____

verarbeiten ____________

Musik wird im Gehirn verarbeitet. ____________

der Bass, Bässe ____________

die Flöte, -n ____________

das Klavier, -e ____________

das Schlagzeug, -e ____________

die Violine, -n (=die Geige, -n) ____________

Gedächtnis und Lernen

der Druck (Singular) ____________

die Entwicklung, -en ____________

die Förderung (Singular) ____________

die Schwäche, -n ↔ die Stärke, -n ____________

____

die Strategie, -n ____________

sich aus|tauschen ____________

sich etwas merken ____________

motiviert ____________

andere wichtige Wörter und Wendungen

die Reklame, -n ____________

brauchen ____________

Sie brauchen das nicht zu machen. ____________

____

loben ____________

sichtbar ____________

daher ____________

offenbar ____________

Das Konzept funktioniert offenbar gut. ____________

____

wichtig für mich

____

____

____

Was kann Musik auslösen? Notieren Sie fünf Wörter für Gefühle und Stimmungen.

____

9 Kunststücke

1

a Welches Wort passt nicht? Streichen Sie durch.

1. Schmuck: der Ohrring, der Ring, die Reihe, die Kette, der Anhänger
2. Architektur: das Gebäude, das Schloss, das Haus, das Gemälde, die Burg
3. Museum: das Bild, die Ausstellung, der Gast, der Maler, die Kunst
4. Bild: die Farbe, der Autor, der Vordergrund, der Hintergrund, die Mitte
5. öffentliche Verkehrsmittel: der Zug, das Fahrrad, die Tram, die Bahn, der Bus

Wortschatz **b In Österreich heißt das anders. Welche Wörter haben dieselbe Bedeutung?**

die Praxis • die Ecke • die Kartoffeln • die Streichhölzer • der Metzger/der Fleischer • ~~die Treppe~~ • die Gaststätte • der Briefumschlag • die Geldbörse

Für manche deutschen Wörter gibt es in **Österreich** oder auch in der **Schweiz** ein anderes Wort. Diese Varianten verwendet man oft nur dort.

1. die Stiege *die Treppe*
2. die Zünder/Zündhölzer ______
3. das Eck ______
4. die Erdäpfel ______
5. der Fleischhauer ______
6. das Gasthaus ______
7. die Brieftasche ______
8. das Kuvert ______
9. die Ordination ______

2

Kommentare zum Blog. Lesen Sie den Kommentar von Adrian und die Aussagen dazu. Richtig oder falsch? Kreuzen Sie an.

Marias Blog

Hallo Maria,
dein neuer Blogeintrag gefällt mir gut. Ich habe bisher gar nicht darüber nachgedacht, wie viel Kunst auch mir einfach so im Alltag begegnet. Irgendwie war für mich Kunst immer mit Museen und Ausstellungen verbunden, aber du hast natürlich recht. Auf deinem Weg zum Büro gefällt mir die Station der Hungerburgbahn am besten. Und rate mal, warum? Ich bin nämlich auch ein großer Fan von moderner Architektur, außerdem sind im Hintergrund die Berge – das sieht toll aus. Hier in Leipzig gibt es zum Glück auch einige moderne Gebäude. Leider sind manche davon auch nicht schön, aber die meisten sehen futuristisch und toll aus. Auf meinem Weg zur Arbeit komme ich an einem witzigen Haus vorbei, nämlich mit aufgemalten Figuren an der Hauswand. Egal wie das Wetter ist, die bunten Figuren schauen immer auf die Straße. Ich bin zwar nicht sicher, ob das Kunst ist, aber es ist viel schöner als eine graue Wand!

	richtig	falsch
1. Adrian hat sich schon oft mit Kunst im Alltag beschäftigt.	☐	☐
2. Adrian ist der Meinung, dass es echte Kunst nur im Museum gibt.	☐	☐
3. Für Adrian ist die Hungerburgbahn-Station auch schön, weil man dort die Berge sieht.	☐	☐
4. Manchmal findet Adrian moderne Architektur auch hässlich.	☐	☐
5. Adrian findet die Malerei auf der Wand eine gute Idee.	☐	☐

3

Lesen Sie Marias Aussagen und ergänzen Sie den Chat mit Ihren Angaben.

Maria Schön, dass du meinen Blog gut findest. Welche Art von Kunst gefällt dir denn am besten? Und warum?

Sie Also mir gefällt ______________________________

____

____

Maria Das klingt ja interessant. Ich mag moderne Kunst sehr gern, aber nicht nur. Besonders beeindruckt hat mich zum Beispiel Leonardo da Vinci. Er war so vielseitig und talentiert, ein echtes Genie. Welcher Künstler hat dich beeindruckt?

Sie ______________________________

____

____

Maria Das werde ich gleich googeln! Am Wochenende war ich im Museum und habe mir eine Ausstellung über die Geschichte der Musikinstrumente angeschaut. Die Ausstellung war toll gemacht und ich habe viel Neues erfahren. Wann warst du das letzte Mal in einer Ausstellung? Was hast du gesehen?

Sie ______________________________

____

____

Maria Oh, bei mir klingelt es. Bis später!

Wir machen Theater!

4 Wortschatz

a Im und ums Theater. Lesen Sie die Sätze und ergänzen Sie das passende Wort aus dem Kasten.

auftreten • das Ballett • die Broschüre • das Büfett • der Einfall • erforderlich • die Garderobe • die Qualifikation

GARDEROBE

1. Schauspieler brauchen nicht unbedingt ein offizielles Zeugnis von der Schauspielschule. Manchmal reicht ihr Talent als ______________.
2. In der ______________ finden Sie Informationen zum Theater.
3. Im ______________ erzählen die Tänzer mit ihrem Tanz eine Geschichte.
4. In einem Stück können viele verschiedene Schauspieler ______________.
5. Ein Theaterregisseur braucht immer wieder einen neuen ______________, um ein Stück originell zu inszenieren.
6. Neben Schauspielern und Regisseurin sind noch einige andere Personen ______________, damit die Aufführung gelingt.
7. Vor der Aufführung gibt man seinen Mantel an der ______________ ab.
8. Bei der Premiere gibt es manchmal ein ______________ mit leckerem Essen.

P
Z B1
ZD
DTZ

b Lesen Sie die Situationen 1 bis 7 und die Anzeigen A bis J aus verschiedenen deutschsprachigen Medien. Wählen Sie: Welche Anzeige passt zu welcher Situation? Sie können jede Anzeige nur einmal verwenden. Für eine Situation gibt es keine passende Anzeige. In diesem Fall schreiben Sie 0.

Ihre Freunde interessieren sich in ihrer Freizeit für Kunst/Kultur und suchen passende Angebote.

Diese Aufgabe gibt es in allen drei Prüfungen. Nur die **Anzahl der Situationen und Anzeigen** variiert.
ZD: 10 Situationen – 12 Anzeigen
DTZ: 5 Situationen – 8 Anzeigen

Beispiel: 0 Alexander möchte einen Fotokurs für Fortgeschrittene machen. F

1 Oskar interessiert sich für Architektur und möchte eine Ausstellung besuchen. ____
2 Cassandra spielt Theater und möchte noch besser werden, hat aber nur am Wochenende Zeit. ____
3 Liam würde gern in seiner Freizeit in einer Band spielen. ____
4 Lara möchte mit ihrer Mutter zu einem klassischen Konzert gehen. ____
5 Anton würde gern ein Instrument lernen. ____
6 Noah interessiert sich für Kunst, findet Museen aber langweilig. ____
7 Isabella möchte am Sonntag mit ihrer Freundin ins Theater gehen. ____

Ein ganz besonderes Erlebnis
Bei diesem interessanten 4-stündigen Kunst-Spaziergang durch die Innenstadt erfahren Sie viel Spannendes über die vielfältigen Kunstobjekte: an unseren Straßen, auf den Plätzen und in den Parks.
Kosten: 18 Euro
Anmeldung unter: kunst@stadtführung.de **A**

Jedes Wochenende Workshops
Sie fotografieren gern? Lernen Sie mit einem professionellen Fotografen, wie man die besten Bilder macht. Die besten Fotos unserer Kursteilnehmer zeigen wir in einer großen Ausstellung. Für Fotoliebhaber! Vorkenntnisse erwünscht!
www.Ilovefoto.com **F**

Architektur in Bildern
Dieser herausragende Bildband zeigt uns auf 200 Seiten die wunderbare europäische Architekturfotografie. Lassen Sie sich faszinieren von den schönsten und modernsten Gebäuden in Europa.
Jetzt im Buchhandel für 39,90 Euro **B**

Wir fördern Dich!
Du hast Talent für die Bühne und möchtest dein Können weiterentwickeln? Dann melde dich bei unserer Schule für Tanz, Gesang und Schauspiel an. Wir bieten 2-Tageskurse (Samstag und Sonntag) und 5-Tageskurse.
www.theatertheater.de **G**

Lange Nacht der Musik
Es ist wieder so weit! 100 Konzerte warten an diesem Wochenende auf Sie. Suchen Sie sich aus, was Ihnen gefällt: Jazz, Klassik, Pop und Rock. Seien Sie dabei, wenn am Samstag wieder zahlreiche Musiker ihre Instrumente auspacken, und feiern Sie mit. Tickets: www.lndm.com **C**

Alles fürs Theater
Großer Fachhandel für Spiel- und Theaterbedarf bietet alles, was man für die Bühne braucht. Für Profis und Laiengruppen. Wir haben Kostüme, Hüte, Perücken, Schminke und vieles mehr.
www.allesfürstheater.net **H**

Neue Ausstellung in der Galerie Müller
Schmuck für die Wand – Der international bekannte Künstler Kilian Meister zeigt seine besten Bilder.
Vernissage am 5.11. Der Künstler ist anwesend.
Die Ausstellung läuft bis zum 31.12.
Weitere Infos auf unserer Webseite
www.galeriem.com **D**

Heute Premiere!
Sehen Sie das neue Stück "Auf dem Kopf" von der großen Regisseurin Anna Weißhaupt. Ein Klassiker für Sie neu interpretiert. Vergessen Sie den Alltag und lassen Sie sich von dem Geschehen auf der Bühne überraschen. Ab heute täglich um 20 Uhr.
www.aufdemkopf.de **I**

Mit Spaß an der Musik
Wir bieten Unterricht mit professionellen Lehrern für alle Instrumente, für Anfänger und Fortgeschrittene von Klassik über Blues bis zur Popmusik. Zweimal im Jahr können unsere Schüler ihr Können bei einem Konzert zeigen.
Informieren Sie sich über unsere Angebote:
www.spassanmusik.de **E**

Große Wiedereröffnung!
Nach der langen Renovierungsphase eröffnen wir unser Museum am 2.11. gleich mit zwei interessanten Ausstellungen:
Zeitgenössische Architektur in Afrika
Berlin heute – Fotos in Schwarzweiß
Beide Ausstellungen laufen bis 22.4.
www.hausdermodernenkunst.de **J**

5 a **Adjektivdeklination mit dem bestimmten Artikel. Ergänzen Sie die Endungen.**

1.
◆ Hast du schon das aktuell_e_ (1) Theater-Programm zu Hause?
◆ Nein, ich interessiere mich eigentlich nur für die neu____ (2) Kinofilme.

Bei der **Adjektivdeklination nach dem bestimmten Artikel** gibt es nur die Endungen *-e* und *-en*.

2.
◆ Hast du dieses bekannt____ (3) Stück von Dürrenmatt im Capitol-Theater gesehen?
◆ Nein, in dieses altmodisch____ (4) Theater gehe ich nicht gern. Und ich mag den arrogant____ (5) Regisseur nicht.

3.
◆ Die Stadt hat die alt____ (8) Oper renoviert.
◆ Ich weiß. Ich warte schon auf die groß____ (9) Eröffnungsfeier.

4.
◆ Gestern habe ich diesen gutaussehend____ (6) Schauspieler getroffen, der die Hauptrolle spielt.
◆ Ich finde den nicht gut. Für diese langweilig____ (7) Rolle braucht man nicht viel Talent.

5.
◆ Müssen die Schauspieler die lang____ (10) Texte auswendig lernen?
◆ Natürlich, das ist für die meist____ (11) Schauspieler auch kein Problem.

b **Adjektivdeklination mit dem unbestimmten Artikel. Welche Endung ist richtig? Kreuzen Sie an.**

1. Gestern habe ich einen interessanter ☐ interessanten ☐ Artikel über ein modernes ☐ moderne ☐ Theaterstück gelesen.
2. Das Stück erzählt eine spannende ☐ spannenden ☐ Geschichte.
3. Ein bekannte ☐ bekannter ☐ Regisseur hat das Stück realisiert.
4. Schauspielern gefällt es, mit einem erfahrenen ☐ erfahrener ☐ Regisseur zu arbeiten.
5. Die Hauptrolle spielt eine berühmten ☐ berühmte ☐ Schauspielerin.
6. Auf der Bühne sieht man nur ein altes ☐ alten ☐ Sofa mit einer schmutzige ☐ schmutzigen ☐ Decke und natürlich die Schauspieler.

c **Adjektivdeklination ohne Artikel. Was passt wo? Ergänzen Sie die Adjektive in den Anzeigen.**

altmodische • sympathischem • rotes • erfahrenen • junge • kleinen • kreativer • jahrelanger • interessantes

1. Suchen ____________ Techniker für ____________ Projekt.

2. ____________ Friseur mit ____________ Erfahrung sucht Job.

3. In ____________ Team arbeiten? Dein Traum? Ruf an!

4. „Theater der Jugend" sucht ____________ Schauspielerinnen + Schauspieler!

5. Verkaufe ____________ Lampe und ____________ Tisch.

6. Brauchen dringend ____________ Sofa für Theaterstück!!!

d Ergänzen Sie die Adjektivendungen.

Für neu____ Projekt mit klein____ Schauspielgruppe suchen wir motiviert____ und engagiert____ Kollegin. 1

Kreativ___ Theater-Workshop hat noch frei____ Plätze für interessiert____ Leute. 2

Klein____ Theater benötigt dringend neu____ Probenraum mit alt____ Möbeln. Groß____ Keller auch o.k. 3

Erfolgreich____ Band sucht nett____ Sängerin mit tief____ Stimme. Ab sofort! 4

Für klein____ Rolle in modern____ Stück suchen wir älter____ Schauspieler mit bayrisch____ Dialekt. 5

6

a Vokal am Wortanfang. Spricht man verbunden ‿ oder getrennt | ? Markieren Sie.

1. In | unserem Theater gibt es jeden Abend eine andere spannende Aufführung.
2. Das aktuelle Stück ist für Alt und Jung interessant.
3. Mein Onkel geht jede Woche mindestens einmal ins Theater.
4. Ich unterrichte an einer Schauspielschule. Die Schule bietet eine gute Ausbildung.

Wörter, die mit einem Vokal oder Diphthong beginnen, verbindet man beim Sprechen nicht mit dem Wort davor.

2.9 **b Hören Sie zur Kontrolle und sprechen Sie nach.**

Wa(h)re Kunstwerke

7

a Lesen Sie die Texte im Kursbuch noch einmal und korrigieren Sie die Sätze.

1. Die Putzfrau hat das Kunstwerk ~~mit Absicht~~ zerstört. *aus Versehen*
2. Sie hat gewusst, dass die schmutzige Wanne ein Kunstwerk war. ____________
3. Das Kunstwerk von Kippenberger war 500 Euro wert. ____________
4. Der Zoo hat Bilder von Menschen verkauft. ____________
5. Die Frau hat den Teppich für 900 Euro gekauft. ____________
6. Das Auktionshaus verkaufte den Teppich in London für wenig Geld. ____________
7. Das Auktionshaus hat keinen Fehler gemacht. ____________

b Etwas verneinen. Was ist richtig? Ergänzen Sie *kein/e* in der richtigen Form oder *nicht*.

1. Wir waren im Museum, dort gab es *kein* Kunstwerk von Martin Kippenberger.
2. Ich habe ________ gewusst, dass Kippenberger schon 1997 gestorben ist.
3. Mir gefällt moderne Kunst ________ so richtig, trotzdem sehe ich sie mir manchmal im Museum an.
4. Der Zoo hatte ________ Geld und hat deshalb Bilder, die Affen gemalt haben, verkauft.
5. Leider hatte ich ________ Zeit und konnte ________ zu der Auktion kommen.
6. Ich glaube, ich würde ________ Bild von einem Tier in meiner Wohnung aufhängen.
7. Die Frau hatte ________ Glück, sie hat ________ viel Geld für den Teppich bekommen.
8. Der Teppich ist sehr teuer, aber ich finde ihn ________ schön.

c Verneinen Sie die Sätze mit *nicht*. Markieren Sie, wo *nicht* steht.

1. Wir gehen ↓ (nicht) ins Museum.
2. Die Ausstellung ist interessant.
3. Die Kunstwerke gefallen mir.
4. Ich habe die Einladung bekommen.
5. Ich lese gern Bücher über Kunst.
6. Man darf in der Galerie fotografieren.
7. Das Museum macht heute auf.
8. Ich interessiere mich für Kunst.

d Wo steht *nicht*? Schreiben Sie die Sätze.

1. den Künstler / Ich / kennen / nicht / .
2. Die meisten Leute / schön / dieses Kunstwerk / finden / nicht / .
3. Der Maler / das Bild / verkaufen wollen / nicht / .
4. sich freuen auf / Wir / den Verkauf des Gemäldes / nicht / .
5. die Stadt / Haben renoviert / das Museum / nicht / ?
6. den Teppich / Ich / kaufen wollen / nicht / .
7. Ich / verstehen können / moderne Kunst / nicht / .
8. Meine Freunde / teilnehmen / an der Museumsführung / nicht / .

e Verneinen Sie die markierten Satzteile und führen Sie den Satz mit *sondern* fort.

1. Ich gehe heute ins Museum.
   Nicht ich gehe heute ins Museum, sondern meine Schwester.
2. Ich gehe heute ins Museum.
3. Ich habe meiner Freundin das Bild gezeigt.
4. Ich habe meiner Freundin das Bild gezeigt.
5. Ich habe meiner Freundin das Bild gezeigt.

In der Ausstellung

8

a Sehen Sie das Bild an und ergänzen Sie die Bildbeschreibung.

__________________ (1) stehen drei Frauen, die sich an den Händen halten und in den Himmel schauen.
__________ (2) steht ein Baum mit bunten Blättern.
__________ (3) von den Frauen sieht man ein rundes Haus, in das gerade jemand reingeht.
__________________ (4) sieht man einen dunklen See.
__________________ (5) des Sees sieht man ein Boot ohne Menschen. __________ (6) am Himmel fliegt ein großer Vogel.

Im Hintergrund • Oben • Links • In der Mitte • Rechts • Im Vordergrund

b Suchen Sie sich ein interessantes Bild oder Foto im Internet und schreiben Sie eine Bildbeschreibung.

c Aussagen verstärken oder abschwächen. Was passt? Kreuzen Sie an.

1. ☺☺ : Der Film ist ziemlich ☐ wirklich ☐ gut.
2. 😐 : Ich finde dieses Bild nicht gerade ☐ total ☐ kreativ.
3. ☹☹ : Der Text über den Künstler war ziemlich ☐ schrecklich ☐ uninteressant.
4. 😐 : Dieses Bild ist nicht so ☐ besonders ☐ fantasievoll gemalt.
5. ☺☺ : Die Künstlerin hat besonders ☐ ziemlich ☐ gute Ideen.
6. ☺ : Die Ausstellung ist ziemlich ☐ richtig ☐ gut besucht.
7. ☹☹ : Die Bilder sind total ☐ nicht so ☐ langweilig.

P ZD

d Lesen Sie den folgenden Text und entscheiden Sie, welches Wort aus dem Kasten in die Lücken 1 bis 10 passt. Sie können jedes Wort nur einmal verwenden. Nicht alle Wörter passen in den Text.

Das Karls-Museum sucht Verstärkung!
Wir suchen Studenten für Kasse, Museumsladen und Aufsicht.
Bei Interesse bitte melden bei Frau Backmann unter job@karlsmuseum.de

Sehr geehrte Frau Backmann,
ich habe Ihre Anzeige gelesen und interessiere mich sehr __1__ Ihr Angebot. Ich studiere Kunstgeschichte __2__ der Freien Universität Berlin und bin zeitlich sehr flexibel. Trotzdem würde ich natürlich gern wissen, wie die Arbeitszeiten sind und __3__ man auch am Wochenende arbeiten muss. Ich habe __4__ Erfahrung im Verkauf gesammelt, __5__ ich in den letzten Semesterferien in einem kleinen Geschäft ausgeholfen habe. Aber ich arbeite auch __6__ an der Kasse. Leider steht in Ihrer Anzeige __7__ zur Bezahlung. Bitte teilen Sie mir mit, __8__ hoch der Stundenlohn ist.
Ich würde mich sehr freuen, __9__ ich bald von Ihnen hören würde und ich die Gelegenheit bekommen würde, __10__ persönlich bei Ihnen vorzustellen.
Mit freundlichen Grüßen
Mario Alther

A alles	B als	C an	D bereits	E deshalb
~~F~~ für	G gerne	H mich	I mit	J nichts
K noch	L ob	M wenn	N wie	O wo

1 F	2 ___	3 ___	4 ___
5 ___	6 ___	7 ___	8 ___
9 ___	10 ___		

Gespräch mit einem Regisseur

9 **a** **Was passt zusammen? Ergänzen Sie.**

1. sich mit einem Thema ______________
2. einen Preis ______________
3. eine Rolle ______________
4. Regisseur ______________
5. Musik ______________
6. in fremde Lebenswelten ______________
7. ein Problem ______________
8. am Herzen ______________

machen • spielen • werden • bekommen • liegen • klären • beschäftigen • eintauchen

b **Wählen Sie drei Kombinationen aus 9a und schreiben Sie Sätze.**

2.10 P ZD

c **Sie hören nun ein Gespräch. Dazu sollen Sie zehn Aufgaben lösen. Sie hören das Gespräch zweimal. Entscheiden Sie beim Hören, ob die Aussagen 1 bis 10 richtig oder falsch sind. Lesen Sie jetzt die Aufgaben 1 bis 10. Sie haben dazu eine Minute Zeit.**

	richtig	falsch
1. Film und Kino waren in Miriam Mulinos Familie sehr wichtig.	☐	☐
2. Als Teenager wollte Miriam Schauspielerin werden.	☐	☐
3. Nach einem Praktikum bei einer Filmproduktion war ihr Berufswunsch klar.	☐	☐
4. Sie hat an der Filmhochschule studiert.	☐	☐
5. Nach ihrem Studium ist sie erst mal ins Ausland gegangen.	☐	☐
6. Am meisten hat sie während ihrer Assistenzzeit gelernt.	☐	☐
7. Ihr erster Film war ein Erfolg.	☐	☐
8. Sie selbst sieht am liebsten lustige Filme.	☐	☐
9. Sie macht auch Filmprojekte mit Jugendlichen.	☐	☐
10. Sie kann sich nicht vorstellen, in der Zukunft etwas anderes zu machen.	☐	☐

Sound of Heimat

10 **Welchen Film haben Sie zuletzt gesehen? Wie hat Ihnen der Film gefallen? Schreiben Sie eine kurze Filmkritik.**

Der Titel des Films ist … / Der Film heißt …
In dem Film geht es um … / Der Film handelt von …
Zuerst … Dann … Am Ende …
Außerdem …
Der Film ist sehr spannend/lustig/interessant/langweilig, weil …
Ich kann den Film (nicht) empfehlen, denn …

11 Reime. Markieren Sie in den Texten die Wörter, die sich reimen, jeweils mit verschiedenen Farben. Lesen Sie dann beide Texte laut. Welcher gefällt Ihnen besser?

Ein kleines Lied

Ein kleines Lied, wie geht's nur an*,
Dass man so lieb es haben kann,
Was liegt darin? Erzähle!
Es liegt darin ein wenig Klang,
Ein wenig Wohllaut** und Gesang
Und eine ganze Seele.

* wie geht's nur an? = wie kommt das?
** Wohllaut = schöne Melodie

Marie von Ebner-Eschenbach 1830–1916, österreichische Schriftstellerin

Der Mond ist aufgegangen

Der Mond ist aufgegangen,
die goldnen Sternlein prangen*
am Himmel hell und klar;
der Wald steht schwarz und schweiget**,
und aus den Wiesen steiget**
der weiße Nebel wunderbar.

* prangen = leuchten
** schweiget, steiget = alte Formen für: schweigt, steigt

Matthias Claudius 1740–1815, deutscher Dichter

Wortbildung – Zusammengesetzte Adjektive

A Farbwörter. Welche Wörter passen zusammen? Schreiben Sie.

Schnee rot ~~gelb~~ schwarz
Himmel grün
Feuer ~~Zitrone(n)~~
Gras Rabe(n)
braun
blau weiß Kastanie(n)

zitronengelb
______
______
______
______
______
______

Beschreibungen werden bildlicher, wenn man mit einem Substantiv und einem Adjektiv ein neues Adjektiv bildet:
*Er hat **blaue** Augen.*
*Er hat **himmelblaue** Augen.*

B Wie heißen die Adjektive? Schreiben Sie.

1. weich wie Butter: *butterweich*
2. schnell wie der Blitz: ______
3. schön wie ein Bild: ______
4. alt wie ein Stein: ______
5. glatt wie ein Spiegel: ______
6. süß wie Zucker: ______

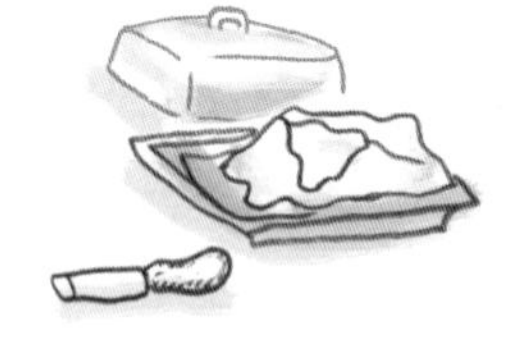

Das kann ich nach Kapitel 9

R1 Was verkaufen die Personen? Schreiben Sie kurze Anzeigen und verwenden Sie alle Adjektive.

bequem • rot • praktisch • schick • alt • neu • blau • groß • dunkel

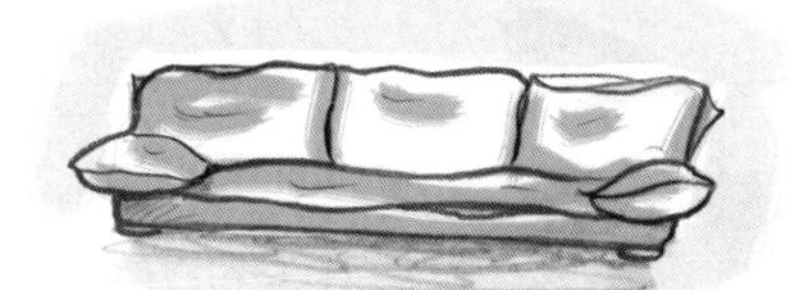

	☺☺	☺	😐	☹	KB	AB
Ich kann Personen oder Dinge genauer beschreiben.					5	5

R2 Wo steht *nicht*? Korrigieren Sie die Sätze.

1. Ich finde dieses Theaterstück gut nicht. ______________________
2. Ich nicht gehe ins Kino. ______________________
3. Ich will die Bilder kaufen nicht. ______________________

	☺☺	☺	😐	☹	KB	AB
Ich kann etwas verneinen.					7	7

R3 Lesen Sie die Aussagen und verstärken (+) Sie sie oder schwächen Sie sie ab (–). Verwenden Sie bei jedem Satz einen anderen Ausdruck.

1. Das Bild ist schön. (+)
2. Ich finde die Künstlerin sympathisch. (–)
3. Der Vortrag war langweilig. (–)
4. Die Ausstellung ist interessant. (–)
5. Das Museum gefällt mir gut. (+)
6. Das Stück war spannend. (+)

	☺☺	☺	😐	☹	KB	AB
Ich kann Aussagen verstärken oder abschwächen.					8	8

Außerdem kann ich	☺☺	☺	😐	☹	KB	AB
... ein Interview verstehen.					9a–d	9c
... ein Volkslied verstehen und darüber sprechen.					11	11
... über Kunst im Alltag lesen und sprechen.					1–3	2a
... über Bilder sprechen und schreiben.					8	8a–c
... über Filme sprechen und schreiben.					10	10
... einen Zeitungsbericht verstehen.					4b, 7	
... Hauptinformationen in Zeitungstexten finden.					7a	
... in Anzeigen nach bestimmten Informationen suchen.						4b
... ein Kurzporträt schreiben.					9f	
... in einem Chat über Vorlieben und Interessen schreiben.						3

Lernwortschatz Kapitel 9

Kunst

der Blick ______

Mein Blick wandert zu diesem Bild. ______

______

das Detail, -s ______

das Kunstwerk, -e ______

die Kurve, -n ______

die Linie, -n ______

schätzen ______

Ich schätze dieses Gemälde sehr. ______

______

die Installation, -en ______

ins Auge fallen ______

sich etwas vor|stellen ______

geometrisch ______

senkrecht ______

schräg ______

original ______

waagerecht ______

Schmuck

das Exemplar, -e ______

das Handwerk (Singular) ______

die Kette, -n ______

die Kunsterzieherin, -nen ______

der Ohrring, -e ______

der Schmuck (Singular) ______

das Schmuckstück, -e ______

greifen zu ______

Gewöhnlich greift sie zu einer Kette. ______

______

im Theater

die Aufführung, -en ______

die Ausstattung (Singular) ______

das Ballett, -s ______

die Broschüre, - ______

die Bühne, -n ______

das Büfett, -s ______

der Einfall, Einfälle ______

die Garderobe, -n ______

die Premiere, -n ______

die Regie ______

Regie führen ______

der Scheinwerfer, – ______

der Tanz, Tänze ______

das Theaterstück, -e ______

auf|treten ______

schminken ______

erfahren ______

Wir suchen erfahrene Techniker. ______

______

erforderlich ______

miteinander ______

pfiffig ______

Kunst verkaufen

die Auktion, -en ______

der Wert ______

Ein Bild im Wert von 3500 Euro kaufen. ______

______

schätzen ______

Sie schätzt den Teppich auf 900 Euro. ______

______

an|kommen ______

Die Bilder kommen bei den Besuchern gut an. ______

______

preiswert ______

Kraft schöpfen durch Kunst

der Flüchtling, -e ______

die Kraft, Kräfte ______

Hier können die Flüchtlinge Kraft schöpfen. ______

der Krieg, -e ______
der Stoff, -e ______
flüchten ______
nähen ______

Film und Musik

die Entdeckungsreise, -n ______
der Regisseur, -e ______
die Volksmusik (Singular) ______
das Volkslied, -er ______
der Reim, -e ______

aus der Arbeitswelt

die Leistung, -en ______
die Pflicht ______
Sie wollte nur ihre Pflicht tun. ______

die Putzfrau ______
die Qualifikation, -en ______
die Versicherung, -en ______
Angst haben um ______
Viele Leute haben Angst um ihren Job. ______

prüfen ______
Die Versicherung prüft das. ______
verklagen ______
schuldig ______
Sie halten die Putzfrau für schuldig. ______

andere wichtige Wörter und Wendungen

der Brunnen, – ______
die Burg, -en ______
die Brieftasche, -n (= die Geldbörse) ______

die Gaststätte ______
das Inserat, -e ______
das Missgeschick, -e ______
das Opfer, – ______
der Terminkalender, – ______
das Verhältnis ______
Ich habe ein schwieriges Verhältnis zu dem Thema. ______

hierher|kommen ______
hinauf|fahren ______
vorbei|kommen an ______
zerstören ______
gewöhnlich ______
Gewöhnlich trage ich keinen Schmuck. ______

gründlich ______
stumm ______

wichtig für mich

______
______
______

Notieren Sie zu jedem Buchstaben ein passendes Wort zum Thema Kunst. K U N S T W E R K

(Beispiel: K-E-t-t-e — Kette)

10 Miteinander

1

a Werte in der Gesellschaft. Wie heißen die Wörter?

die Bildung • die Demokratie • die Fairness • der Respekt • die Rücksicht • die Zivilcourage

1. ____________________ – eine politische Staatsform, in der die Bürger frei wählen
2. ____________________ – Wissen und Können, das man auf verschiedenen Wegen, z. B. in der Schule, erworben hat
3. ____________________ – Mut, das zu sagen und für das zu kämpfen, was man für richtig hält
4. ____________________ – die gerechte Behandlung von anderen, ohne Tricks
5. ____________________ – andere achten, auch wenn sie andere Meinungen vertreten o. Ä.
6. ____________________ – bei dem, was man tut, an die Gefühle von anderen denken

b Kennen Sie das passende Adjektiv? Arbeiten Sie mit dem Wörterbuch.

1. Rücksicht *rücksichtsvoll*
2. Fairness ____________________
3. Respekt ____________________
4. Demokratie ____________________

Wortschatz **c Lesen Sie den Text. Welche Ausdrücke haben die gleiche Bedeutung? Ordnen Sie zu.**

Die Politik muss für alle da sein

Gestern Abend konnte man bei einer Veranstaltung im Rathaus (*C*) Eichdetten die neue Kandidatin (_____) der „Partei für alle" kennenlernen.

Ursula Seibold ist wohl für die meisten eine ungewöhnliche Kandidatin. Sie ist seit ihrer Geburt blind (_____) und setzt sich besonders für die Rechte von Menschen mit speziellen Bedürfnissen ein, also zum Beispiel für körperlich behinderte (_____) Menschen wie für Blinde oder Gehörlose (_____). Durch ihre lebendige und humorvolle Art konnte sie das Publikum für ihre Ideen begeistern.

Ein wichtiges Thema war das Gesetz zur Einbürgerung. Auch zahlreiche Migranten (_____) waren anwesend. Sie diskutierten mit Ursula Seibold über das Gesetz, denn sie sehen Nachteile für die Integration (_____) und möchten, dass die „Partei für alle" für die Rechte von Migranten kämpft.

Nach der Wahl möchte Ursula Seibold als Abgeordnete im Bundestag ihre Partei und die Regierung (_____) unterstützen. Im Internet kann man darüber abstimmen, welche Themen ihre Schwerpunkte sein sollen.

A Aufnahme in eine Gesellschaft
B Einwanderer
C Arbeitsort des Bürgermeisters
D sich nicht so bewegen können wie andere
E Personen, die nicht hören können
F in Deutschland: Bundeskanzler/in und alle Minister
G nicht sehen können
H Bewerberin für ein Amt oder für eine Arbeitsstelle

2

(P) Z B1

Lesen Sie den Text und die Aufgaben 1 bis 6 dazu. Wählen Sie: Sind die Aussagen Richtig **oder** Falsch**?**

Hallo Antonia,

endlich finde ich mal wieder Zeit, dir zu schreiben. Bei mir im Büro ist wie immer viel zu tun, also nichts Neues. Bei uns im Haus schon. Wir haben nämlich einen neuen Nachbarn bekommen, Robert, er ist vor drei Wochen eingezogen. Robert ist blind, aber er kommt super allein zurecht. Stell dir vor, ich habe das nicht gleich gemerkt, weil er im Haus so sicher und schnell gegangen ist. Als wir uns das erste Mal unterhalten haben, hat er dann aber mehr von sich erzählt.

Wir haben doch mal diesen Film über Blinde zusammen gesehen, erinnerst du dich? Jetzt lerne ich so ein anderes Leben aus der Nähe kennen. Es beeindruckt mich sehr, dass Robert in seiner Wohnung keine Hilfe braucht. Aber im Viertel kennt er vieles noch nicht und da kann ich ihm sogar ein bisschen helfen. Ich bin nämlich schon einige Male mit ihm draußen gewesen und erkläre ihm, was wo ist. Das Tolle ist, dass er sich alles gleich merkt, und beim nächsten Spaziergang kennt er das schon. Du weißt ja, wie lange ich immer brauche, um mich zurechtzufinden … und jetzt hat er mir schon einige gute Tipps gegeben, wie man sich orientieren und sich Dinge merken kann.

Robert arbeitet als Lehrer an einer Blindenschule. Er bringt den Kindern auch Lesen bei – für mich sieht das ja total schwer aus. Er hat mir nämlich auch Bücher in Blindenschrift gezeigt, aber bisher kann ich noch nichts erkennen, alles fühlt sich gleich an.

Gestern wollte ich ausprobieren, wie es ist, sich komplett im Dunkeln zu bewegen, und ich habe alles in meiner Wohnung dunkel gemacht. Zuerst war es schwer und ich habe mich mehrmals gestoßen und blaue Flecken bekommen. Aber nach einer Weile ging es ganz gut und ich konnte fast alles machen. Irgendwie wirkt im Dunkeln alles ruhiger – probier es doch auch mal aus!

Wir wollen bald mal einen Ausflug zusammen machen. Hast du vielleicht Lust, mich übernächstes Wochenende zu besuchen? Dann könntest du mit uns mitfahren. Robert gefällt dir sicher auch gut. Melde dich doch, dann können wir etwas ausmachen.

Viele Grüße
Jakob

> (!) Sehen Sie sich in der Prüfung immer genau an, wie im Beispiel die Lösung markiert ist. Machen Sie es dann genauso.

Beispiel

0 Jakob muss viel arbeiten. — ~~Richtig~~ (X) | Falsch

1. Jakob wusste von Anfang an, dass der Nachbar blind ist. — Richtig | Falsch
2. Robert und Jakob kennen sich von der Arbeit. — Richtig | Falsch
3. Jakob lernt nützliche Dinge von Robert. — Richtig | Falsch
4. Jakob kann einige Buchstaben in Blindenschrift lesen. — Richtig | Falsch
5. Jakob hatte am Anfang Probleme, ohne Licht zu Hause herumzugehen. — Richtig | Falsch
6. Robert möchte Antonia bald kennenlernen. — Richtig | Falsch

Freiwillig

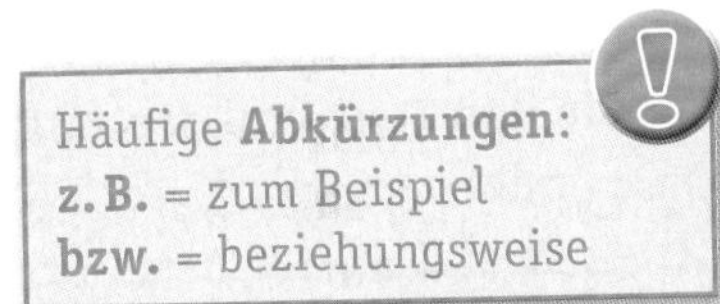

3

a Lesen Sie im Kursbuch die Texte in Aufgabe 3b noch einmal und beantworten Sie die Fragen in ganzen Sätzen.

A Freiwillige Feuerwehr

1. Wo gibt es viele Ehrenamtliche bei der Feuerwehr? *Auf dem Land und in kleinen Städten arbeiten viele Leute ehrenamtlich bei der Feuerwehr.*
2. Welche Ausbildung erhalten die Ehrenamtlichen? ____________
3. Wen alarmiert man, wenn man ein Feuer entdeckt? ____________

B „Die Tafel"

4. Von wem bekommt die „Tafel" Lebensmittel? ____________
5. Wo können Arme die Lebensmittel abholen? ____________
6. Wer ist für die „Tafel" tätig? ____________

C Patenschaften

7. Warum brauchen manche Familien Unterstützung? ____________
8. Wie oft sehen sich Pate und Patenkind oder Patenfamilie? ____________
9. Wie finden die Paten Familien, die ihre Hilfe brauchen? ____________

b Was würden Sie gern tun und warum? Schreiben Sie Begründungen mit den Ausdrücken im Kasten.

1. bei der „Tafel" mitarbeiten – vielen Menschen helfen
2. mit Kindern lernen – als Pate tätig sein
3. im Notfall helfen – Geld an die Feuerwehr spenden
4. individuell unterstützen – mitmachen wollen bei
5. gemeinsam in einem Verein tätig sein – sich engagieren für

Ich würde gern ..., weil
.... finde ich gut, deshalb ...
... ist für mich ein wichtiger Grund, deshalb
... ist/finde ich am sinnvollsten, darum ...
Da ... wichtig ist, würde ich ...

1. Ich finde es am sinnvollsten, vielen Menschen zu helfen, darum möchte ich bei der „Tafel" mitarbeiten.

4

a Der Weg der Tomaten. Ordnen Sie die Bilder den Sätzen zu.

A | B

C

D

E

1. Das Gemüse wird bestellt. Bild ______
2. Dann wird das Gemüse in den Supermarkt gebracht. Bild ______
3. Im Supermarkt wird das meiste Gemüse gekauft. Bild ______
4. Lebensmittel, die niemand gekauft hat, werden der „Tafel" gegeben. Bild ______
5. Bei der „Tafel" werden die Lebensmittel verteilt. Bild ______

b Lesen Sie die Sätze im Aktiv und notieren Sie darunter den entsprechenden Passivsatz aus 4a. Markieren Sie dann die gleichen Elemente in jeweils einer Farbe.

> Auch im Passivsatz kann man sagen, **wer etwas tut**. Dafür verwendet man ***von* + Dativ**:
> *Das Gemüse wird* ***vom Verkaufsleiter*** *bestellt.*

1. Der Verkaufsleiter bestellt das Gemüse.
   Das Gemüse wird bestellt.
2. Ein LKW bringt dann das Gemüse in den Supermarkt.
   ____
3. Die Kunden kaufen das meiste Gemüse im Supermarkt.
   ____
4. Der Supermarkt gibt der „Tafel“ Lebensmittel.
   ____
5. Ehrenamtliche Helfer verteilen bei der „Tafel“ die Lebensmittel.
   ____

c Bei der Feuerwehr. Lesen Sie den Text und setzen Sie das passende Verb im Passiv ein.

alarmieren • ausbilden • feiern • kontrollieren • planen • reinigen • üben

Immer im Einsatz

Auch wenn es nicht brennt, gibt es bei der Feuerwehr immer viel zu tun. Die Feuerwehrautos __________ regelmäßig __________ (1), denn alles muss funktionieren. Die Einsätze __________ mit dem Team regelmäßig __________ (2), damit es keine Probleme beim richtigen Einsatz gibt. Damit die Feuerwehrleute die beste Leistung bringen können, __________ jedes Mitglied gut __________ (3). Wenn es einen Notruf gibt, __________ die Feuerwehrleute sofort __________ (4), sodass der Einsatz möglichst schnell starten kann. Nach den Einsätzen __________ die Uniformen für den nächsten Einsatz __________ (5). Aber das Leben der Feuerwehrleute besteht nicht nur aus Üben und Helfen, sondern auch Feste __________ oft __________ (6) – und dann zusammen __________ (7).

d „Tag der offenen Tür“ bei der Feuerwehr. Was wird gemacht? Formulieren Sie Sätze im Passiv.

1. Programm planen
2. Plakate drucken und aufhängen
3. Helfer informieren
4. Bürgermeisterin einladen
5. Wasserspiele vorbereiten
6. Feuerwehrautos putzen
7. Gäste empfangen und herumführen

1. Zuerst wird …

5

a Passiv in der Vergangenheit. Welche Form ist richtig? Streichen Sie die falschen Formen durch.

Unser Verein „Nachbarschaftshilfe" wird/werden/wurde/wurden (1) 1998 gegründet. Seitdem sind verschiedene Projekte umgesetzt werden/worden/geworden (2), wie zum Beispiel der Tauschclub. 2000 wird/werden/wurde/wurden (3) mit Ihren Spenden der Kinderspielplatz an der Bahnhofsstraße gebaut und 2010 wird/werden/wurde/wurden (4) fünfzig Bäume im Park gepflanzt. Auf dem Weihnachtsmarkt im letzten Jahr wird/werden/wurde/wurden (5) Geld für einen Brunnen gesammelt. So ist die Atmosphäre in unserem Viertel verbessert werden/worden/geworden (6). Damit es so weitergeht, brauchen wir auch weiterhin Ihre Unterstützung – machen Sie mit!

b Feierabend im Verein „Nachbarschaftshilfe". Vergleichen Sie die beiden Bilder. Was wurde gemacht? Schreiben Sie sieben Sätze im Passiv Präteritum zu Bild B.

~~ausschalten~~ • gießen • spülen • essen • stellen • schließen • wegräumen • ziehen

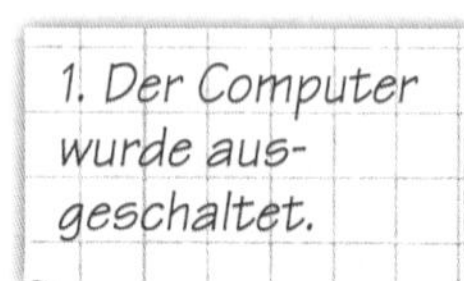

6

P
Z B1
2.11

Sie hören nun eine Diskussion. Sie hören die Diskussion zweimal. Dazu lösen Sie acht Aufgaben. Ordnen Sie die Aussagen zu: Wer sagt was?
Lesen Sie jetzt die Aussagen 1 bis 8. Dazu haben Sie 60 Sekunden Zeit.

Die Moderatorin der Radiosendung „Diskussion aktuell" diskutiert mit dem Vorsitzenden des Vereins „Schülerpaten" Gregor Saalfeld und der Patin Julia Hofer über die Bedeutung von ehrenamtlicher Hilfe für Schüler.

	Moderatorin	Gregor Saalfeld	Julia Hofer
Beispiel:			
0. Der Verein „Schülerpaten" unterstützt Schüler bei Schulproblemen.	a	☒	c
1. Manche Schüler werden später selbst Schülerpate.	a	b	c
2. Schülerpaten bekommen eine Einführung in die Arbeit.	a	b	c
3. Die Schülerpaten regeln die Treffen mit den Schülern selbst.	a	b	c
4. Paten und Schüler sprechen auch über allgemeine Themen.	a	b	c
5. Der Zeitplan berücksichtigt die individuellen Bedürfnisse der Schüler.	a	b	c
6. Die Schüler werden bei Bedarf auf die Arbeitswelt vorbereitet.	a	b	c
7. Paten und Schüler haben oft nach dem Schulabschluss noch Kontakt.	a	b	c
8. Die Hilfe ist für die Schüler kostenlos.	a	b	c

Mini-München

7 a Rund um die Kinderstadt Mini-München. Schreiben Sie die Substantive mit Artikel und schreiben Sie mit jedem Wort einen Satz.

MRATHAUSGULLÄRXLMÜLLAEIGRUNDSTÜCKBKRPGEHALTARMITARBEITERSTIBÜRGERMEISTERWA-STRASSEBPOLZARBEITSZEITOKAL

1. das Rathaus – Das Rathaus ist ab 8 Uhr geöffnet.

b *Innerhalb* und *außerhalb*. Lesen Sie die Sätze und ergänzen Sie *innerhalb* oder *außerhalb*.

Ortsangaben

1. Bei Fahrten ______________ des Stadtgebiets sind die Fahrkarten billiger.
2. Manchmal hat man ______________ der Stadt einen schlechten Handyempfang, zum Beispiel in den Bergen oder im Wald.
3. ______________ von Mini-München kann man das Spielgeld verwenden.
4. Mini-München ist ______________ von München auch bekannt.

Zeitangaben

1. ______________ der Geschäftszeiten sind nur wenig Menschen in der Fußgängerzone.
2. Berufstätige ohne Kinder fahren lieber ______________ der Saison in den Urlaub, weil es billiger ist.
3. Die Kinder können ______________ der Sommerferien das Stadtleben kennenlernen.
4. Die Tickets sind ______________ einer Stunde ausverkauft.

> Bei **Ländernamen ohne Artikel und bei Städten** verwendet man ***innerhalb* und *außerhalb* + *von*:**
> *Reisen innerhalb von Deutschland ist einfach.*

c Wegbeschreibung in Mini-München. Verwenden Sie die lokalen Präpositionen aus dem Schüttelkasten und ergänzen Sie die Lücken.

an … vorbei • außerhalb • bis zu • durch • entlang • gegenüber • hinter

Du willst zum Rathaus? Also, da gehst du am besten zuerst __________ Kino __________. Dann musst du nach rechts __________ das Kaufhaus gehen. ______________ des Kaufhauses siehst du ein Café. ___________ dem Café gehst du zuerst am Fit-Zentrum und dann am Park __________________. Jetzt ist es nicht mehr weit. Du gehst noch __________________ Post und dann ist __________________ von der Post das Rathaus.

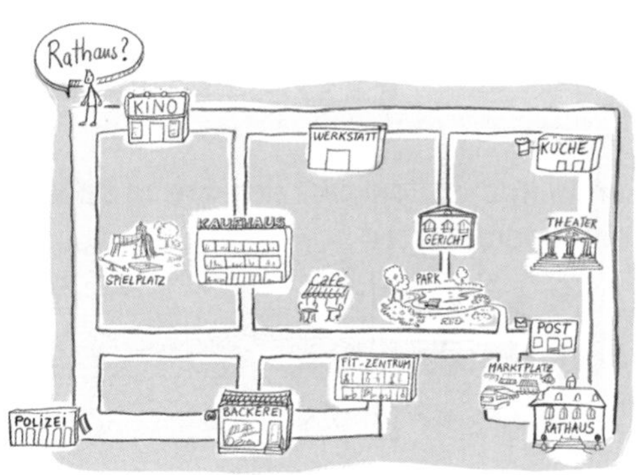

d Arbeiten Sie zu zweit. Zeichnen Sie einen Weg in Ihrem Stadtplan und beschreiben Sie ihn Ihrem Partner / Ihrer Partnerin. Er/Sie zeichnet den Weg ein. Vergleichen Sie die Wege.

e Diskussion unter Freunden. Wo passen die Äußerungen A bis E? Ordnen Sie zu.

1. ___ Sag mal, wie findest du eigentlich Mini-München?
2. ___ Mir gefällt es auch ganz gut, aber ich weiß nicht, ob das etwas für meine Kinder wäre.
3. ___ Ja, das stimmt. Aber meiner Meinung nach kann das ohne Erwachsene nicht funktionieren.
4. ___ Meinst du nicht, dass sie mit Erwachsenen mehr lernen würden?
5. ___ Na ja, vielleicht hast du recht.

A Nein, ganz im Gegenteil: Es ist für die Kinder besonders spannend, weil es ohne Erwachsene ist.
B Bestimmt ist das richtig!
C Ich finde die Idee eigentlich ganz gut. Und du?
D Nein, das glaube ich nicht. Außerdem ist das Projekt doch nicht nur zum Lernen da.
E Warum denn nicht? Da kann doch jedes Kind etwas lernen und Spaß haben, oder?

2.12

f Hören Sie das Gespräch auf der CD. Sie hören das Gespräch zweimal. Sprechen Sie beim zweiten Hören die Rolle in der rechten Spalte.

8

a Passiv mit Modalverb. Schreiben Sie die Sätze mit den Angaben in Klammern zu Ende.

1. In Mini-München darf *alles gemacht werden.* (alles machen)
2. Das Spielgeld kann ______________________ (für Tickets ausgeben)
3. Aber auch Steuern müssen ______________________ (bezahlen)
4. Vor der Eröffnung muss ______________________ (vieles organisieren)
5. Auch dort muss ______________________ (Essen kochen)
6. Der Bürgermeister kann ______________________ (wählen)

b Vor den Ferien. Was muss noch alles gemacht werden?

1. Programm ausdrucken
2. Fahrkarte kaufen
3. Taschen packen
4. Imbiss vorbereiten
5. den Kindern den Weg erklären
6. Freunde abholen
7. Kinder zum Bus fahren

1. Das Programm muss …

9

2.13

a Satzmelodie: Kontrastakzente in *oder*-Fragen. Hören Sie die Sätze und ergänzen Sie die fehlenden Wörter.

1. Möchten Sie lieber ______________ oder ______________?
2. Wart ihr im Urlaub in ______________ oder in der ______________?
3. Seid ihr ______________ oder ______________ Wochen dort gewesen?
4. Hat dir das ______________ besser gefallen oder der ______________?
5. Schaust du Filme lieber im ______________ oder im ______________ an?

2.13

b Hören Sie noch einmal zur Kontrolle und lesen Sie dann die Sätze laut.

Europa

10 Die EU. Ergänzen Sie die fehlenden Wörter.

1. 1952 gründeten sechs ____________________ die Europäische Gemeinschaft.
2. Europäische ____________________ wollten dafür sorgen, dass die Menschen friedlich zusammenleben.
3. 1992 entstand mit dem ____________________ von Maastricht die EU.
4. Heute können EU-____________________ frei, also ohne Grenzkontrollen, reisen.
5. Es ist auch möglich, in einem anderen ____________________ zu leben und zu studieren.
6. Seit 2002 verwenden viele Länder das gleiche Geld, den ____________________.
7. Schon von Anfang an gab es ____________________ an der EU und ihren Gesetzen.

Bürger • Euro • Kritik • Land • Politiker • Staaten • Vertrag

11 Eine misslungene Präsentation. Was ist alles schiefgegangen? Notieren Sie fünf Stichpunkte und schreiben Sie dann eine Mail an eine gute Freundin.

– der Redner hat niemanden angeschaut
– ...

12 a Wichtige Redemittel. Was gehört zusammen? Ordnen Sie zu. Markieren Sie dann mit drei Farben die Redemittel für Einleitung, Hauptteil und Schluss.

über folgende Punkte: | ein Beispiel: | Fragen zum Thema? | einen Überblick geben. | nach sollte ... | zum zweiten Punkt. | Ihre Aufmerksamkeit. | Präsentation zum Thema ... | folgendermaßen gegliedert:

1. Meiner Meinung ____________________
2. Haben Sie noch ____________________
3. Ich mache eine ____________________
4. Zum Schluss möchte ich ____________________
5. Damit komme ich ____________________
6. Vielen Dank für ____________________
7. Ich spreche ____________________
8. Ich gebe Ihnen ____________________
9. Die Präsentation ist ____________________
____

b Als Zuhörer Rückmeldung geben. Ergänzen Sie die fehlenden Wörter.

besonders • fragen • Frage • interessant • mir • schöne • Thema • verstanden

Rückmeldung geben

Ihre Präsentation war sehr ____________.
Die Präsentation hat ________ gut gefallen.
Das ist ein spannendes ____________!
Sie haben eine ________ Präsentation gehalten.

Fragen stellen

Ich habe noch eine ________ zu Ihrem Thema.
Ein Punkt interessiert mich noch ____________.
Ich möchte Sie gern noch etwas ____________.
Eine Sache habe ich nicht ganz ____________.

P Z B1

c Sie sollen Ihren Zuhörern ein aktuelles Thema präsentieren. Dazu finden Sie hier fünf Folien. Folgen Sie den Anweisungen links und schreiben Sie Ihre Notizen und Ideen rechts daneben.

In der Prüfung hat jeder Kandidat **zwei Themen zur Auswahl.**

Arbeiten Sie zu zweit. Jeder wählt **ein** Thema.

Stellen Sie Ihr Thema vor. Erklären Sie den Inhalt und die Struktur Ihrer Präsentation.	Thema A **Politik als Schulfach?** / Thema B **Ein Studienjahr im Ausland**	______
Berichten Sie von Ihrer Situation oder einem Erlebnis im Zusammenhang mit dem Thema.	Folie 1 **Meine persönlichen Erfahrungen**	______
Berichten Sie von der Situation in Ihrem Heimatland und geben Sie Beispiele.	Folie 2 **In meinem Heimatland**	______
Nennen Sie die Vor- und Nachteile und sagen Sie dazu Ihre Meinung. Geben Sie auch Beispiele.	Folie 3 **Vor- und Nachteile & Meine Meinung**	______
Beenden Sie Ihre Präsentation und bedanken Sie sich bei den Zuhörern.	Folie 4 **Abschluss & Dank**	______

P Z B1

d Arbeiten Sie zu zweit. Beide halten ihre Präsentation, geben dem anderen Rückmeldung und stellen Fragen. Antworten Sie auf die Fragen Ihres Partners / Ihrer Partnerin.

In der Prüfung stellt Ihnen danach auch der Prüfer / die Prüferin Fragen.

Wortbildung – Adjektive mit *-los* und *-bar*

A

Adjektive mit *-bar*. Ergänzen Sie das passende Adjektiv in der richtigen Form.

sichtbar • machbar • ~~lieferbar~~ • anwendbar

1. Wir bestellen über Nacht alle *lieferbaren* Bücher.
2. Diese Regel ist auch auf andere Formen ______________.
3. Wir helfen bei Computerproblemen – für uns ist alles ______________!
4. Von hier oben hat man einen tollen Blick, sogar die Berge sind ______________.

Adjektive mit *-bar* kommen von einem Verb. Oft drücken sie aus, dass man etwas machen kann: *Diesen Pilz kann man essen. Dieser Pilz ist **essbar**.*

B

Adjektive mit *-los*. Formulieren Sie die Sätze um und verwenden Sie das Adjektiv.

1. Er ging, ohne etwas zu sagen. *Er ging wortlos.*
2. Die Karte kostet nichts. ______________
3. Er hat seit zwei Monaten keine Arbeit mehr. ______________
4. Nach dem Unfall war das Auto nichts mehr wert. ______________

~~wortlos~~ • arbeitslos • kostenlos • wertlos

Adjektive mit *-los* drücken aus, dass etwas ohne das ist, was das Nomen bedeutet: *glücklos – ohne Glück*

Das kann ich nach Kapitel 10

R1 Ehrenamtliche erzählen. Hören Sie die drei Personen. Für welche Organisation engagieren Sie sich? Warum? Notieren Sie.

2.14

	1. Carsten Weber	2. Anita Nowak	3. Michael Turk
Organisation?	______	______	______
Warum?	______	______	______

	☺☺	☺	😐	☹	KB	AB
Ich kann Texte über soziales Engagement verstehen und darüber sprechen.					3	3a

R2 Was passiert? Schreiben Sie Sätze im Passiv.

1. die Feuerwehr – anrufen
2. die Mitarbeiter – alarmieren
3. die Feuerwehrautos – bereit machen
4. das Feuer – löschen
5. ein Hund – retten
6. ein Bericht – schreiben

Die Feuerwehr wird …

	☺☺	☺	😐	☹	KB	AB
Ich kann Vorgänge beschreiben.					4c, 5b, 8b	4, 8

R3 Arbeiten Sie zu zweit. Sehen Sie die Bilder an. Beschreiben Sie abwechselnd, was sich verändert hat. Verwenden Sie das Passiv und kontrollieren Sie sich gegenseitig.

	☺☺	☺	😐	☹	KB	AB
Ich kann über Veränderungen sprechen.						5b

Außerdem kann ich	☺☺	☺	😐	☹	KB	AB
… eine Radiodiskussion verstehen.						6
… Projekte beschreiben, über Projekte sprechen.					7d	7d–e
… Informationen über die EU verstehen.					10b, 11a–b	10
… eine kurze Präsentation halten.					11c, 12	12a
… Rückmeldung geben.						12b
… einen Text über ein Projekt verstehen.					7b–c	
… eine private Mail verstehen.						2
… etwas begründen.						3b
… Angaben zu Ort und Zeit machen.						7c
… Wegbeschreibungen geben.						7c–d

Lernwortschatz Kapitel 10

Werte in der Gesellschaft

die Demokratie, -n ______

die Ehrlichkeit (Singular) ______

die Fairness (Singular) ______

die Freiheit, -en ______

die Gerechtigkeit (Singular) ______

die Hilfsbereitschaft (Singular) ______

das Recht, -e ______

die Religion, -en ______

der Respekt (Singular) ______

die Rücksicht, -en ______

die Sicherheit (Singular) ______

die Toleranz (Singular) ______

die Zivilcourage (Singular) ______

aus|üben ______

Ich will meine Religion ausüben. ______

______

demokratisch ______

tolerant ______

Engagement

die Behörde, -n ______

der Einsatz, Einsätze ______

Die Einsätze werden vorher geübt. ______

______

die Kantine, -n ______

der Lehrgang, -gänge ______

die Organisation, -en ______

der Pate, -n ______

das Vereinsmitglied, -er ______

______

alarmieren ______

bewältigen ______

eine Aufgabe bewältigen ______

______

brennen ______

sich ein|setzen (für) ______

spenden ______

vernichten ______

Lebensmittel werden vernichtet. ______

______

verteilen ______

weg|werfen ______

bedürftig ______

ehrenamtlich ______

qualitativ ______

rund um die (Spiel-)Stadt

das Arbeitsamt, -ämter ______

der Ausweis, -e ______

der Bürgermeister, – ______

das Gebiet, -e ______

das Grundstück, -e ______

die Halle, -n ______

die Lieferung, -en ______

der Streik, -s ______

aus|zahlen ______

Haben sie dir dein Gehalt schon ausgezahlt? ______

______

ein|tragen ______

Tragen Sie hier bitte den Namen ein. ______

______

entsorgen ______

Der Müll muss entsorgt werden. ______

______

erledigen ______

reinigen ______

sorgen (für) ______

Sie sorgen gemeinsam für die Kinder. ______

______

streiken ______

global ______

Politik

der Abgeordnete, -en ______

der Bundeskanzler, – ______

die Dienstleistung, -en ______

die Einbürgerung, -en ______

der Einwanderer, – ______

die Grenzkontrolle, -n ______

die Integration (= die Aufnahme) (Singular) ______

______

die Kandidatin, -nen ______

der Migrant, -en ______

der Minister, – ______

die Partei, -en ______

das Recht, -e ______

die Regierung, -en ______

die Tradition, -en ______

der Vertrag, Verträge ______

ab|stimmen ______

beschließen ______

bewahren ______

Die Länder wollen ihre Traditionen bewahren. ______

______

verschwinden ______

Nationale Besonderheiten könnten verschwinden. ______

______

national ______

wirtschaftlich ______

wirtschaftlich eng zusammenarbeiten ______

______

andere wichtige Wörter und Wendungen

die Besonderheit, -en ______

der Braten, – ______

die Margarine (Singular) ______

die Möhre, -n ______

die Sauce, -n ______

das Publikum (Singular) ______

der Schwerpunkt, -e ______

der Vortrag, Vorträge ______

anwesend ______

behindert ______

blind ______

gehörlos ______

gleichzeitig ______

speziell ______

ungewöhnlich ______

bereits ______

mittlerweile ______

Mittlerweile wurden über 900 *Tafeln* gegründet. ______

______

wichtig für mich

______

______

______

Was ist wichtig für ein Land? Schreiben Sie die Wörter mit Artikel.

BE DEN DI FREI GE GIE HEIT HÖR ON RE RUNG SE TI TRA TZE

______

______

______

11 Vom Leben in Städten

1 In der Stadt. Wie heißen die Wörter? Lösen Sie das Rätsel.

ß = ss ä,ö,ü = ä,ö,ü

1. Wir wohnen am ... Da ist es viel ruhiger als im Zentrum.
2. Hier ist es viel zu laut. Bei diesem ... kann ich mich nicht entspannen.
3. Dort gibt es viele Geschäfte und keine Autos. Deshalb mag ich die ...
4. Hier sind zu viele Autos! Die Luft ist schrecklich, so viele ....
5. Mit welcher ... darf man in der Stadt fahren? 50 km/h, oder?
6. Die Viertel der Stadt sind sehr verschieden. Jeder ... sieht anders aus.
7. Alle Geschäfte waren geschlossen. Also habe ich mir nur die ... angesehen.
8. Diese Straße ist aber schmutzig! Und wer macht den ... weg?
9. Ich brauche einen neuen Pass. Wann hat das ... geöffnet?
10. Wenn ich im Urlaub bin, füttert meine ... die Katze.
11. So schön, direkt am Park! Die ... der Wohnung ist echt super.
12. Mein Arbeitsplatz ist am Rand der Stadt. In unserem ... gibt es 1000 Mitarbeiter.

Abgase • Amt • Betrieb • Dreck • Fußgängerzone • Geschwindigkeit • Lage • Lärm • Nachbarin • Schaufenster • Stadtrand • Stadtteil

2

a Was passt zusammen? Ordnen Sie zu.

ziehen • ~~leeren~~ • renovieren • beschweren • stinken • erreichen

1. die Mülltonnen *leeren*
2. sich über den Lärm ____________________
3. alte Häuser ____________________
4. in eine andere Stadt ____________________
5. nach Abgasen ____________________
6. einen Ort mit dem Bus ____________________

b Stadtleben – Was bedeutet das für Sie? Ergänzen Sie passende Wörter und vergleichen Sie mit einem Partner / einer Partnerin.

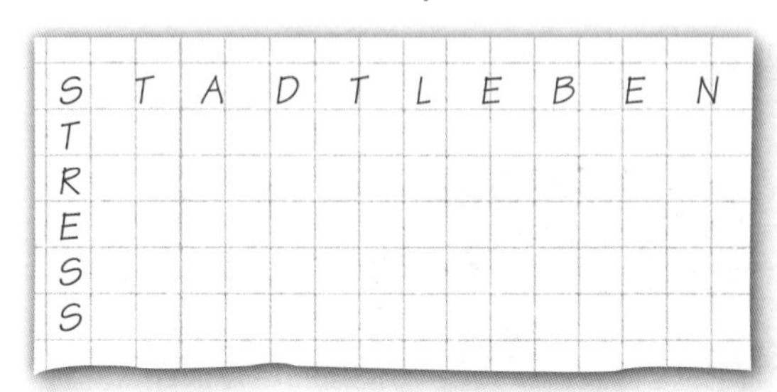

3

P
DTZ

Sie sind im Rathaus Ihrer Stadt. Lesen Sie die Aufgaben 1 bis 5 und den Wegweiser. In welches Zimmer gehen Sie? Kreuzen Sie an.

Beispiel
Sie brauchen einen Anwohnerparkausweis.
[a] Zimmer 202
[X] Zimmer 203
[c] anderes Zimmer

1. Sie haben gestern Ihre Jacke an der Bushaltestelle vergessen.
   [a] Zimmer 201
   [b] Zimmer 204
   [c] anderes Zimmer

2. Sie möchten wieder arbeiten und brauchen eine Betreuung für Ihr Kind.
   [a] Zimmer 113
   [b] Zimmer 114
   [c] anderes Zimmer

3. Sie haben geheiratet und wollen Ihren Familiennamen ändern lassen.
   [a] Zimmer 111
   [b] Zimmer 112
   [c] anderes Zimmer

4. Sie sind wegen Ihrer neuen Stelle umgezogen und haben eine neue Adresse.
   [a] Zimmer 114
   [b] Zimmer 203
   [c] anderes Zimmer

5. Sie haben aus dem Urlaub einen Hund mitgebracht und möchten ihn jetzt anmelden.
   [a] Zimmer 112
   [b] Zimmer 202
   [c] anderes Zimmer

Zimmer	Mitarbeiter/in	Aufgaben
110	Sybille Kollmann	Gesundheitsberatung – Impfungen – Prävention – Untersuchungen für Kinder – meldepflichtige Krankheiten
111	Herbert Müller	Geburten – Eheschließungen – Lebenspartnerschaften – Namensänderungen – Sterbebüro – Kirchenaustritte – Beglaubigungen
112	Elke Tuschner	An-, Ab-, und Ummeldung einer Wohnung – Personalausweise – Reisepässe – Führerscheine – Kinderreisepässe – Meldebescheinigungen
113	Gabriele Ebert	Schulen – Kinderkrippen – Kindergärten – Horte Ferienprogramme – Elterngeld – Frauenbüro – Vereine – Veranstaltungen
114	Simone Tögel	Einbürgerungen – Aufenthaltsgenehmigungen – Arbeitserlaubnis – Visumserstellungen – Familiennachzug
201	Ralf Bönisch	Büchereien – Bibliotheken – Leseförderung – Städtepartnerschaften – Austauschprogramme – Befreiungen für öffentliche Verkehrsmittel
202	Hannah Diaz	Baugenehmigungen – Gartenbauamt – Hundesteuer – Parkanlagen – Stadtplanung – Denkmalschutz – Verkehrsplanung
203	Bernd Krail	KFZ-Zulassungsstelle – Parkausweise – verkehrsberuhigte Zonen – Spielstraßen – Parkverbote
204	Susanne Plath	Behindertenparkplätze – Bußgeldverfahren – Fundbüro – Sicherheitsangelegenheiten

Bist du ein Stadtmensch?

4

a Mein neues Leben auf dem Land. Was ist richtig? Kreuzen Sie an.

Jetzt wohne ich auf dem Land und da braucht man eigentlich ein Auto. Aber ich habe noch keiner ☐ keins ☐ (1). Ich habe mir ein Haus gekauft. Es ist sehr klein, aber es ist meins ☐ meine ☐ (2)! Seid ihr Stadtmenschen? Ich bin keins ☐ keiner ☐ (3). Ich fühle mich auf dem Land wohler. Einen Garten wollte ich schon immer haben. Jetzt habe ich endlich ein ☐ einen ☐ (4). Ich wusste nicht, ob es in dem Dorf auch Geschäfte gibt. Aber zum Glück gibt es welche ☐ welchen ☐ (5). Die Nachbarn sind auch ganz nett. Neben mir wohnt einer ☐ eins ☐ (6), der drei Hunde hat. Wenn ihr mich besuchen kommt, gehen wir in ein schönes Gasthaus. Es gibt da einer ☐ eins ☐ (7) gleich in der Nähe.

b Was passt wo? Ordnen Sie zu und ergänzen Sie die Sätze.

keins • eine • welche • keine • keinen • einer • keiner

1. Wo sind denn die anderen Studenten? Warum ist denn noch ______________ da? Sind wir zu früh?
2. Morgen kaufe ich mir endlich einen Computer. – Was? Du hast noch ______________? Wie schreibst du denn deine E-Mails?
3. Entschuldigung, wo finde ich die weißen T-Shirts aus der Werbung? – Da hinten auf dem Tisch liegen noch ______________.
4. Wieder kein Parkplatz und es ist schon so spät. Ah, da ist ja ______________!
5. Ich suche eine Bäckerei. Gibt es hier ________ in der Nähe? – Nein, tut mir leid, hier ist ________.
6. Haben Sie ein Buch über Zürich? Im Regal finde ich ______________.

5

Wir räumen auf! Ergänzen Sie die Pronomen.

1. ◆ Wem gehört denn dieser Schlüssel? Ist das ____________, David?
   ◆ Nein, mir gehört der nicht.
2. ◆ Hast du vielleicht meine Jacke gesehen? Ich finde sie nicht.
   ◆ Ist das da hinten auf dem Stuhl nicht ____________?
3. ◆ Ist das hier der Rucksack von Robert?
   ◆ Ja, das ist ____________.
4. ◆ Sarah und David, wem gehören denn diese ganzen Sachen hier? Sind das ____________?
   ◆ Nee, das sind nicht ____________. Frag mal Robert.
5. ◆ Oh, schau mal, der Kalender gehört doch Mama, oder? ◆ Ja, ich glaube, das ist ____________.
6. ◆ Du, Papa, mein Handy ist kaputt. Kann ich mal kurz ____________ benutzen?
   ◆ Tut mir leid, ich habe ____________ im Büro vergessen.
7. ◆ Robert, leg bitte deinen Pullover in den Schrank. ◆ Das ist nicht ____________. Der gehört David.

unsere • deiner • meiner • eure • deins • meins • seiner • deine • ihrer

Wenn die Stadt erwacht

6 a Morgens um fünf. Ergänzen Sie die Endungen.

Adjektive als Substantive
Achten Sie bei diesen Substantiven auf den Kasus und das Artikelwort.

Ferry ist Angestellt____ (1) im Leipziger Krankenhaus und arbeitet deshalb oft nachts. Auch für Max, den Angestellt____ (2) des Bauhofs, beginnt der Arbeitstag meistens sehr früh. Mit einem anderen Angestellt____ (3) fährt er schon um fünf Uhr morgens mit den Reinigungsfahrzeugen los. Auch die Angestellt____ (4) der Bäckerei sind schon früh auf den Beinen. Zu den Aufgaben der Bäckereiangestellt____ (5) Vera gehört morgens auch das Ausfahren der Ware.

b Ergänzen Sie die passenden Substantive in den Texten und achten Sie auf die Endungen.

der/die Angehörige • der/die Arbeitslose • der/die Bekannte • der/die Erwachsene • der/die Jugendliche • der/die Kranke

Für die Patienten in einem Krankenhaus sind die Tage oft langweilig. Deshalb freut sich sicher jeder ____________ (1), wenn er Besuch bekommt. Gestern war ich bei meiner Freundin Ella, sie liegt schon seit fünf Wochen im Krankenhaus. Ich wollte unbedingt mit dem Arzt sprechen, aber nur ________________ (2) bekommen Informationen über die Patienten. Für einen Freund oder einen ________________ (3) gibt es keine Möglichkeit, etwas vom Arzt zu erfahren.

Über die Vor- und Nachteile des Lebens in der Stadt wird oft diskutiert. Viele ________________ (4) sind gestresst und träumen von einem ruhigen Leben auf dem Land. Aber wie sehen das die ________________ (5) zwischen 14 und 17? Sie langweilen sich oft. Sie wollen lieber in der Stadt leben, wo es mehr Freizeitmöglichkeiten gibt. Auch die beruflichen Möglichkeiten sind in der Stadt besser. ________________ (6) finden sicher in einer großen Stadt schneller eine neue Stelle als auf dem Land.

7 P ZD

2.15

Sie hören jetzt fünf kurze Texte. Dazu sollen Sie fünf Aufgaben lösen. Sie hören jeden Text zweimal. Entscheiden Sie beim Hören, ob die Aussagen 1 bis 5 richtig oder falsch sind. Lesen Sie zuerst die Aufgaben 1 bis 5. Sie haben dazu 30 Sekunden Zeit.

1. Der Film „Leben in der Stadt" beginnt um 17 Uhr. R F
2. Das Rathaus befindet sich in der Karlsstraße. R F
3. Das Bürgerbüro ist am Dienstagnachmittag geöffnet. R F
4. Der Zug nach Leipzig fährt von Gleis 3 ab. R F
5. Das Geschäft befindet sich am Schillerplatz. R F

Lebenswerte Städte

8 **a** **Was ist wichtig, damit Menschen sich in ihrer Stadt wohlfühlen? Suchen Sie die Wörter aus der Wortschlange und notieren Sie sie mit Artikel. Einige Wörter stehen im Plural.**

TARBEITSPLÄTZEWIBILDUNGSANGEBOTEOUEIPMAERFREIZEITANGEBOTEDWQP
WOHNUNGENPOLIMSICHERHEITBAMIKXGRÜNFLÄCHENRITULDKULTURLKINUTSPIEL
PLÄTZEKLEWFREUNDEAIQLSPORTMÖGLICHKEITENFIFVERKEHRSMITTELUMPFGOSE

der Arbeitsplatz, ______________________________

____

b **Was ist für Sie wichtig? Welche Wörter würden Sie in 8a noch ergänzen?**

9 **a** **Leben in Zürich. Lesen Sie Diegos Blog und die Aussagen. Richtig oder falsch? Kreuzen Sie an.**

Home | Blog

Lebenswertes Zürich!

Zürich ist mal wieder unter den Top 3 beim neuesten Ranking zur lebenswertesten Stadt der Welt. Ich lebe ja mittlerweile seit zwei Jahren hier und kann nur bestätigen, dass Zürich wirklich toll ist. Zwar ist das Leben hier ganz schön teuer, aber Zürich bietet auch viel. Besonders gut gefällt mir, dass Zürich so international ist. Das liegt natürlich auch daran, dass die Wirtschaft hier sehr stark ist und es viele Arbeitsplätze gibt. Hier leben wirklich Menschen aus der ganzen Welt. Aber es gibt natürlich noch viel mehr, was hier richtig gut ist. Besonders im Sommer gibt es nichts Besseres als ein Bad in der Limmat (unser Fluss). Überall gibt es Freibäder, so viel wie sonst nirgends auf der Welt. Und der Zürichsee ist fantastisch mit den Bergen im Hintergrund. Super ist auch, dass man hier alles mit dem Fahrrad machen kann. Überall gibt es Radwege und so kann man stressfrei die Stadt erkunden. Für mich als Architekturstudent gibt es hier viele Highlights. Das Nebeneinander von Alt und Neu ist faszinierend. Und auch jeder Kunstfan wird hier zufrieden sein. Das Kunsthaus Zürich ist eins der besten Museen, das ich kenne. Überhaupt ist jeden Tag etwas los, Theater, Konzerte usw., das genieße ich sehr.
Und was gefällt euch an eurem Ort besonders gut? Was vermisst ihr?
Ich bin gespannt auf eure Berichte!

Auf dem Zürichsee ...

Das Kunsthaus – toll!

Unsere schöne Altstadt!

	richtig	falsch
1. In Zürich leben Menschen aus vielen verschiedenen Ländern.	☐	☐
2. Die wirtschaftliche Situation in Zürich ist nicht gut.	☐	☐
3. In Zürich gibt es im Sommer viele Bademöglichkeiten.	☐	☐
4. Radfahren in Zürich ist angenehm.	☐	☐
5. Das kulturelle Angebot in Zürich ist nicht besonders gut.	☐	☐

b **Schreiben Sie Diego eine Antwort.**

An meiner Stadt gefällt mir besonders ...
Mir gefällt nicht nur ..., sondern auch ...
Hier gibt es zwar ..., aber ...
Hier fehlt aber ...
Wir haben weder ...
Es wäre toll, wenn ...

10 a Welches Relativpronomen ist korrekt? Streichen Sie das falsche durch. Achten Sie auch auf Präpositionen.

Städte | Plattform | Forum | News

Städterankings interessieren mich nicht. Für mich sind die Menschen wichtig. Da gibt es zum Beispiel meinen Nachbarn, der / den (1) meine Blumen gießt, wenn ich weg bin. Oder die Verkäuferin beim Bäcker, über die / mit der (2) ich jeden Morgen über das Wetter spreche. Auch Herrn Mayr, bei dem / mit dem (3) ich täglich meine Zeitung kaufe, würde ich vermissen. Wenn ich in meinem Stadtteil spazieren gehe, treffe ich immer Frau Hartmann, der / die (4) mir aus ihrem Leben erzählt. Jeden zweiten Tag gehe ich mit Moritz, der / den (5) ich schon seit vielen Jahren kenne, joggen. Am Donnerstag spiele ich immer Schach mit Udo, der / dem (6) leider immer gewinnt. Und am Wochenende treffe ich oft Gesa und Leon, mit denen / mit der (7) ich ins Restaurant oder ins Kino gehe. Das sind nur ein paar Beispiele, es gibt natürlich noch mehr Menschen, die / denen (8) in meinem Leben wichtig sind. Die Stadt, bei der / in der (9) ich wohne, ist sicher nicht sehr schön, aber ich kenne hier so viele nette Menschen. Das ist das Wichtigste!

b *Was* oder *wo*? Ergänzen Sie das richtige Relativpronomen.

1. In Berlin kann man viel unternehmen, ________ viele Leute super finden.
2. Alles, ________ man zum Leben braucht, gibt es in dieser Stadt.
3. Aber ich suche noch den richtigen Ort, ________ ich mit meiner Familie leben möchte.
4. Mir hat die Stadt, ________ meine Freundin und ich das Wochenende verbracht haben, gefallen.
5. Für meine Freundin gab es dort aber nichts, ________ ihr gefallen hat.
6. Das, ________ ich ihr gezeigt habe, fand sie langweilig.
7. Wenigstens hat sie in jedem Geschäft etwas gefunden, ________ sie schön fand.
8. Den nächsten Ort, ________ wir Urlaub machen, kann sie aussuchen.

c Genauer gesagt ... Schreiben Sie passende Relativsätze mit *wo*.

1. Der Park, ..., ist nicht sehr groß. *Der Park, wo ich immer jogge, ist nicht sehr groß.*
2. Das Café, ..., ist im Zentrum. ________________
3. Das Fitnessstudio, ..., ist sehr teuer. ________________
4. Der Stadtteil, ..., ist sehr beliebt. ________________
5. In der Straße, ..., gibt es viele Baustellen. ________________

d Arbeiten Sie zu zweit und schreiben Sie fünf Quiz-Fragen mit *wo*. Stellen Sie dann einem anderen Paar im Kurs Ihre Fragen. Sind alle Antworten richtig?

Wie heißt die Stadt, wo der Eiffelturm steht?
Wie heißt der Ort, wo Mozart aufgewachsen ist?
...

11 Ergebnisse eines Rankings vorstellen. Was gehört zusammen? Verbinden Sie.

1. Ich habe folgendes
2. Wir haben uns auf dieses Thema geeinigt,
3. Ich habe alles,
4. Wir waren uns nicht einig,
5. Wir sind zu folgendem

A was kein Problem war.
B was mir wichtig ist, bewertet.
C ob es in dieser Stadt genug Arbeitsplätze gibt.
D Thema ausgewählt.
E Ergebnis gekommen.

12 a Texte vorlesen. Hören Sie die Sätze. Wo sind die Pausen? Ergänzen Sie die Kommas.

2.16

1. Mir gefällt Köln besonders gut weil die Leute so nett sind.
2. Mein Freund studiert in Köln deshalb bin ich oft dort.
3. Viele Menschen sagen dass der Karneval in Köln toll ist.
4. Es gibt viele Sehenswürdigkeiten aber der Dom ist am bekanntesten.

Kommas stehen **bei Aufzählungen und vor Konnektoren** (nicht vor *und*, *oder* und *sowie*):
Hier gibt es Kinos, Geschäfte und Museen. Ich glaube, dass Köln eine gute Stadt zum Leben ist.
Viele Leute wollen in Köln wohnen, weil man dort viel unternehmen kann.
Meine Cousine wohnt dort, deswegen kenne ich die Stadt gut.

2.17

b Lesen Sie den Text. Ergänzen Sie Kommas und Punkte und korrigieren Sie die Satzanfänge. Hören Sie dann zur Kontrolle.

Es gibt sicher viele Städte in denen man gut leben kann viele Städte kommen nie in Städterankings vor weil sie zu klein sind in so einer Stadt lebe ich seit ich mit dem Studium begonnen habe hier gibt es keine tollen Sehenswürdigkeiten aber das Leben ist angenehm die Stadt ist gemütlich und alles geht ein bisschen langsamer was mir gut gefällt

Typisch Kölsch

13 Sie hören nun fünf kurze Texte. Sie hören jeden Text zweimal. Zu jedem Text lösen Sie zwei Aufgaben. Wählen Sie bei jeder Aufgabe die richtige Lösung. Lesen Sie zuerst das Beispiel. Dazu haben Sie 10 Sekunden Zeit.

P
Z B1
DTZ
2.18

Beispiel

Sonja will mit Marie nach Köln fahren. — ☒ Richtig ☐ Falsch

Wo möchte Sonja am liebsten übernachten?

- a im Hotel
- ☒ b bei einer alten Freundin
- c in der Jugendherberge

Text 1

1. Der Kurs von Kai und Annabell findet nicht statt. — Richtig / Falsch
2. Annabell möchte am liebsten
   - a in eine Ausstellung gehen.
   - b einen anderen Kurs machen.
   - c zu Hause bleiben.

Text 2

3. Sie hören Informationen über ein Kinderfest. — Richtig / Falsch
4. Man soll zu dem Fest
   - a zu Fuß kommen.
   - b mit dem Auto kommen.
   - c mit dem Bus kommen.

Text 3

5. Das Wetter wird zum Wochenanfang wärmer. — Richtig / Falsch
6. Vorausgesagt werden sonnige Tage im
   - a Norden.
   - b Westen.
   - c Süden.

Text 4

7. Sie hören Informationen zu einer Veranstaltung. — Richtig / Falsch
8. Im Stadtzentrum Köln gibt es Stau wegen
   - a eines Unfalls.
   - b des Berufsverkehrs.
   - c einer Baustelle.

Text 5

9. Wegen des Wetters gibt es Flugänderungen. — Richtig / Falsch
10. Der Flug nach Köln
    - a ist pünktlich.
    - b hat Verspätung.
    - c fällt aus.

In der DTZ-Prüfung ist das Hören 1 und 2 sehr ähnlich wie in dieser Aufgabe hier.
DTZ Hören 1: 4 Ansagen auf dem Anrufbeantworter.
DTZ Hören 2: 5 Ansagen aus dem Radio.
Dazu gibt es jeweils Multiple-Choice-Aufgaben.

14 a Was kann man alles am „Büdchen" kaufen? Schreiben Sie die Wörter mit Artikel.

b Welche Bedeutungen sind ähnlich? Ordnen Sie zu.

1. Mein Magen knurrt. _H_
2. Ich habe schon so eine Ahnung. ____
3. Ich rase das Treppenhaus hinunter. ____
4. Wir wohnen in der vierten Etage. ____
5. Wie kommt sie darauf? ____
6. Das Geschäft hat rund um die Uhr geöffnet. ____
7. Das ist ihre Stammkneipe. ____
8. Wir sind per du. ____

A Das Geschäft ist 24 Stunden offen.
B Unsere Wohnung ist im vierten Stock
C Das ist die Kneipe, in die sie immer geht.
D Ich kann mir etwas bereits denken.
E Ich laufe schnell die Treppen runter.
F Wir duzen uns.
G Warum denkt sie das?
H Ich habe Hunger.

Meine Stadt

15 a Mit welchen Adjektiven kann man eine Stadt beschreiben? Ergänzen Sie die Buchstaben.

1. ge__ü__ __i__h
2. leb__ __d__ __
3. m__d__ __n
4. int__r__ __s a__t
5. la__ __w__ __li__
6. sa__b__ __
7. a__tr__kt__v
8. h__kt__s__h
9. sch__ __tz__ __
10. l__ __t
11. gr__ß
12. te__ __r

b E-Mail an einen Geschäftspartner. Welche Formulierungen passen wo? Ergänzen Sie.

... wäre sehr schön ... • Mit freundlichen Grüßen • Gerne zeigen ... • Sehr geehrter ... • Hoffentlich haben Sie Lust bekommen ... • Meine Kollegen und ich freuen uns darauf, ...

________________ (1) Herr Kreutzman,

bald findet unser großes Jahrestreffen statt. ________________ (2), Sie und Ihr Team kennenzulernen. Der erste Nachmittag des Treffens ist frei. ________________ (3) meine Kollegen und ich Ihnen dann die Sehenswürdigkeiten unserer schönen Stadt. Wir könnten zuerst eine Stadtrundfahrt machen und anschließend eine Führung durch das Museum Ludwig. Auch ein Spaziergang am Rhein ________________ (4). Danach würden wir gerne mit Ihrem Team ein traditionelles Restaurant besuchen, um dort gemeinsam unsere regionalen Spezialitäten zu genießen.

________________ (5), unsere Stadt kennenzulernen.

________________ (6)

Lars Thoeme

Wortbildung – Substantive mit *-chen* und *-lein*

A So klein! Was ist das? Verbinden Sie. Markieren Sie dann die Änderungen in den Wörtern links.

das Kindlein
das Bällchen
das Stühlchen
das Bächlein
das Gässchen — die kleine Gasse

der kleine Bach
der kleine Stuhl
das kleine Kind
die kleine Gasse
der kleine Ball

> Mit *-chen* und *-lein* kann man **Substantive „verkleinern"**. Diese Formen kommen oft in Kindergeschichten oder Liedern vor. Der Artikel ist immer *das*.
> Die Vokale a, o und u werden zu Umlauten und die Pluralform ist immer identisch mit der Singularform:
> *der Hund – das Hündchen – die Hündchen*
> *die Blume – das Blümlein – die Blümlein*

B Welches Wort ist richtig? Wenn beide Wörter richtig sind: Welches passt besser? Unterstreichen Sie.

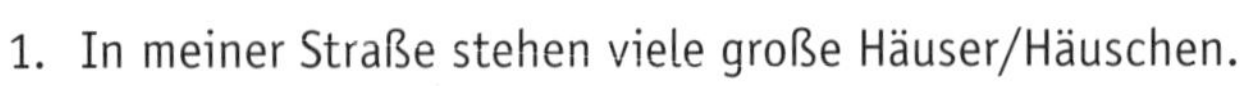

1. In meiner Straße stehen viele große Häuser/Häuschen.

2. Aber ich wohne in einem kleinen, gemütlichen Haus/Häuschen.

3. Mit mir zusammen wohnt mein Hund/Hündchen Fiffi.
4. Leider haben unsere Nachbarn auch einen Hund / ein Hündchen namens Hasso.

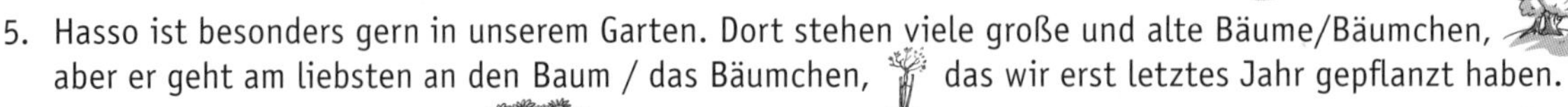

5. Hasso ist besonders gern in unserem Garten. Dort stehen viele große und alte Bäume/Bäumchen, aber er geht am liebsten an den Baum / das Bäumchen, das wir erst letztes Jahr gepflanzt haben.
6. Auch die Blumen/Blümlein, die meine Oma besonders liebt, frisst er. Dummerweise ist Fiffi ganz verliebt in Hasso und ich muss zugeben, sie sind ein lustiges Pärchen.

Das kann ich nach Kapitel 11

R1 Ergänzen Sie die Sätze.

1. Ich finde alles langweilig, was ...
2. Ich möchte an einem Ort leben, wo ...
3. Man findet immer etwas, was ...
4. Mir gefallen Städte, wo ...

	☺☺	☺	😐	☹	KB	AB
Ich kann etwas näher beschreiben.					10	10

R2 Arbeiten Sie zu zweit und sprechen Sie über die folgenden Fragen.

1. Was sind die Vorteile des Stadtlebens?
2. Was ist auf dem Land besser als in der Stadt?
3. Was gefällt Ihnen an Ihrem Kursort gut, was nicht?
4. Wo würden Sie später gern leben?

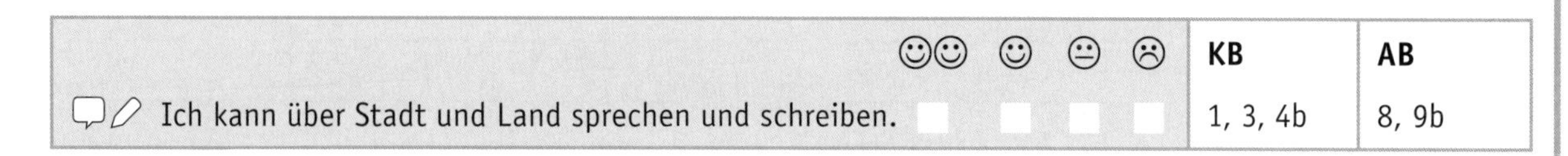

	☺☺	☺	😐	☹	KB	AB
Ich kann über Stadt und Land sprechen und schreiben.					1, 3, 4b	8, 9b

R3 Wählen Sie eine E-Mail und schreiben Sie eine Antwort.

A

Liebe/r ...,
jetzt haben wir uns so lange nicht gesehen und ich freue mich sehr, dass ich dich nächstes Wochenende endlich mal besuchen kann. Ich bin schon ganz gespannt, was du mir alles zeigen wirst. Hast du schon einen Plan gemacht? Und holst du mich eigentlich vom Bahnhof ab oder treffen wir uns in der Stadt?
Herzliche Grüße
Andy

B

Sehr geehrte/r ...,
meine Kollegen und ich freuen uns, dass wir nächste Woche zu dem Treffen in Ihrer Firma kommen können. Wir werden zwei Tage bleiben und würden uns freuen, wenn Sie uns nach dem Seminar Ihre Stadt zeigen würden. Könnten Sie ein kleines Programm für uns organisieren?
Mit freundlichen Grüßen
Luisa Friedrichsen

	☺☺	☺	😐	☹	KB	AB
Ich kann an unterschiedliche Empänger schreiben.					15b, c	15

Außerdem kann ich	☺☺	☺	😐	☹	KB	AB
... eine Umfrage verstehen.					2	
... kurze Nachrichten verstehen.						7, 13
... Meinungen über Städterankings verstehen.					9b	10a
... ein Rankingergebnis vorstellen.					11c	11
... Forumskommentare verstehen.					4a	
... wichtige Informationen verstehen.					6b, c	7
... Texte über Besonderheiten einer Stadt verstehen.					14a	9a
... Übersichtstafeln verstehen.						3
... einen Bericht schreiben.					7	

Lernwortschatz Kapitel 11

Stadtleben

der Abfall, Abfälle ______

die Abgase (Plural) ______

der Dreck (Singular) ______

die Fahrbahn, -en ______

das Fahrzeug, -e ______

der Gehsteig, -e ______

die Geschwindigkeit, -en ______

der Investor, -en ______

die Luft (Singular) ______

das Schaufenster, – ______

der Schmutz (Singular) ______

der Stadtmensch, -en ______

das Tempo (Singular) ______

der Tourismus (Singular) ______

der Wohnraum (Singular) ______

bewerten ______

Wie bewerten Sie Ihre Stadt? ______

______

pflegen ______

Sie will den Garten besser pflegen. ______

______

lebenswert ______

städtisch ______

Arbeiten in der Stadt

der/die Angestellte, -n ______

der/die Arbeitslose, -n ______

der Arbeitsplatz, -plätze ______

der Ausbildungsplatz, -plätze ______

der Arbeitstag, -e ______

die Bestellung, -en ______

der Betrieb, -e ______

der Dienst (Singular) ______

Ich bin seit 7 Uhr im Dienst. ______

______

der Nachtdienst, -e ______

die Frühschicht, -en ______

der Lehrling, -e ______

das Ministerium, Ministerien ______

das Reinigungsfahrzeug, -e ______

der Sozialarbeiter, – ______

das Tor, -e ______

auf Hochtouren arbeiten ______

______

sich auf den Weg machen ______

______

betreuen ______

Er ist Sozialarbeiter und betreut Jugendliche. ______

______

riechen ______

Es riecht nach frischem Brot. ______

______

Orte in der Stadt

die Fußgängerzone, -n ______

die Lage (Singular) ______

der Rand, Ränder ______

der Stadtteil, – ______

das Stadtzentrum, -zentren ______

die Stammkneipe ______

das Viertel, m – ______

die Zone, -n ______

Einkaufen

die Aprikose, -n ______

die Chips (Plural) ______

das Gewürz, -e ______

das Feuerzeug, -e ______

das Hühnerfleisch (Singular) ______

der Magen, Mägen ______

Mein Magen knurrt! ______

das Katzenfutter (Singular) ____________
der Ketchup (Singular) ____________
die Konfitüre, -n ____________
das Sandwich, -s ____________
das Spülmittel, – ____________
das Streicholz, -hölzer ____________
begleiten ____________
zu|machen ____________

Fernsehen

die Flucht (Singular) ____________
auf der Flucht sein ____________
der Krimi, -s ____________
der Täter, – ____________
der/die Tote, -n ____________
der/die Verdächtige, -n ____________
der Zeuge, -n ____________
fest|nehmen ____________
vernehmen ____________

Personen

der/die Verwandte, -n ____________
der/die Deutsche, -n ____________
der/die Jugendliche,-n ____________
der/die Kranke, -n ____________
der/die Obdachlose, -n ____________

andere wichtige Wörter und Wendungen

das Ding, -e ____________
Das ist (nicht) mein Ding. ____________
____
die Etage, -n ____________
die Informationsquelle, -n ____________
das Kriteritum, Kriterien ____________
der Rang, Ränge ____________
Wir wollen auf die vorderen Ränge kommen. ____________
____
Das geht doch keinen was an! ____________
____
per du sein ____________
Karoline und ich sind jetzt per du. ____________
____
auf|halten ____________
Keiner hält den Obdachlosen auf. ____________
____
rasen ____________
mit rasender Geschwindigkeit ____________
____
rennen ____________
populär ____________
sämtlich ____________
Die Stadt steht in sämtlichen Rankings weit hinten. ____________
____
seriös ____________

wichtig für mich

____
____
____

Rund um die Arbeit. Ergänzen Sie weitere zusammengesetzte Wörter.

Arbeits-
erlaubnis

12 Geld regiert die Welt

1

a Welchen Rat würden Sie geben? Lesen Sie den Beitrag im Ratgeberforum. Schreiben Sie dann eine Antwort. Verwenden Sie mindestens fünf von den Ausdrücken.

... aufs Konto einzahlen · *einen Freund / eine Freundin unterstützen* · *einen Kredit / Schulden zurückzahlen* · *einen Kurs für ... besuchen* · *sich einen Wunsch erfüllen* · *Geld für ... ausgeben* · *sich von einem Profi beraten lassen* · *sich ... kaufen* · *Menschen in Not unterstützen*

www.fragdenhugo.de   Plattform   Forum   News

Hallo Hugo! Ich bin durch Glück zu 50.000 Euro gekommen. Was soll ich jetzt damit machen? Vielleicht denkst du, dass das die dümmste Frage ist, die dir auf dieser Plattform gestellt wurde. Aber ich meine es ernst! Ich freue mich auf deine Antwort. Simone

↳ Liebe Simone! Das ist doch keine dumme Frage. ...

Wortschatz **b Welche Wörter passen? Das Wörterbuch hilft.**

anschaffen • Beleg • Brieftasche • einnehmen • ernsthaft • Mahnung • sparsam

1. Das ist kein Witz! Er glaubt ganz ..., dass ich ihm so viel Geld leihe. ______
2. Ich muss sparen, ich will mir ein neues Auto ... ______
3. Das Geschenk für die Kollegin hat 69 Euro gekostet, Hier ist der ... ______
4. Da habe ich Glück gehabt! Ich habe meine ... verloren und sie wieder bekommen, mit allen Ausweisen und dem Geld. ______
5. Unser Sportverein organisiert ein Fest, damit wir Geld für die Vereinskasse ... ______
6. Ich hatte vergessen die Miete zu überweisen, deshalb habe ich eine ... bekommen. ______
7. Frau Kirchner hat nie viel Geld ausgegeben. Sie war immer sehr ... ______

2

Redewendungen rund ums Geld. Welche Bedeutung passt? Ordnen Sie zu.

1. „Im Moment bin ich leider knapp bei Kasse." ___
2. „Der wirft das Geld mit beiden Händen zum Fenster raus." ___
3. „Das bekommt man für einen Apfel und ein Ei." ___
4. „Er hat richtig Kohle gemacht!" ___
5. „Das geht ganz schön ins Geld." ___
6. „Das kostet ja nicht die Welt." ___

A Dafür muss man viel ausgeben, das ist recht teuer.
B Die Person gibt sehr viel Geld aus, oft für ziemlich nutzlose Dinge.
C Die Person hat derzeit nicht viel Geld zur Verfügung, sie muss sparen.
D Etwas ist nicht besonders teuer.
E Etwas kostet kaum etwas, es ist ganz billig.
F Jemand hat sehr viel Geld verdient.

In der Bank

3 a Eins führt zum anderen. Ergänzen Sie die passenden Adjektive im Komparativ.

dick • früh • lang • hoch • nutzlos • schick • schnell • selten • sparsam • teuer • viel • ~~wenig~~

1. Je *weniger* Geld du zur Verfügung hast, desto __________ kannst du shoppen gehen.
2. Mit Auktionen kenne ich mich aus: Je __________ der Auktionator wartet, desto __________ steigt der Preis für das Gemälde.
3. Sieh mal, die tollen Kleider im Schaufenster hier! Aber je __________ die Sachen aussehen, desto __________ sind sie.
4. Ich muss sparen. Je __________ ich bin, desto __________ wird mein Portemonnaie.
5. Braucht sie all diese Sachen wirklich? Je __________ sie verdient, desto __________ Dinge kauft sie sich für ihre Wohnung.
6. Komm, lass uns das noch fertig machen. Je __________ wir mit dem Projekt fertig sind, desto __________ können wir die Rechnung dafür schreiben.

b So ist es in der Wirtschaft! Was muss zuerst passieren, damit dann etwas anderes passiert? Kreuzen Sie a oder b an. Schreiben Sie dann Sätze mit *je … desto*.

> Es gibt auch Ausdrücke mit *je … desto* ohne Verb:
> *Je früher, desto besser!*
> *Je schneller, desto lieber.*

1. [a] Die Gehälter der Manager werden hoch. [b ✗] Eine Bank verdient viel.
   Je mehr eine Bank verdient, desto höher werden die Gehälter der Manager.
2. [a] Ein Angestellter muss viel Steuern zahlen. [b] Er verdient gut.
   ____
3. [a] Jemand ist lang arbeitslos. [b] Er findet schwer eine Stelle.
   ____
4. [a] Die Händler verdienen gut. [b] Die Leute konsumieren viel.
   ____
5. [a] Eine Firma ist groß. [b] Sie bekommt von der Bank leicht einen Kredit.
   ____

4 Wortschatz

a Mit Geld umgehen. Schreiben Sie die Wörter an die passende Stelle.

die Ausgaben (Pl.) • (der) BIC • der Beleg • die Einnahmen (Pl.) • Geld einzahlen • die IBAN • Schulden (Pl.) • die Zahlung • Zinsen (Pl.)

1. Wenn man sich Geld leiht, dann hat man __________.
2. Für einen Kredit muss man __________ bezahlen.
3. Das Geld, das eine Person oder Firma einnimmt: __________
4. Das Geld, das eine Person oder Firma ausgibt: __________
5. Ich bezahle die Miete monatlich, am ersten ist __________ fällig.
6. Eine Person geht zur Bank, sie muss noch __________.
7. Bitte überweisen Sie den Betrag. __________ ist DE8050 0700 4000 0691 9202.
8. Vergessen Sie nicht, bei der Überweisung außer der IBAN auch den __________ anzugeben.
9. Ich habe die Rechnung schon bezahlt. Hier ist __________.

2.19

b Hören Sie das Gespräch in der Bank. Ergänzen Sie die Lücken. Hören Sie dann noch einmal zur Kontrolle.

◆ Grüß Gott. Was kann ich für Sie tun?

◆ Guten Tag, Hildebrand. Ich möchte ein ______________ (1) eröffnen. Ich bin wegen der Arbeit vor kurzem nach Wien gekommen.

◆ Kommen Sie mit ins Besprechungszimmer, Herr Hildebrand. ... Wenn Sie ein Konto ______________ (2) wollen, brauchen wir Ihre Personalien, ein paar Angaben zur Person. Haben Sie ein ______________ (3) dabei, Ihren Pass oder Personalausweis, oder den Führerschein?

◆ Ja, hier ist mein ______________ (4).

◆ Und ergänzen Sie hier auf dem ______________ (5) bitte Name, Adresse, Telefonnummer und E-Mail-Adresse. Ich kopiere schnell die ______________ (6) in Ihrem Pass. ...
Da haben Sie Ihren Pass zurück, danke. Was machen Sie denn ______________ (7), Herr Hildebrand?

◆ Ich bin Trainer, ich ______________ (8) im Studio „Move your Body" in der Währingerstraße.

◆ Und Sie bekommen das ______________ (9) auf dieses Konto überwiesen, richtig?

◆ Ja, und deshalb brauche ich auch eine Bestätigung für den ______________ (10).

◆ Das machen wir gleich. Nur noch eine Frage: Wie viel ______________ (11) Sie denn pro Monat ungefähr?

◆ Ja, jetzt in der Probezeit 2.300. Hm, ich weiß noch nicht, was da nach der ______________ (12) übrig bleibt, 1.700 vielleicht?

◆ Gut, das habe ich jetzt alles notiert. Sie brauchen natürlich auch eine Bankomatkarte, stimmt's?

◆ Entschuldigen Sie? Was für eine ______________ (13)?

◆ Die EC-Karte, damit Sie überall ______________ (14) abheben oder bezahlen können.

◆ Ach so, ja, die brauche ich dann auch.

◆ Also, wenn Sie mich noch einen Moment entschuldigen, Herr Hildebrand, ich gebe gleich die ______________ (15) ein. Und dann kann ich Ihnen auch die ______________ (16) mitgeben.

Angaben • arbeite • Arbeitgeber • Bargeld • beruflich • Bestätigung • Daten • Dokument • eröffnen • Formular • Gehalt • Karte • Konto • Pass • Steuer • verdienen

c Wortpaare bilden. Ergänzen Sie das passende Verb oder Substantiv mit Artikel.

1. einnehmen – *die Einnahmen* (Pl.)
2. ______________ – die Ausgaben (Pl.)
3. ______________ – die Einzahlung
4. fordern – ______________
5. ______________ – die Unterstützung
6. eröffnen – ______________
7. ______________ – die Erhöhung
8. ______________ – die Förderung
9. ______________ – die Fortsetzung
10. beantragen – ______________

der Antrag • ausgeben • die Forderung • ~~Einnahmen (Pl.)~~ • einzahlen • erhöhen • die Eröffnung • fördern • fortsetzen • unterstützen

d Rund ums Geld. Wie heißen die Ausdrücke? Ergänzen Sie. Vergleichen Sie mit Aufgabe 4c im Kursbuch.

eingeben Bargeld abheben überweisen erhöhen sperren | beantragen bezahlen eintragen falsch eingeben überziehen

1. am Automaten ______
2. den PIN-Code ______
3. den offenen Betrag ______
4. einen Kredit ______
5. die EC-Karte ______
6. die Geheimzahl ______
7. BIC und IBAN ______
8. mit der EC-Karte ______
9. eine Kreditkarte ______
10. das Konto ______

5 P DTZ

a Lesen Sie zuerst die Aufgaben 1 bis 3 und suchen Sie dann die Informationen im Text.

Sicherheitstipps

sicher bargeldlos zahlen und Bargeld abheben mit Ihrer neuen Karte

Ihre neue EC-Karte ist da. Beachten Sie bitte folgende Sicherheitshinweise.

- Unterschreiben Sie Ihre neue Karte jetzt gleich auf dem Unterschriftsfeld auf der Rückseite Ihrer Karte. Ihre bisherige Geheimnummer ist weiterhin gültig. Wenn Sie die neue Karte zum ersten Mal verwendet haben, ist ihre alte Karte nicht mehr gültig. Zerschneiden Sie die alte Karte. Achten Sie darauf, dass der Chip dabei zerstört wird.
- Die Geheimnummer ist nur für Sie persönlich! Geben Sie diese nie an andere weiter. Wenn Sie die Geheimnummer für sich notieren, dann bewahren Sie diesen Zettel nie zusammen mit der Karte auf! Sagen Sie niemandem Ihre Geheimnummer, auch nicht Ihrer Familie oder einem Freund. Und achten Sie darauf, dass Ihnen am Geldautomaten niemand über die Schulter sieht.
- In den folgenden Fällen lassen Sie Ihre Karte sofort sperren:
  - Wenn Sie Ihre Karte verloren haben oder wenn sie Ihnen gestohlen wurde.
  - Wenn Ihre Karte nicht mehr aus dem Geldautomaten herausgekommen ist.
  - Wenn nur Ihre Karte aus dem Geldautomaten herauskommt, aber kein Geld.
- Im Notfall: Bewahren Sie einen kühlen Kopf! Auf der beiliegenden Notfallkarte finden Sie alle wichtigen Angaben, um rasch und richtig reagieren zu können.

1. Die neue Geldkarte kann man mit der alten Geheimnummer verwenden. Richtig Falsch
2. Man darf seine Geheimnummer nicht aufschreiben, das ist zu gefährlich. Richtig Falsch
3. Wenn der Geldautomat die Karte nicht zurückgibt, dann lassen Sie die Karte sperren. Richtig Falsch

b Markieren Sie das Partizip II im jeweils ersten Satz. Schreiben Sie es dann im nächsten Satz in der richtigen Form in die Lücke.

1. ◆ Ich habe mein Konto überzogen und brauche trotzdem Bargeld.
   ◆ Das geht nicht. Sie können kein Geld von Ihrem *überzogenen* Konto abheben.
2. ◆ Noch eine Frage: Haben Sie den Betrag schon überwiesen?
   ◆ Ja, der ______________ Betrag müsste schon auf Ihrem Konto eingegangen sein.
3. ◆ Wir haben Ihnen die EC-Karte zugeschickt. Haben Sie noch Fragen?
   ◆ Ja. Kann ich die ______________ EC-Karte mit der alten Geheimzahl verwenden?
4. ◆ Ich habe den Antrag noch nicht ausgefüllt.
   ◆ Geben Sie den ______________ Antrag einfach in den nächsten Tagen am Bankschalter ab.
5. ◆ Ich habe die beiden Rechnungen schon bezahlt.
   ◆ Dann schicken Sie mir doch bitte eine Kopie der beiden ______________ Rechnungen.
6. ◆ Was ist, wenn jemand mit meiner Kreditkarte etwas kauft, obwohl sie gesperrt ist?
   ◆ Machen Sie sich keine Sorgen, niemand kann mit der ______________ Kreditkarte bezahlen.

c Ergänzen Sie das Partizip II.

angeben • ausfüllen • finden • sperren • unterschreiben

1. Achtung, wir können nur Ihren vollständig ______________ Antrag bearbeiten.
2. Wir haben eine gute Nachricht. Sie können die ______________ Geldbörse bei uns abholen.
3. Bitte geben Sie in den nächsten Tagen die ______________ Bestätigung im Büro ab.
4. Ich habe meine EC-Karte wieder gefunden. Können Sie die ______________ Karte wieder frei geben?
5. Überweisen Sie den Betrag innerhalb von 14 Tagen auf das unten ______________ Konto.

Total global

6 a Stichwort Globalisierung. Ergänzen Sie die Lücken.

Wir le_ _ _ (1) in einer globalisierten W_ _ _ (2), die Wirtschaft hat s_ _ _ (3) stark verändert. Die Fi_ _ _ _ (4) lassen ihre Waren d_ _ _ (5) produzieren, wo es a_ (6) billigsten ist. Diese we_ _ _ _ (7) schnell in viele andere Lä_ _ _ _ (8) transportiert und verkauft. M_ _ (9) kann immer wieder n_ _ (10) entwickelte Geräte kaufen, w_ _ _ (11) man genug Geld dafür h_ _ (12). Zur Globalisierung gehört auch das Internet. An jedem O_ _ (13) und zu jeder Z_ _ _ (14) k_ _ (15) man mit anderen L_ _ _ _ _ (16) kommunizieren. Und man bek_ _ _ _ (17) schnell alle gesuchten Inf_ _ _ _ _ _ _ _ _ _ (18). Die Menschen müssen ab_ _ (19) in der veränderten Si_ _ _ _ _ _ _ (20) auch flexibler sein: D_ _ (21) ganze Leben l_ _ _ (22) bei der gleichen Firma zu ar_ _ _ _ _ _ (23) ist selten gew_ _ _ _ _ (24). Und die Menschen s_ _ _ (25) mobiler geworden, jedenfalls in_ _ _ _ _ _ _ (26) der EU, der Europäischen U_ _ _ _ (27).

P ZD

b Gespräch über ein Thema. Sprechen Sie mit Ihrem Partner / Ihrer Partnerin.

Sie haben in einer Zeitschrift etwas zum Thema „Arbeitswelt: mobil und flexibel" gelesen. Berichten Sie Ihrem Partner / Ihrer Partnerin, welche Informationen Sie dort bekommen haben.
Ihre Partnerin bzw. Ihr Partner hat zum gleichen Thema andere Informationen und berichtet auch darüber. Unterhalten Sie sich danach über das Thema. Erzählen Sie von persönlichen Erfahrungen, stellen Sie Fragen und reagieren Sie auf die Fragen Ihrer Partnerin bzw. Ihres Partners.

A
Peter Klasnic (36 Jahre, Mechatroniker)
Ich habe in Bremerhaven eine Lehre als Mechatroniker gemacht und 12 Jahre in einem großen Betrieb gearbeitet. Wir haben große Schiffe gebaut. Aber weil in anderen Ländern die Löhne niedriger sind, habe ich meinen Job verloren. In Ingolstadt in einer Autofabrik habe ich wieder Arbeit gefunden. Die Kinder mussten die Schule wechseln. Leider ist die Stelle hier auch unsicher.

B
Mercedes Weber (28 Jahre, Pflegerin)
Ich bin in Portugal geboren. Ich habe in Lissabon Abitur gemacht und Wirtschaft studiert. Aber man findet in Portugal nur schwer eine Stelle. Ich hatte immer nur für kurze Zeit Arbeit, meistens kleine Jobs. Dann habe ich meinen Mann kennengelernt und bin mit ihm nach Salzburg gezogen. Aber es ist hier auch schwer für mich, eine Arbeit zu finden. Deshalb werde ich jetzt Krankenpflegerin.

7 a Thema Globalisierung: Zu welcher Wortfamilie passen die Wörter aus dem Silbenrätsel? Schreiben Sie.

BE • BLE • ~~DU~~ • DEN • FOR • FOR • GEND • IN • KON • KRI • MA • MENT • MIE • PRO • ~~PRO~~ • REN • ~~REN~~ • RUHI • SCHEN • SCHEI • SU • TER • TIK • TISCH • UN • ~~ZIE~~

das Produkt, *produzieren* ______

konsumieren, ______

die Forschung, ______

die Information, ______

der Unterschied, ______

das Problem, ______

kritisieren, ______

die Ruhe, ______

b Argumente formulieren. Wie heißen die Formulierungen richtig? Ergänzen Sie die fehlenden Vokale. Vergleichen Sie mit den Texten im Kursbuch 7a.

1. *I*ch f__nd__ es eig__ntl__ch g__t, dass ...
2. D__s ist ein gr__ß__r V__rt__il.
3. Pos__t__v ist a__ch, dass ...
4. Auß__rd__m g__f__llt es m__r, ...
5. Es g__bt üb__rz__ __gende Arg__m__nte f__r ...
6. Ich s__he das eh__r kr__t__sch.
7. Das ist eine f__rchtb__re S__t__ati__n.
8. Das ist ein w__cht__ges Arg__m__nt g__g__n ...
9. M__n m__ss auch bed__nk__n, d__ss ...
10. Ich f__nde es s__hr pr__bl__m__tisch, wenn ...

8

a Die Welt zu Gast in der Küche. Machen Sie aus dem zweiten Satz einen Relativsatz.

1. In einer Schüssel liegen Bananen, *die in Costa Rica gewachsen sind.*
   Sie sind in Costa Rica gewachsen.
2. Ich trinke meinen Tee, ______
   Frauen in Sri Lanka haben ihn geerntet.
3. Dazu genieße ich eine Schokolade aus Kakao, ______
   Arbeiter in Ghana haben ihn geerntet und verpackt.
4. Am Abend essen wir Fische, ______
   Sie wurden im Meer vor Norwegen gefangen.
5. Dazu essen wir Reis, ______
   Bauern in Indonesien haben ihn gepflanzt.

b Wie heißt der markierte Ausdruck in Ihrer Sprache oder in anderen Sprachen? Notieren und vergleichen Sie.

	Meine Sprache, andere Sprachen
1. Die Globalisierung hat sinkende Löhne gebracht.	______
2. Die gesunkenen Löhne machen Probleme.	______
3. Auf der Bank sitzt eine lesende Frau.	______
4. Sie wirft die gelesene Zeitung weg.	______

c Am Strand. Schreiben Sie Sätze. Verwenden Sie das markierte Verb als Partizip I.

1. Kinder – schreien, ins Wasser springen. *Schreiende Kinder springen ins Wasser.*
2. ein Mann – schlafen, schnarchen ______
3. das Kind – spielen, ein Eis essen ______
4. eine Frau – lesen, in der Sonne sitzen ______
6. Leute – winken, in einem Boot fahren ______

d In der Küche. Was ist richtig: Partizip I oder II? Kreuzen Sie an.

1. In der Küche ist es heiß. Der schwitzende ☐ geschwitzte ☐ Mann steht am Herd und kocht.
2. Es gibt heute bratenden ☐ gebratenen ☐ Fisch, Reis und Salat.
3. Der Mann gibt den Reis in das kochende ☐ gekochte ☐ Wasser.
4. Dann gibt er Pfeffer, Salz, Essig und Öl zum waschenden ☐ gewaschenen ☐ Salat.
5. Der wartende ☐ gewartete ☐ Sohn deckt lustlos den Tisch.
6. Bald sitzen sie am deckenden ☐ gedeckten ☐ Tisch und essen.

9

2.20

a Wortakzent. Hören Sie und markieren Sie den Wortakzent.

1. schreiben – beschreiben – die Beschreibung
2. gleich – vergleichen – der Vergleich
3. finden – erfinden – die Erfindung
4. gehen – vergehen – die Vergangenheit
5. fangen – empfangen – der Empfänger
6. packen – verpacken – die Verpackung

2.20

b Hören Sie noch einmal. Lesen Sie dann laut.

> Bei **trennbaren Verben** ist die Betonung anders:
> Das Präfix wird betont, z.B. ***zah**len* – ***ein**zahlen* – *die **Ein**zahlung*

2.21

c Wortakzent in zusammengesetzten Substantiven. Hören Sie und markieren Sie den Wortakzent.

1. pflegen – der Pfleger – der Krankenpfleger
2. fliegen – der Flug – der Flugbegleiter
3. arbeiten – der Arbeiter – der Sozialarbeiter
4. der Zug – die Zugfahrt – der Schnellzug
5. die Zeit – der Zeitraum – die Freizeit
6. der Teil – die Teilzeit – der Nachteil

2.21

d Hören Sie noch einmal und sprechen Sie nach.

Mit gutem Gewissen

10 a Sehen Sie die Bilder an. Was denken die Personen? Überlegen Sie sich auch einen Schluss und schreiben Sie eine Geschichte. Verwenden Sie die Ausdrücke im Kasten.

> die Geldbörse verlieren • fragen, ob … • nichts merken • weitergehen • überlegen • den Inhalt ansehen • ins Fundbüro gehen • die Geldbörse (nicht) wiederbekommen

An einem schönen Tag im Mai …

b Schreiben Sie zu jeder Situation Ihre Meinung. Wählen Sie Ausdrücke aus dem Kasten.

> Ich finde es (nicht) in Ordnung, dass … • Für mich ist es okay, … • Ich habe ein/kein Problem damit, dass … • Man muss akzeptieren, wenn/dass … • Ich kann es nicht leiden, wenn … • So ein Verhalten lehne ich ab, weil … • Ich finde es schlimm/falsch, wenn … • …

1

2

3

1. Hier sieht man, wie …

Gutes tun mit Geld

11 Lesen Sie die Mitteilung und lösen Sie die Aufgaben.

DTZ

Hilfsprojekt braucht Hilfe

Das Hilfsprojekt von Ute Bock hilft Flüchtlingen und Personen, die in Österreich Asyl gesucht haben. Wie jedes Jahr wird auch heuer wieder auf dem Wiener Weihnachtsmarkt um Geld oder Spenden gebeten. Am Stand des Flüchtlingsprojekts können Sie selbstgemachten Punsch trinken – und Sie bezahlen, so viel Sie wollen! Mit Ihrer frei gewählten Spende können Sie sich nicht nur mit einem süßen, heißen Getränk wärmen, sondern Sie tun auch etwas für andere, die Ihre Hilfe brauchen.

Gerne können Sie uns unterstützen und an einem oder mehreren Tagen selbst Punsch und Tee servieren. Wir sind auch dankbar, wenn Sie Kuchen oder Kekse zum Verkaufen vorbeibringen. Eröffnung ist am 18. November, Sie finden den Stand auf der Mariahilfer Straße.

In der DTZ-Prüfung lösen Sie zu drei Texten jeweils zwei Aufgaben wie diese.

1. Auf dem Weihnachtsmarkt verkaufen Flüchtlinge Getränke. Richtig / Falsch
2. Das Hilfsprojekt sucht Menschen, die
   - a für den Weihnachtsmarkt Werbung machen.
   - b auf dem Weihnachtsmarkt mitarbeiten.
   - c auf dem Markt Kuchen und Kekse backen.

12 Rund ums Geld. Wählen Sie eine Aussage. Schreiben Sie einen Kommentar in 5 bis 7 Sätzen.

Es stimmt, dass Geld nicht glücklich macht. Allerdings meint man damit das Geld der anderen.
George Bernhard Shaw

Ein Bankmanager ist ein Mensch, der seinen Schirm verleiht, wenn die Sonne scheint, und ihn sofort zurückhaben will, wenn es zu regnen beginnt.
Mark Twain

Wer einem Menschen einen Fisch schenkt, gibt ihm für einen Tag zu essen. Wer ihn das Fischen lehrt, gibt ihm ein Leben lang zu essen.
Chinesisches Sprichwort

Man sagt, Geld macht nicht glücklich. Das ist doch ...

Wortbildung – Verben mit *her-* und *hin-*

A Wer sagt das? Notieren Sie „F" für die Frau oder „M" für den Mann.

1. F Komm **her**auf, dann müssen wir nicht so laut reden.
2. ___ Ich kann nicht **hin**aufkommen, die Tür ist zu.
3. ___ Willst du nicht **her**unterkommen?
4. ___ Ich kann nicht **hin**unterkommen, ich koche gerade.
5. ___ Machst du bitte die Tür auf? Ich kann nicht ins Haus **hin**ein.
6. ___ Einen Moment bitte, ich lasse dich gleich **her**ein.

Die Präfixe ***hin-*** **und** ***her-*** **zeigen die Richtung an.** Oft kommt noch eine Präposition dazu: *her**auf**, hin**unter***.

Oft sagt man nur *rauf, runter, rein, ...*

Das kann ich nach Kapitel 12

R1 Hören Sie: Wofür geben Menschen ihr Geld aus? Richtig oder falsch? Kreuzen Sie an.

2.22

	richtig	falsch
1. Die Kosten für das Wohnen sind in den letzten zehn Jahren um ein Viertel gestiegen.	☐	☐
2. Im Durchschnitt geben die Menschen mehr Geld für Verkehr als für Lebensmittel aus.	☐	☐
3. Die Ausgaben für Freizeit, Unterhaltung und Kultur sind in etwa gleich geblieben.	☐	☐
4. Die Ausgaben für Zigaretten und Tabakwaren sind deutlich kleiner geworden.	☐	☐
5. Die Menschen verdienen mehr und können auch mehr sparen als vor zehn Jahren.	☐	☐

	☺☺	☺	😐	☹	KB	AB
Ich kann Informationen über Konsum und Ausgaben verstehen.	☐	☐	☐	☐	2a, b	2

R2 Welches Wort passt nicht? Streichen Sie durch.

1. leihen – ausgeben – einzahlen – sperren
2. gratis – günstig – kostenlos – umsonst
3. das Gehalt – die Mahnung – das Einkommen – die Einnahmen
4. der Arbeitgeber – der Beleg – das Formular – der Antrag

	☺☺	☺	😐	☹	KB	AB
Ich kann wichtige Ausdrücke zum Thema Geld und Aktivitäten in einer Bank verstehen.	☐	☐	☐	☐	4, 5a	4, 5

R3 Wie heißen die Sätze richtig? Ergänzen Sie das Partizip in der richtigen Form.

1. Bewahren Sie Ihre ______________________ EC-Karte sicher auf. (unterschreiben)
2. Sie finden wichtige Hinweise auf der ______________________ Notfallkarte. (beiliegen)
3. Achten Sie darauf, dass hinter Ihnen ________________ Personen die Geheimzahl nicht sehen. (stehen)
4. Rufen Sie gleich an, damit wir die ______________________ EC-Karte sperren können. (verlieren)

	☺☺	☺	😐	☹	KB	AB
Ich kann Sicherheitshinweise verstehen und geben.	☐	☐	☐	☐	5	5a, b

Außerdem kann ich	☺☺	☺	😐	☹	KB	AB
... Gespräche in einer Bank verstehen und führen.	☐	☐	☐	☐	4, 5	4, 5b–c
... über Verhalten diskutieren.	☐	☐	☐	☐	10c	
... meine eigene Meinung ausdrücken und schreiben.	☐	☐	☐	☐	7d, 10d	7b, 10
... über ein Hilfsprojekt berichten.	☐	☐	☐	☐	11a, 12	
... Informationen in einem Werbetext finden.	☐	☐	☐	☐	3a	
... einen informativen Text, z. B. über Hilfsprojekte, verstehen.	☐	☐	☐	☐	11a–d	11
... Argumente und Meinungen in Texten erkennen.	☐	☐	☐	☐	7a–d	
... Hinweise verstehen und geben.	☐	☐	☐	☐	5a, c	5a, b
... eine Geschichte schreiben.	☐	☐	☐	☐		10a

Lernwortschatz Kapitel 12

mit Geld umgehen

der Kredit, -e ______

die Mahnung, -en ______

die Not, Nöte ______

das Portemonnaie, -s (= die Brieftasche, -n) ______

die Schulden (Plural) ______

an|schaffen ______

Ich will mir ein neues Auto anschaffen. ______

ein|nehmen ______

Sie nehmen Geld für einen guten Zweck ein. ______

erfüllen ______

Erfüll dir einen Wunsch! ______

unterstützen ______

Er will Menschen in Not unterstützen. ______

zurück|zahlen ______

Ich muss noch einen Kredit zurückzahlen. ______

sparsam ______

Bank und Konto

das Konto, Konten/Kontos ______

der Beleg, -e ______

die EC-Karte, -n ______

die Gebühren (Plural) ______

der Geldautomat, -en ______

die PIN (= die Geheimnummer, -n) ______

der Schalter, – ______

ab|heben ______

Geld vom Konto abheben ______

ein|geben ______

Hast du die Geheimzahl richtig/falsch eingegeben? ______

ein|ziehen ______

Der Automat hat meine EC-Karte eingezogen. ______

erhöhen ______

Können Sie meinen Kredit kurzfristig erhöhen? ______

sperren ______

Du musst die EC-Karte sperren lassen! ______

überziehen ______

kurzfristig ______

kostenlos ______

umsonst (= gratis) ______

über Bankgeschäfte reden

das Bargeld (Singular) ______

der Dauerauftrag, -aufträge ______

der Empfänger, – ______

der Kontoauszug, -auszüge ______

die Überweisung, -en ______

aus|führen ______

beschädigen ______

Die Kreditkarte wurde beschädigt. ______

eröffnen ______

Kann ich hier ein Konto eröffnen? ______

verwalten ______

Sie können das Konto online verwalten. ______

zu|schicken ______

zuständig ______

Wir sind nicht für Sie zuständig. ______

über Globalisierung sprechen

die Auswahl (Singular) ______

Es gibt eine große Auswahl an Produkten. ______

______

die Bedingung, -en ______

unter schlechten Bedingungen arbeiten ______

die Forschung, -en ______

der Fortschritt, -e ______

die Konkurrenz (Singular) ______

der Konsument, -en ______

der Weltmarkt (Singular) ______

der Wohlstand (Singular) ______

produzieren ______

profitieren ______

sinken ______

beunruhigend ______

Da ist eine beunruhigende Situation. ______

______

kritisch ______

mobil ______

Mit gutem Gewissen

der Dieb, -e ______

das Verhalten (Singular) ______

der Vorwurf, Vorwürfe ______

Du kannst mir keinen Vorwurf machen. ______

______

ab|lehnen ______

Dieses Verhalten lehne ich ab. ______

______

betrügen ______

leiden ______

Ich kann es nicht leiden, wenn ... ______

______

stehlen ______

tolerieren ______

Das sollte man nicht tolerieren. ______

______

verzichten (auf) ______

Gutes tun

die Siedlung, -en ______

gründen ______

Die Siedlung wurde 1521 gegründet. ______

______

bedürftig ______

fortschrittlich ______

andere wichtige Wörter und Wendungen

kein Problem mit etwas haben ______

______

ernsthaft ______

Er glaubt ernsthaft, dass ... ______

______

furchtbar ______

schließlich ______

wichtig für mich

______

______

______

Was haben Sie in letzter Zeit mit Geld gemacht? Notieren Sie fünf Aktivitäten.

______

Verb

Vorvergangenheit ausdrücken: Plusquamperfekt

K7

jetzt	Wir leben in einem großen Haus.	Gegenwart → Präsens
früher	Es gab immer Streit. Tom und Nina haben Hilfe gesucht.	Vergangenheit → Präteritum, Perfekt
noch früher	Nina **hatte** allein mit Dominik **gelebt**. Sascha **war** zur Welt **gekommen**.	Vorvergangenheit → Plusquamperfekt

Passiv

K10

Aktiv → **Wer** tut etwas?	Die Firmen spenden **Lebensmittel**. **Akkusativ**
Passiv → **Was** passiert?	**Lebensmittel** werden gespendet. **Nominativ**

Wenn man weiß, wer etwas tut, kann man den Akteur im Passivsatz mit *von* + Dativ nennen: Lebensmittel werden **von Firmen** gespendet.

Bildung des Passivs

K10

Präsens *werden* + Partizip II	Die Feuerwehr **wird alarmiert**.
Präteritum *wurde* + Partizip II	Die Feuerwehr **wurde alarmiert**.
Perfekt *sein* + Partizip II + **worden**	Die Feuerwehr **ist alarmiert worden**.

Passiv mit Modalverb

K10

Modalverb + Partizip II + *werden* im Infinitiv	Die Lampe	**muss**	**repariert**	**werden.**
	Das Problem	**kann**	**gelöst**	**werden.**

nicht/kein + brauchen + zu
nur + brauchen + zu

K8

nicht + brauchen + zu
Das **brauchst** du **nicht zu** machen. = Das musst du nicht machen.

kein/keine + brauchen + zu
Sie **brauchen keine** Angst **zu** haben. = Sie müssen keine Angst haben.

nur + brauchen + zu
Sie **brauchen** mich **nur zu** rufen. = Sie müssen mich nur rufen.

Substantive

Adjektive als Substantive

Nominativ

K11

maskulin Singular	**der O**bdachlos**e** ~~Mann~~	**ein O**bdachlos**er** ~~Mann~~
feminin Singular	**die A**ngestellt**e** ~~Bäckerin~~	**eine A**ngestellt**e** ~~Bäckerin~~
Plural	**die O**bdachlos**en**	■ **O**bdachlos**e**

Adjektive als Substantive haben die gleiche Endung wie gewöhnliche Adjektive. Oft gebrauchte Adjektive als Substantive sind: der/die Angehörige, der/die Angestellte, der/die Arbeitslose, der/die Bekannte, der/die Deutsche, der/die Erwachsene, der/die Jugendliche, der/die Kranke, der/die Tote, der/die Verwandte

Adjektive

Adjektivdeklination ohne Artikel

K9

	maskulin	neutrum	feminin	Plural
Nominativ	der Spaß groß**er** Spaß	das Stück neu**es** Stück	die Gruppe nett**e** Gruppe	die Haare lang**e** Haare
Akkusativ	den Spaß groß**en** Spaß	das Stück neu**es** Stück	die Gruppe nett**e** Gruppe	die Haare lang**e** Haare
Dativ	dem Spaß groß**em** Spaß	dem Stück neu**em** Stück	der Gruppe nett**er** Gruppe	den Haaren lang**en** Haaren
Genitiv	des Spaßes groß**en** Spaß**es**	des Stücks neu**en** Stück**s**	der Gruppe nett**er** Gruppe	der Haare lang**er** Haare

Adjektive ohne Artikel haben die gleiche Endung wie der bestimmte Artikel:
der groß**e** Spaß → groß**er** Spaß; das neu**e** Stück → neu**es** Stück

Ausnahme! Genitiv Singular maskulin und neutrum:
wegen de**s** schlechten Wetter**s** → wegen schlecht**en** Wetter**s**,
trotz de**s** langen Warten**s** → trotz lang**en** Warten**s**
Den Genitiv ohne Artikelwort verwendet man fast nur in Verbindung mit *wegen* oder *trotz*.

Partizip als Adjektiv

K12

Partizip II

der ausge**zahlte** Betrag = der Betrag, der ausgezahlt wurde
ein **gekauftes** Produkt = ein Produkt, das gekauft wurde
die berechne**ten** Gebühren = die Gebühren, die berechnet wurden

Partizip I → Infinitiv + *d*

sinken**de** Löhne = Löhne, die sinken
der wachsen**de** Weltmarkt = der Weltmarkt, der wächst
eine beunruhigen**de** Situation = eine Situation, die beunruhigt

Partizipien werden wie Adjektive dekliniert:
Sie können das gekauft**e** Produkt innerhalb von zwei Wochen umtauschen.
Wegen der steigend**en** Preise haben viele Leute Probleme.

Pronomen

Reflexivpronomen im Akkusativ und Dativ

Ich ziehe		**mich**	an.
Ich ziehe	**mir**	**den** Pullover	an.
	Dativ	**Akkusativ**	

Reflexivpronomen im Dativ

K8

Singular		Plural	
ich	mir	wir	uns
du	dir	ihr	euch
er/es/sie	sich	sie/Sie	sich

Wenn es bei reflexiven Verben ein Reflexivpronomen <u>und</u> ein Akkusativobjekt gibt, steht das Reflexivpronomen im Dativ.

Artikelwörter als Pronomen

K11

der Stadttyp	Bin ich ein Stadttyp? → Nein, du bist **keiner**.
das Haus	Ist das **dein** Haus? → Ja, das ist **mein(e)s**.
die Stadt	Was für eine Stadt ist das? → Das ist **eine**, in der ...
die Autos	Auf dem Land gibt es wenig Autos. → In der Stadt sind überall **welche**.

Artikelwörter als Pronomen haben die gleiche Endung wie bestimmte Artikel.

Artikelwörter als Pronomen: Formen

K11

	maskulin	**neutrum**	**feminin**	**Plural**
Nom.	Da ist **ein** Hund. Da ist **einer**/ **keiner**/**meiner**.	Da ist **ein** Haus. Da ist **ein(e)s**/ **kein(e)s**/**mein(e)s**.	Da ist **eine** Katze. Da ist **eine**/ **keine**/**meine**.	Da sind **keine** Autos. Da sind **welche**/ **keine**/**meine**.
Akk.	Ich sehe **einen** Hund. Ich sehe **einen**/ **keinen**/**meinen**.	Ich sehe **ein** Haus. Ich sehe **ein(e)s**/ **kein(e)s**/**mein(e)s**.	Ich sehe **eine** Katze. Ich sehe **eine**/ **keine**/**meine**.	Ich sehe **keine** Autos. Ich sehe **welche**/ **keine**/**meine**.
Dat.	Ich komme mit **einem** Hund. Ich komme mit **einem**/**keinem**/ **meinem**.	Ich komme mit **einem** Auto. Ich komme mit **einem**/**keinem**/ **meinem**.	Ich komme mit **meiner** Katze. Ich komme mit **einer**/**keiner**/ **meiner**.	Wir kommen mit **unseren** Autos. Wir kommen mit **welchen**/**keinen**/ **unser(e)n**.

Die Formen der Artikelwörter als Pronomen sind wie bei den Artikelwörtern *ein/kein/mein*. Ausnahmen sind: der Plural, der Nominativ maskulin und neutrum, der Akkusativ neutrum.

Relativpronomen *was* und *wo*

K11

was bezieht sich auf ganze Sätze oder auf Pronomen wie *alles, etwas, nichts, das*:	Hier gibt es viele Freizeitmöglichkeiten, **was** ich toll finde. Ich finde alles interessant, **was** du vorgeschlagen hast. Da ist etwas, **was** ich dir sagen muss.
wo bezieht sich auf Ortsangaben:	Ich fahre nach Hamburg, **wo** ich gute Freunde habe. Hamburg ist eine Stadt, **wo** ich gerne wohnen würde.

Ebenso möglich: Hamburg ist eine Stadt, **in der** ich gerne wohnen würde.

Präpositionen

Präpositionen mit Genitiv: *innerhalb, außerhalb*

K10

Lokale Bedeutung

Innerhalb der Spielstadt übernehmen die Kinder alle Berufe.
Die Eltern warten **außerhalb des** Stadt-Gebiets.

Temporale Bedeutung

Innerhalb einer Stunde sind alle Arbeitsplätze besetzt.
Außerhalb der Ferien gibt es kein Programm.

In der Schriftsprache verwendet man den Genitiv. In der gesprochenen Sprache verwendet man statt des Genitivs auch *von* + Dativ. Das gilt ganz besonders für Städte- und Ländernamen ohne Artikel: Reisen **innerhalb von** Deutschland ist einfach.

Wortstellung

Stellung von *nicht* im Satz

K9

1. Wenn *nicht* den ganzen Satz verneint, steht es möglichst am Ende des Satzes: Mir gefällt das Bild **nicht**.
2. Aber: In der Satzverneinung steht *nicht* ...
   - vor dem 2. Verbteil: Er hat das Bild **nicht** gesehen. Wir konnten **nicht** kommen.
   - vor Adjektiven und Adverbien: Das Bild war **nicht** teuer. Sie hat **nicht** oft gemalt.
   - vor Präpositionalergänzungen: Sie interessiert sich **nicht** für Kunst.
   - vor lokalen Angaben: Sie waren **nicht** im Museum.
3. Wenn *nicht* nur ein Wort verneint, steht es direkt vor diesem Wort. Sie waren **nicht** heute im Museum (sondern gestern).

Nicht kann den ganzen Satz oder nur bestimmte Satzteile verneinen.

Sätze verbinden

Temporale Nebensätze: *bevor, nachdem, seit/seitdem, während, bis*

K7

bevor	Elisa diskutierte lange mit den Eltern, **bevor** sie in Urlaub fuhren. **Bevor** Elisa ausgehen darf, muss sie das Geschirr abspülen.
nachdem	Elisa findet es richtig nett am Meer, **nachdem** sie Freunde gefunden hat. **Nachdem** Elisa weggefahren war, war Jasmin so allein.
seit/seitdem	**Seit/Seitdem** sie zusammen wohnen, streiten sie oft.
während	**Während** du telefonierst, räume ich auf.
bis	Tim will sparen, **bis** er sich ein Haus kaufen kann.

Im *nachdem*-Satz verwendet man ein anderes Tempus als im Hauptsatz:
- im Hauptsatz Präsens → im Nebensatz Perfekt
- im Hauptsatz Präteritum oder Perfekt → im Nebensatz Plusquamperfekt

Zweiteilige Konnektoren

K8

das eine **und** das andere	Ich höre **sowohl** Klassik **als auch** Pop. Ich höre **nicht nur** Klassik, **sondern auch** Pop.
das eine **oder** das andere	Er hört **entweder** Rock **oder** Techno.
das eine **nicht und** das andere auch **nicht**	Sie hört **weder** Trip-Hop **noch** Jazz.
das eine **mit Einschränkungen**	Ich höre **zwar** gern Jazz, **aber** lieber höre ich Salsa.
Gegensatz; eine Sache hat **zwei Seiten**	Ich höre **einerseits** gern laute Musik, **andererseits** stört sie mich manchmal auch, dann mag ich es ganz ruhig.

Zweiteilige Konnektoren können Satzteile oder ganze Sätze verbinden:
Satzteile: Ella spielt nicht nur Gitarre, sondern auch Klavier.
Ganze Sätze: Brian spielt nicht nur Gitarre, sondern er singt auch gut.

Sätze mit *je ... desto ...*

K12

Je öfter	ich Geld zur Bank	bringe,	**desto freundlicher**	ist	der Angestellte.
Je mehr Touristen	ins Land	kommen,	**desto mehr** Geld	verdienen	viele Leute.
je + **Komparativ**		**Verb (Ende)**	*desto* + **Komparativ**	**Verb (Position 2)**	

Unregelmäßige Verben

Diese Liste bietet nur eine Auswahl der unregelmäßigen Verben. Sie finden hier vor allem Verben, die in B1.2 neu hinzugekommen sind. Eine vollständige Liste finden Sie im Internet unter www.klett-sprachen.de/netzwerk in der Rubrik *Lernen*.

Infinitiv	Präsens	Präteritum	Partizip II
abheben	er hebt ab	hob ab	hat abgehoben
angehen	er geht an	ging an	ist angegangen
anhaben	er hat an	hatte an	hat angehabt
ankommen	er kommt an	kam an	ist angekommen
anziehen (sich)	er zieht an	zog an	hat angezogen
aufhalten	er hält auf	hielt auf	hat aufgehalten
aufladen	er lädt auf	lud auf	hat aufgeladen
aufstehen	er steht auf	stand auf	ist aufgestanden
auftreten	er tritt auf	trat auf	ist aufgetreten
beginnen	er beginnt	begann	hat begonnen
behalten	er behält	behielt	hat behalten
beschließen	er beschließt	beschloss	hat beschlossen
bestehen	er besteht	bestand	hat bestanden
betragen	er beträgt	betrug	hat betragen
betrügen	er betrügt	betrog	hat betrogen
bieten	er bietet	bot	hat geboten
bitten	er bittet	bat	hat gebeten
bleiben	er bleibt	blieb	ist geblieben
brechen	er bricht	brach	hat/ist gebrochen
brennen	er brennt	brannte	hat gebrannt
bringen	er bringt	brachte	hat gebracht
denken	er denkt	dachte	hat gedacht
einnehmen	er nimmt ein	nahm ein	hat eingenommen
eintragen	er trägt ein	trug ein	hat eingetragen
einziehen	er zieht ein	zog ein	ist eingezogen
empfangen	er empfängt	empfing	hat empfangen
empfehlen	er empfiehlt	empfahl	hat empfohlen
entscheiden (sich)	er entscheidet	entschied	hat entschieden
erhalten	er erhält	erhielt	hat erhalten
erschießen	er erschießt	erschoss	hat erschossen
essen	er isst	aß	hat gegessen
fahren	er fährt	fuhr	ist gefahren
fallen	er fällt	fiel	ist gefallen
fernsehen	er sieht fern	sah fern	hat ferngesehen
festnehmen	er nimmt fest	nahm fest	hat festgenommen
finden	er findet	fand	hat gefunden
fliegen	er fliegt	flog	ist geflogen
fliehen	er flieht	floh	ist geflohen
fressen	er frisst	fraß	hat gefressen
geben	er gibt	gab	hat gegeben
gehen	er geht	ging	ist gegangen
gelingen	er gelingt	gelang	ist gelungen
gelten	er gilt	galt	hat gegolten
genießen	er genießt	genoss	hat genossen
geraten	er gerät	geriet	ist geraten
geschehen	er geschieht	geschah	ist geschehen
greifen	er greift	griff	hat gegriffen
halten	er hält	hielt	hat gehalten
hängen	er hängt	hing	hat/ist gehangen
heißen	er heißt	hieß	hat geheißen
helfen	er hilft	half	hat geholfen
kennen	er kennt	kannte	hat gekannt
klingen	er klingt	klang	hat geklungen
kommen	er kommt	kam	ist gekommen
laden	er lädt	lud	hat geladen

nfinitiv	Präsens	Präteritum	Partizip II
assen	er lässt	ließ	hat gelassen
aufen	er läuft	lief	ist gelaufen
eihen	er leiht	lieh	hat geliehen
esen	er liest	las	hat gelesen
iegen	er liegt	lag	hat/ist gelegen
ügen	er lügt	log	hat gelogen
nessen	er misst	maß	hat gemessen
nögen	er mag	mochte	hat gemocht
nachgeben	er gibt nach	gab nach	hat nachgegeben
nehmen	er nimmt	nahm	hat genommen
nennen	er nennt	nannte	hat genannt
eiten	er reitet	ritt	ist geritten
ennen	er rennt	rannte	ist gerannt
iechen	er riecht	roch	hat gerochen
scheinen	er scheint	schien	hat geschienen
schlafen	er schläft	schlief	hat geschlafen
schlagen	er schlägt	schlug	hat geschlagen
schließen	er schließt	schloss	hat geschlossen
schneiden	er schneidet	schnitt	hat geschnitten
schreiben	er schreibt	schrieb	hat geschrieben
schweigen	er schweigt	schwieg	hat geschwiegen
schwimmen	er schwimmt	schwamm	ist geschwommen
sehen	er sieht	sah	hat gesehen
singen	er singt	sang	hat gesungen
sinken	er sinkt	sank	ist gesunken
sitzen	er sitzt	saß	hat/ist gesessen
sprechen	er spricht	sprach	hat gesprochen
springen	er springt	sprang	ist gesprungen
stattfinden	er findet statt	fand statt	hat stattgefunden
stechen	er sticht	stach	hat gestochen
stehen	er steht	stand	hat/ist gestanden
stehlen	er stiehlt	stahl	hat gestohlen
steigen	er steigt	stieg	ist gestiegen
sterben	er stirbt	starb	ist gestorben
streiten	er streitet	stritt	hat gestritten
teilnehmen	er nimmt teil	nahm teil	hat teilgenommen
tragen	er trägt	trug	hat getragen
treffen	er trifft	traf	hat getroffen
trinken	er trinkt	trank	hat getrunken
tun	er tut	tat	hat getan
überweisen	er überweist	überwies	hat überwiesen
unterscheiden (sich)	er unterscheidet	unterschied	hat unterschieden
verbinden	er verbindet	verband	hat verbunden
vergessen	er vergisst	vergaß	hat vergessen
vergleichen	er vergleicht	verglich	hat verglichen
verlieren	er verliert	verlor	hat verloren
verschieben	er verschiebt	verschob	hat verschoben
verschreiben	er verschreibt	verschrieb	hat verschrieben
wachsen	er wächst	wuchs	ist gewachsen
waschen	er wäscht	wusch	hat gewaschen
werden	er wird	wurde	ist geworden
werfen	er wirft	warf	hat geworfen
widersprechen	er widerspricht	widersprach	hat widersprochen
wiederfinden	er findet wieder	fand wieder	hat wiedergefunden
wissen	er weiß	wusste	hat gewusst
zerreißen	er zerreißt	zerriss	hat zerrissen
ziehen	er zieht	zog	hat/ist gezogen
zugehen	er geht zu	ging zu	ist zugegangen
zurechtkommen	er kommt zurecht	kam zurecht	ist zurechtgekommen
zwingen	er zwingt	zwang	hat gezwungen

Alphabetische Wortliste

So geht's:

Hier finden Sie alle Wörter aus den Kapiteln 7–12 von **Netzwerk** Kursbuch B1 Teil 2.
Die fett markierten Wörter sind besonders wichtig. Sie brauchen sie für die B1-Prüfungen.
Diese Wörter müssen Sie also gut lernen. **Abfall**, der, Abfälle 11/1b
Ein Strich unter einem Vokal zeigt: Sie müssen den Vokal lang sprechen. **Ahnung**, die, -en 11/14a
Ein Punkt bedeutet: Der Vokal ist kurz. ätzend 7/4a
Ein Strich nach einem Präfix bedeutet: Das Verb ist trennbar. Hinter unregelmäßigen Verben finden Sie auch die 3. Person Singular, das Präteritum und das Perfekt. **auf|laden** (lädt auf, lud auf, hat aufgeladen) 12/5a
Oft gibt es weitere grammatische Angaben in Klammern, z. B. bei reflexiven Verben oder Verben mit einer festen Präposition. **bemühen** (sich) (um + Akk.) 8/14b
Für manche Wörter gibt es auch Beispiele oder Beispielsätze. **aus|rücken** (Die Feuerwehr rückt fast jede Nacht aus.) 10/3b
Manche Wörter findet man im Arbeitsbuch, sie sind mit „AB" gekennzeichnet: **ängstlich** AB 7/2a
In der Liste stehen keine Personennamen, keine Zahlen, keine Städte und keine grammatischen Formen.

So sieht's aus:

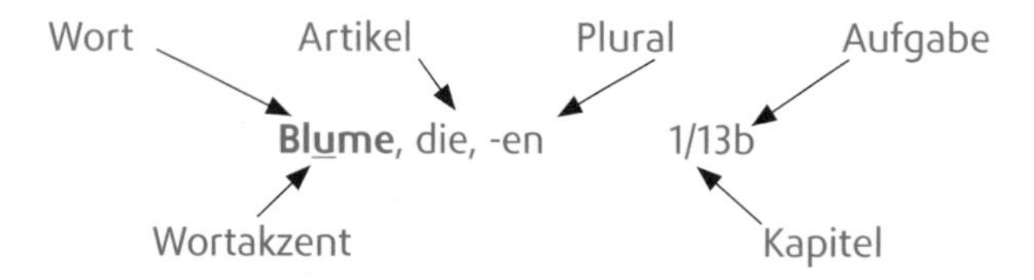

Abfall, der, Abfälle 11/1b
Abgas, das, -e 11/1b
Abgeordnete, der/die, -n AB 10/1c
abgeschlossen 8/10a
ab|heben 12/3a
ab|kaufen 9/7a
ab|räumen 10/8b
ab|schwächen 9/8c
ab|spülen 7/4a
ab|stimmen AB 10/1c
ab|ziehen (zieht ab, zog ab, ist abgezogen) (Lachend zog der Hirsch ab.) 7/11b
Abzug, der (Singular) 10/7b
Ahnung, die, -en 11/14a
alarmieren 10/3b
Alarmknopf, der, Alarmknöpfe 8/6b
allerdings 11/12a
als auch (sowohl … als auch) 8/7b
als ob 8/7b
Alzheimer, der (Singular) 8/7b
Amateur, der, -e 9/4b
amerikanisch 8/7b
andererseits 8/7b
an|gehen (geht an, ging an, ist angegangen) (Was ich mache, geht dich nichts an.) 11/4a
ängstlich AB 7/2a
an|haben (hat an, hatte an, hat angehabt) 8/11a
an|kommen (kommt an, kam an, ist angekommen) (bei + Dat.) (Die Fotos kommen bei den Besuchern gut an.) 9/7a
Ankündigung, die, -en 9/9a
an|lächeln 11/14a
Anlass, der, Anlässe 8/7b
an|reisen 10/7b
an|schaffen AB 12/1b
an|schauen 9/1b
an|strengen (sich) 8/1a
anwesend AB 10/1c
an|ziehen (zieht an, zog an, hat angezogen) (Gute Rankings ziehen Investoren an.) 11/9a
Apparat, der, -e 8/6b
Arbeiter, der, – 12/11b
Arbeitsamt, das, -ämter 10/3b
Arbeitssuche, die (Singular) 10/3b
Arbeitssuchende, der/die, -n 11/9a
Arbeitswoche, die, -n 11/4a
Argentinien 9/9a
arm, ärmer, am ärmsten 7/10b
Asien 12/7a
assoziieren 8/14a
Atelier, das, -s 7/10b
Attraktion, die, -en 11/14a
ätzend 7/4a
auf|bauen 10/11c
auf|bewahren 8/6b
Aufforderung, die, -en 7/9
auf|führen 9/4b
Aufführung, die, -en 9/4c
auf|halten (hält auf, hielt auf, hat aufgehalten) 11/6b
auf|laden (lädt auf, lud auf, hat aufgeladen) 12/5a
auf|lösen AB 8/3a
Aufnahme, die, -n AB 10/1c
auf|teilen 8/6b
auf|treten (tritt auf, trat auf, ist aufgetreten) AB 9/4a
auf|wachen 11/7
Auge, das, -n (ins Auge fallen) 9/1b
Auktion, die, -en 9/7a
Auktionator, der, Auktionatoren 9/7a
Auktionsbesucher, der, – 9/7a
Auktionshaus, das, -häuser 9/7a
aus|bilden 10/3b
Ausbildungsplatz, der, Ausbildungsplätze 11/9a
aus|denken (sich) (denkt sich aus, dachte sich aus, hat sich ausgedacht) 8/13a
aus|führen 12/5a
aus|füllen 12/5b
Ausgabe, die, -n AB 12/4a
Ausgabestelle, die, -n 10/3b
ausgebildet 10/7c
aus|gleichen 8/14b
aus|lösen 8/7b
aus|machen 9/4b
ausnahmslos 8/14b
ausreichend 8/1a
aus|rücken (Die Feuerwehr rückt fast jede Nacht aus.) 10/3b
aus|sagen 7/11c
ausschließlich 8/14b
außerhalb (+ Genitiv) 10/7b
Äußerung, die, -en 8/10a
Ausstattung, die, -en 9/4c
Ausstellungsbesucher, der, – 9/8b
Austauschschüler, der, – 9/9a
aus|üben 10/2c
Auswahl, die (Singular) 12/7a
Auswertung, die, -en 8/1b
aus|zahlen 10/7b
aus|ziehen (zieht aus, zog aus, ist ausgezogen) (Wir sind aus unserer Wohnung ausgezogen.) 12/11b
Backstube, die, -n 11/6b
Bademantel, der, -mäntel 8/6b
Bahnhofshalle, die, -n 9/1b
bald darauf 7/3b
Ballett, das, -s AB 9/4a
banal 9/8c
Bankangestellte, der/die, -n 12/4a
Bankautomat, der, -en 12/4d
Banker, der, – 12/7a
Bankgeschäft, das, -e 12/5a
Bankkunde, der, -n 12/4c

Bargeld, das (Singular) 12/4c
Bart, der, Bärte 9/4c
basieren (auf + Akk.) 12/10b
Bauhof, der, Bauhöfe 11/6b
beachten 7/12b
bedenken (bedenkt, bedachte, hat bedacht) 12/7a
Bedeutung, die, -en 12/5a
Bedingung, die, -en 12/7a
bedürftig 10/3b
beeinflussen 7/10b
Beerdigung, die, -en 8/7b
befürworten 12/10c
begeben (sich) (begibt sich, begab sich, hat sich begeben) 9/10a
begeistern AB 10/1c
behalten (behält, behielt, hat behalten) 12/5a
behindert AB 10/1c
Behördengang, der, Behördengänge 10/3b
Beispielsatz, der, -sätze 9/7b
beißen (beißt, biss, hat gebissen) 7/11b
belastet 9/4b
Beleg, der, -e AB 12/1b
beleuchten 9/4c
bemühen (sich) (um + Akk.) 8/14b
benötigen 12/5a
beobachten 8/7b
Beratung, die, -en 7/3b
Beratungsstelle, die, -n 7/3b
bereits 10/7b
Berufsfeuerwehr, die, -en 10/3b
beruhigend 8/7b
beschädigen 12/5a
beschildert 8/6b
beschließen (beschließt, beschloss, hat beschlossen) 10/10b
Besitzer, der, – 9/7a
Besuchszeit, die, -en 8/6a
beteiligen (sich) (an + Dat.) 8/14b
beten 12/11b
Betrag, der, Beträge 12/4c
betragen (beträgt, betrug, hat betragen) 8/6b
Betreuer, der, – 8/14b
Betrieb, der, -e 11/1b
betroffen sein 12/7a
betrügen (betrügt, betrog, hat betrogen) 12/10b
beunruhigend 12/7a
Beute, die (Singular) 7/11b
bewachen 12/11b
bewahren 10/11b
bewältigen 10/3b
bewerten 11/9a
Beziehungskiste, die, -n 7/1
BIC, der, -s AB 12/4a
Biene, die, -n 8/1a
bis (Wie lange dauert es, bis du kommst?) 7/5c
Blickkontakt, der (Singular) 12/10c
Blinde, der/die, -n AB 10/1c
Blödmann, der, Blödmänner 7/4a
blond AB 7/2a
blutig 8/1a

Bohnenkaffee, der (Singular) 12/2b
Bosnien 9/1b
Brand, der, Brände 10/5b
Braten, der, – 10/3b
brennen (brennt, brannte, hat gebrannt) 10/3b
Brieftasche, die, -n AB 9/1b
Broschüre, die, -n AB 9/4a
Brunnen, der, – 9/1b
Büdchen, das, – 11/14a
Bude, die, -n 11/14a
Büfett, das, -s AB 9/4a
Bühne, die, -n (ein Stück auf die Bühne bringen) 9/4b
Bundeskanzler, der, – AB 10/1c
Bundeskanzlerin, die, -nen AB 10/1c
Bundestag, der (Singular) AB 10/1c
bundesweit 10/5a
Burg, die, -en 9/1b
Bürgermeister, der, – AB 10/1c
bzw. (beziehungsweise) 7/10c
Chip, der, -s (Ich brauche einen Chip für den Parkautomat.) 12/5a
Chipkarte, die, -n 8/6b
Chips, die (Plural) (Isst du auch so gerne Chips wie ich?) 11/14a
Currygewürz, das, -e 11/14a
da (Er ist sehr engagiert, da er dieses Thema wichtig findet.) 7/10c
daher 8/7b
damalig 12/11b
dankbar 12/4c
dasselbe, derselbe, dieselbe 10/10b
Dauerauftrag, der, -aufträge 12/5a
dauerhaft 8/12b
dauernd 11/4a
deklinieren 12/5b
dennoch 8/14b
desto (je ..., desto ...) 12/3a
Detail, das, -s 9/1b
Dialekt, der, -e 11/14a
Diät-Assistentin, die, -nen 8/6b
diätisch 8/6b
Dieb, der, -e 12/10b
Diebstahl, der, Diebstähle 12/5a
dienen (als + Akk.) 11/9a
Dienst, der, -e (im Dienst sein) 11/6b
Dienstleistung, die, -en 10/10b
diesmal 9/4b
diplomatisch 7/8a
Dokumentarfilm, der, -e 9/9a
dokumentieren 7/10c
dorthin 7/11c
Dozent, der, -en 9/9a
Dreck, der (Singular) 11/1b
Drehtag, der, -e 9/9b
drin 12/10b
drohen 10/7b
Druck, der (Singular) 8/14b
dunkelhaarig AB 7/2a
Dur-Tonart, die, -en 8/7b

Dusche, die, -n 7/4a
ebenso 8/6b
Eck, das, -en (Österreich) AB 9/1b
EC-Karte, die, -n 12/3a
Ehe, die, -n 7/10c
ehemalig 9/7a
ehrenamtlich 10/3b
Ehrlichkeit, die (Singular) 10/1a
eignen (sich) (für + Akk.) 8/6b
eilig 7/11c
ein wenig 9/1b
ein|bringen (bringt ein, brachte ein, hat eingebracht) 8/14b
Einbürgerung, die, -en AB 10/1c
ein|cremen 8/1a
einerseits 8/7b
Einfall, der, Einfälle AB 9/4a
Einheit, die, -en 12/2b
einig sein (sich) 11/11c
einigen (sich) (auf + Akk.) 11/11c
Einkauf, der, Einkäufe 10/7b
Einkaufsstraße, die, -n 11/3
Einkommensstruktur, die, -en 11/9a
Einnahme, die, -n AB 12/4a
ein|nehmen (nimmt ein, nahm ein, hat eingenommen) AB 8/3a
ein|parken 7/1b
ein|richten 12/5a
ein|schätzen 8/1b
Einschätzung, die, -en 7/2c
Einschränkung, die, -en 8/8a
ein|sperren 9/11b
ein|tragen (trägt ein, trug ein, hat eingetragen) 10/7b
Einwanderer, der, – AB 10/1c
ein|werfen (wirft ein, warf ein, hat eingeworfen) 12/10b
ein|zahlen AB 12/4a
einzeln 9/7d
ein|ziehen (1) (zieht ein, zog ein, ist eingezogen) (Elisa zieht bei Tom und Nina ein.) 7/3c
ein|ziehen (2) (zieht ein, zog ein, hat eingezogen) (Der Automat hat meine Karte eingezogen.) 12/4c
Eiswürfel, der, – 8/1a
empfangen (empfängt, empfing, hat empfangen) 8/6b
Ende, das, -n (am Ende sein) 7/3b
endlos 7/4a
entdecken 8/14b
Entdeckungsreise, die, -n 9/10a
Entlassung, die, -en 8/6b
entnehmen (entnimmt, entnahm, hat entnommen) 12/5a
entsorgen 10/7a
Entstehungszeit, die, -en 12/11b
entweder (entweder ... oder) 8/7b
Entwicklung, die, -en 8/14b
entzwei 9/11b
erarbeiten 8/14b
Erbin, die, -nen 9/7a

Erdapfel, der, Erdäpfel (Österreich) AB 9/1b
erfahren (Wir suchen erfahrene Techniker.) 9/5c
erforderlich AB 9/4a
erhalten (erhält, erhielt, hat erhalten) 8/6b
erhalten sein 7/10c
erhöhen 12/4c
erkämpfen 7/10b
Ernährung, die (Singular) 8/6b
ernsthaft AB 12/1b
eröffnen 10/7b
erschießen (erschießt, erschoss, hat erschossen) 9/11b
erschöpft 7/5c
erwachen 11/6a
erwähnen 9/9f
erzielen 9/7a
eskalieren 7/7a
Etage, die, -n 11/14a
EU, die (Singular) (die Europäische Union) 10/10a
EU-Bürger, der, – 10/11b
EU-Land, das, -Länder 10/10b
Eurone, die, -n (ugs.) 12/4b
europäisch 10/10a
Europäische Union, die (Singular) 10/10b
Exemplar, das, -e 9/1b
Fabel, die, -n 7/11b
Facharzt, der, -ärzte AB 8/3a
Fahrbahn, die, -en 11/1b
Fahrer, der, – 11/6c
Fahrerin, die, -nen 11/6b
Fahrkartenautomat, der, -en 12/5a
Fahrzeug, das, -e 11/1b
Fairness, die (Singular) 10/1a
fantasievoll 8/13a
faul AB 7/2a
Feder, die, -n 7/11c
Feedback, das, -s (Feedback geben/erhalten/bekommen) 8/14b
feierlich 8/7b
Feiertag, der, -e 11/13b
Fernbedienung, die, -en 8/6b
fest|nehmen (nimmt fest, nahm fest, hat festgenommen) 11/14a
Festnetz, das (Singular) 8/6b
Feuerwehrleute, die (Plural) 10/3b
Filiale, die, -n 12/5a
Filmbranche, die (Singular) 8/7b
Filmmusik, die, -en 8/7b
Filmpreis, der, -e 9/9a
Filmvorführung, die, -en 9/9b
finanziell 7/10b
finanzieren 12/11b
Finanzkrise, die, -n 12/7a
finster 9/11b
Fleischer, der, – AB 9/1b
Fleischhauer, der, – (Österreich) AB 9/1b
Fliege, die, -n AB 7/11
Flöte, die, -n AB 8/8a
Flucht, die (Singular) 11/14a
flüchten 9/1b
Flüchtlingsfrau, die, -en 9/1b
Flüssigkeit, die, -en AB 8/3a

folgendermaßen 10/12b
Förderung, die, -en 8/14b
Forscher, der, – 8/7b
Forschung, die, -en 12/7a
Forschungsthema, das, -themen 8/7c
Fortschritt, der, -e 12/7a
fortschrittlich 12/11b
Forumsname, der, -n 11/4a
Freizeitaktivität, die, -en 11/15a
Freizeitmöglichkeit, die, -en 11/10b
fressen (frisst, fraß, hat gefressen) 7/11c
freundlich (Mit freundlichen Grüßen) 11/15b
Frisur, die, -en 9/4c
Frühschicht, die, -en 11/6b
Fuchs, der, Füchse 7/11b
führen (ein Restaurant führen) 10/7b
furchtbar 12/7a
Fußgängerzone, die, -n 11/1b
Garderobe, die, -n AB 9/4a
Gasse, die, -n 12/11b
Gasthaus, das, -häuser AB 9/1b
Gaststätte, die, -n AB 9/1b
Gebiet, das, -e 10/7b
Gebrauchsanweisung, die, -en 8/6b
Gedächtnisleistung, die, -en 8/11a
Gedicht, das, -e 9/11b
geehrt (Sehr geehrte Damen und Herren, ...) 11/15b
geeignet 7/7b
gefallen lassen (sich) (lässt sich gefallen, ließ sich gefallen, hat sich gefallen lassen) 7/7a
Gegenwart, die (Singular) 7/3d
gegliedert 10/12b
Gehaltsniveau, das, -s 11/11a
Geheimnummer, die, -n 12/4a
Geheimzahl, die, -en 12/4c
Gehirn, das, -e 8/1a
Gehsteig, der, -e 11/1b
Geige, die, -n AB 8/8a
gelangen 8/7b
Geldautomat, der, -en 12/3a
Geldbetrag, der, -beträge 12/5a
Geldbörse, die, -n AB 9/1b
Geldkarten-Chip, der, -s 12/5a
gelingen (gelingt, gelang, ist gelungen) 7/7a
gell (Das war super, gell?) 10/7d
Gemälde, das, – 9/1b
Gemeinschaft, die, -en (die Europäische Gemeinschaft) 10/10b
geometrisch 9/1b
gepflegt 7/2a
geraten (gerät, geriet, ist geraten) 12/11b
Gerechtigkeit, die (Singular) 10/1a
Gerichtsschiff, das, -e 9/9a
Gesamtschule, die, -n 8/14b
Geschäftspartner, der, – 11/15b
Geschäftspartnerin, die, -nen 11/15b
geschehen (geschieht, geschah, ist geschehen) 11/7
Geschwindigkeit, die, -en 11/1b
Gewalt, die (Singular) 7/10b
Gewissen, das (Singular) 12/10a
Gewissensfrage, die, -n 12/10b
gewöhnlich 9/1b
Gift, das, -e 7/7a
Giraffe, die, -n AB 7/11
Girokonto, das, -konten 12/3a
glatt 8/4c
Gleichberechtigung, die (Singular) 10/1a
gleichbleibend 8/10a
global 10/7b
Globalisierung, die (Singular) 12/6a
Goldwaage, die, -n (jedes Wort auf die Goldwaage legen) 7/7a
Graffito, das, Graffiti 9/3a
greifen (greift, griff, hat gegriffen) 9/1b
Grenzkontrolle, die, -n 10/10b
Großtante, die, -n 12/10b
gründlich 9/7a
Grundstück, das, -e 10/7a
Gummiwanne, die, -n 9/7a
gut|schreiben (schreibt gut, schrieb gut, hat gutgeschrieben) 12/5a
Gymnastik, die (Singular) 8/1a
Haar, das, -e 8/5b
Halbjahr, das, -e 8/14b
Halbzeit, die (Singular) (Halbzeit im Urlaub) 7/4a
Halle, die, -n 10/7b
Handwerk, das (Singular) 9/1b
Handyhersteller, der, – 12/7a
Harmonie, die, -n 7/7a
Hauptmahlzeit, die, -en 8/6b
Hausarzt, der, -ärzte AB 8/3a
Heavy Metal (Singular, ohne Artikel) 8/7b
Heilung, die (Singular) 8/7c
heran|kommen (kommt heran, kam heran, ist herangekommen) 9/7a
heraus|finden (findet heraus, fand heraus, hat herausgefunden) 12/10b
Herrenanzug, der, -anzüge 12/2b
hierher|kommen (kommt hierher, kam hierher, ist hierhergekommen) 9/1b
Hilfsbereitschaft, die (Singular) 10/1a
hinauf|gehen (geht hinauf, ging hinauf, ist hinaufgegangen) 9/1b
hinein|gehen (geht hinein, ging hinein, ist hineingegangen) 11/6b
hin|gehen (geht hin, ging hin, ist hingegangen) 10/7d
hinunter|rasen 11/14a
Hinweis, der, -e 8/14b
Hip-Hop (Singular, ohne Artikel) 9/10a
Hirnforscher, der, – 8/14b
Hirsch, der, -e 7/11b
Hochschule, die, -n 10/7b
Hochtouren, die (Plural) (Alle arbeiten auf Hochtouren.) 11/6b
Hochwasser, das, – 10/3b
Hühnerfleisch, das (Singular) 11/14a
Humor, der (Singular) 7/2a
humorvoll AB 10/1c
IBAN, die, -s AB 12/4a
Ich-Aussage, die, -n 7/7a
illustrieren 7/11c
Immobilie, die, -n 12/11b
Indien 10/7b
Infoblatt, das, -blätter 8/6b
Informationsquelle, die, -n 11/9a
Inhaltsbeschreibung, die, -en 9/10a
inkl. (inklusive) 8/6b
innerhalb (+ Genitiv) 10/7b
Inserat, das, -e 9/5a
Inspiration, die, -en 7/10c
Installation, die, -en 9/7a
Instrument, das, -e 8/1a
inszenieren AB 9/4a
Integration, die (Singular) AB 10/1c
Interessierte, der/die, -n 11/9a
interkulturell 11/4a
Investor, der, -en 11/9a
involviert 8/12a
inzwischen 10/3b
Jagd, die, -en 7/11b
Jäger, der, – 9/11b
Jahresmiete, die, -n 12/11b
Jahrgangsstufe, die, -n 8/14b
je ..., desto ... 12/3a
jedoch 8/14b
jetzig 7/3b
Jobcenter, das, – 10/7b
jodeln 9/10a
Jugendgruppe, die, -n 10/7b
Kaiserin, die, -nen 9/1b
kämmen (sich) 8/5b
Kampf, der, Kämpfe 7/10b
Kandidatin, die, -nen AB 10/1c
Karte, die, -n (Der Automat hat meine Karte eingezogen.) 12/4c
Käsekuchen, der, – 8/7b
katholisch 12/11b
Kaufmannsfamilie, die, -n 12/11b
Kerker, der, – 9/11b
Kette, die, -n 9/1b
Kinderfilm, der, -e 9/9a
klar|kommen (kommt klar, kam klar, ist klargekommen) 7/3b
Klassenlehrer, der, – 8/14b
Klavier, das, -e AB 8/8a
kleiden (sich) 7/2a
Kleiderschrank, der, -schränke 12/2b
Kleingeld, das (Singular) 12/10b
Klinikaufenthalt, der, -e 8/6b
klug, klüger, am klügsten AB 7/2a
Klügere, der/die, -n 7/11b
Knie, das, – (in die Knie gehen) 8/10b
Knödel, der, – 8/1a
knurren 11/14a
Kohle, die (Singular) (ugs. für Geld) 12/4b
Kölsch (Singular, ohne Artikel) 11/13a
kommerziell 7/10b
komponieren 7/10b
Komponist, der, -en 7/10b
Kompromiss, der, -e 7/3b
Konkurrenz, die (Singular) 12/7a
Kontoauszug, der, -auszüge 12/5a
Kontoeröffnung, die, -en 12/3a
Kontonummer, die, -n 12/4c
Konzentration, die (Singular) 7/10c
Konzeption, die, -en 12/11b
Konzertreise, die, -n 7/10c
Kopf, der, Köpfe (durch den Kopf gehen) 8/9
Kopie, die, -n 9/8d
Korb, der, Körbe 11/6b
körperlich AB 10/1c
Kraft, die, Kräfte 9/1b
kräftig AB 7/2a
kraftlos 7/11b
Krankenpfleger, der, – 9/4b
Krankenzimmer, das, – 8/3b
krass 7/4a
Krebs, der (Singular) (an Krebs sterben) 7/10c
Kredit, der, -e 12/4a
Kreuzworträtsel, das, – 8/1a
Krieg, der, -e (Krieg führen) 9/1b
Krimi, der, -s 11/14a
Kriterium, das, Kriterien 11/9a
Kritik, die (Singular) 7/7a
Krokodil, das, -e AB 7/11
Kröten, die (Plural) (ugs. für Geld) 12/4b
Küchenteam, das, -s 8/6b
kühlen 8/1a
Kulisse, die, -n 9/4c
Kulturgrenze, die, -n 9/10a
Kunsterzieherin, die, -nen 9/1b
Kunsthistoriker, der, – 7/10b
Kunstobjekt, das, -e 9/2b
Kunststück, das, -e 9/1
Kunstwerk, das, -e 9/1b
Kursort, der, -e 11/11b
Kursraum, der, -räume 9/5d
Kursstunde, die, -n 8/11a
Kurve, die, -n 9/1b
kurzfristig 12/4c
Kurzporträt, das, -s 9/9f
Kuvert, das, -s (Österreich) AB 9/1b
lachend 7/11b
Laden, der, Läden 11/14a
Lampenfieber, das (Singular) 9/4c
Landmensch, der, -en 11/4b
längst 11/14a
Lärm, der (Singular) 11/1b

Laut (Laut aktuellen Forschungen sollten Schüler Freude am Entdecken haben.) 8/14b
lauwarm 8/1a
Lebensweisheit, die, -en 7/11b
lebenswert 11/8a
Lehne, die, -n 9/4c
Lehrgang, der, -gänge 10/3b
Lehrling, der, -e 11/6b
leiden (an + Dat.) (leidet, litt, hat gelitten) (Meine Oma leidet an Alzheimer.) 8/7b
leiden können (Ich kann es nicht leiden, wenn du zu spät kommst.) 12/10c
Leistung, die, -en 8/14b
Lernbegleiter, der, – 8/14b
Lerncoach, der, -s 8/12a
Lernfreude, die (Singular) 8/14b
Lernmenge, die, -n 8/12b
Lerntipp, der, -s 8/13b
Lernweg, der, -e 8/14a
Liebesszene, die, -n 8/7b
Liedzeile, die, -n 9/11b
Lieferung, die, -en 10/8b
Liste, die, -n 11/9a
loben 7/11c
Lohn, der, Löhne 12/7a
löschen 10/5b
Lösungsweg, der, -e 8/14b
lutschen 8/1a
Magazinbericht, der, -e 11/6b
Magen, der, Mägen 11/14a
Mahnung, die, -en AB 12/1b
Manager, der, – 9/4b
Margarine, die, -n 10/3b
Markierung, die, -en 7/12a
Matheprofi, der, -s 8/14b
Mäuse, die (Plural) (ugs. für Geld) 12/4b
Medienbranche, die (Singular) 7/10b
meist 10/3b
messen (misst, maß, hat gemessen) 8/4a
Metal (Singular, ohne Artikel) (= Heavy Metal) 8/7b
Metzger, der, – AB 9/1b
Migrant, der, -en AB 10/1c
Mineralwasser, das, – 8/6b
Minister, der, – AB 10/1c
Ministerium, das, Ministerien 11/9a
Mischbrot, das, -e 12/2b
Missgeschick, das, -e 9/7a
miteinander 7/11b
mit|spielen 10/7b
mit|teilen 11/15c
mittlerweile 10/5a
Moderator, der, Moderatoren 8/12b
Möhre, die, -n 10/3b
Moll (Singular, ohne Artikel) 8/7b
Moral, die (Singular) 7/11a
motiviert 8/12a
Motto-Party, die, -s 9/5d
Mücke, die, -n AB 7/11
musikalisch 9/10a
Musikgeschmack, der (Singular) 8/7b
Musikgruppe, die, -n 9/5d
Musikinstrument, das, -e 8/7b
Musikstudium, das (Singular) 8/7b
musizieren 9/10a
mutig AB 7/2a
nachdem 7/4a
nacheinander 9/7d
Nachfrage, die, -n 8/10a
nach|geben (gibt nach, gab nach, hat nachgegeben) 7/7a
Nachmittagsstunde, die, -n 8/14b
nach|prüfen 12/10b
Nachtdienst, der, -e 11/6c
Nachthemd, das, -en 8/6b
nächtlich 9/11b
Nachtwächter, der, – 12/11b
Nachtzeit, die, -en 10/3b
nähen 9/1b
Nähmaschine, die, -n 9/4c
national 10/10b
natürlich (Ohne Make-up siehst du sehr natürlich aus.) 7/2a
nebeneinander 8/14b
Nebenkosten, die (Plural) 12/11b
nerven 7/1b
Neuigkeit, die, -en 7/4a
Neukunde, der, -n 12/5a
nie mehr 11/4a
Norden, der (Singular) 10/7d
Notaufnahme, die, -n AB 8/3a
Notausgang, der, -ausgänge 8/6b
Notfall, der, Notfälle 8/6b
nötig 8/3c
notwendig 8/3c
Nutzung, die, -en 8/6b
Obdachlose, der/die, -n 11/6b
offen lassen (lässt offen, ließ offen, hat offen gelassen) 11/6c
offenbar 8/14b
Öffnungszeiten, die (Plural) 11/13a
Ohrring, der, -e 9/1b
Ohrwurm, der, -würmer 8/9
Operation, die, -en 11/6b
Opfer, das, – 9/4b
optimistisch AB 7/2a
Ordination, die, -en (Österreich) AB 9/1b
Organisation, die, -en 10/3b
original 9/7a
Originalzustand, der, -zustände 12/11b
Parkautomat, der, -en 12/5a
Partei, die, -en AB 10/1c
Partnerinterview, das, -s 8/5b
Pasta, die (Singular) 8/1a
Patchwork, das, -s 7/3a
Patchwork-Familie, die, -n 7/3a
Pate, der, -n 10/3b
Patenschaft, die, -en 10/3b
Perserteppich, der, -e 9/7a
pessimistisch AB 7/2a
pfiffig 9/7a
Pflaster, das, – AB 8/3a
Pfleger, der, – 8/4c
Pflegerin, die, -nen 8/4c
Pflicht, die, -en 9/7a
Pianistin, die, -nen 7/10b
PIN, die, -s 12/4a
Politik, die (Singular) AB 10/1c
Portemonnaie, das, -s 12/4a
preiswert 9/7a
Premiere, die, -n 9/4b
prinzipiell 8/6b
Privatleben, das (Singular) 9/4b
problematisch 12/7a
Produzent, der, -en 9/9a
produzieren 12/7a
Programmankündigung, die, -en 8/12a
prüfen 9/7a
Publikum, das (Singular) AB 10/1c
Puls, der, -e 8/7b
Putzfirma, die, -firmen 9/7c
Putzfrau, die, -en 9/7a
Qualifikation, die, -en AB 9/4a
qualitativ 10/3b
quer 9/10a
Quilt, der, -s 9/1b
Rabe, der, -n 7/11c
Radiodiskussion, die, -en 8/12a
Rand, der, Ränder 11/1b
Rang, der, Ränge 11/9a
Ranking, das, -s 11/9a
Rankingplatz, der, -plätze 11/9a
rasend 12/7a
räuspern (sich) 12/10c
Recht, das, -e AB 10/1c
recht geben (gibt recht, gab recht, hat recht gegeben) 11/4a
Redakteur, der, -e 9/9c
Rede, die, -n 7/12a
Regie, die (Singular) 9/4b
regieren 12/1
Regierung, die, -en AB 10/1c
regional 9/10a
rein 9/11b
Reinigungsfahrzeug, das, -e 11/6b
Reinigungsfirma, die, -firmen 9/7a
Reinigungspersonal, das (Singular) 9/7a
Reklame, die, -n 8/7b
Religion, die, -en 10/2c
Respekt, der (Singular) 10/1a
Rettungsdienst, der, -e 8/1a
roh 8/1a
Rolle, die, -n (eine wichtige Rolle spielen) 8/7b
Rücksicht, die (Singular) 8/6b
Rufnummer, die, -n 8/6b
ruhig bleiben (bleibt ruhig, blieb ruhig, ist ruhig geblieben) 7/7a
Salsa (Singular, ohne Artikel) 8/7b
Sammlung, die, -en 7/10d
sämtlich 8/6b
Sandwich, der, -s 11/14a
sauber halten (hält sauber, hielt sauber, hat sauber gehalten) 10/7c
Schachtel, die, -n AB 8/3a
schaden AB 8/3a
schätzen (1) (Ich schätze dieses Gemälde sehr.) 9/1b
schätzen (2) (auf + Akk.) (Das Auktionshaus schätzt den Wert des Kunstwerks auf 8000 Euro.) 9/7a
Schaufenster, das, – 11/1b
Schauspielkarriere, die, -n 7/10b
Schauspielschule, die, -n AB 9/4a
scheiden lassen (sich) (von + Dat.) (lässt sich scheiden, ließ sich scheiden, hat sich scheiden lassen) 7/3b
Scheinwerfer, der, – 9/4c
schick (sich schick machen) 7/4a
Schlafanzug, der, -anzüge 8/6b
schlagen (schlägt, schlug, hat geschlagen) AB 8/3a
schlank 7/2a
Schließfach, das, -fächer 8/6b
schmeicheln 7/11c
Schmerzen, die (Plural) AB 8/3a
Schmerzmittel, das, – AB 8/3a
Schminke, die (Singular) 9/4c
schminken 9/4c
Schmuckdesignerin, die, -nen 9/1b
Schmutz, der (Singular) 11/1b
Schnabel, der, Schnäbel 7/11c
schnarchen 8/1a
schöpfen (Kraft schöpfen) 9/1b
schräg 9/1b
Schranke, die, -n 9/11b
Schulden, die (Plural) 12/11b
schuldig 9/7a
Schulklasse, die, -n 9/3b
Schulpreis, der, -e 8/14b
schwach, schwächer, am schwächsten AB 7/2a
Schwäche, die, -n 8/14b
schweigen (schweigt, schwieg, hat geschwiegen) 7/7a
Schweinebraten, der, – 8/1a
Schweinekotelett, das, -s 12/2b
Schwerpunkt, der, -e AB 10/1c
Schwierigkeit, die, -en 10/3b
schwindlig 8/4c
schwitzen 12/8b
Selbsthilfe, die (Singular) 12/11b
senken AB 8/3a
senkrecht 9/1b
setzen (Grenzen setzen) 7/3b
Shopping, das (Singular) 11/4a
sichern 10/2c
sichtbar 8/6b
Siedlung, die, -en 12/11b
sinken (sinkt, sank, ist gesunken) 8/7b
sobald 8/7b
sonstige 11/9a
Soße, die, -n 10/3b
sowohl 8/7b
Sozialarbeiter, der, – 11/6d
Sozialsiedlung, die, -en 12/11b
Spalte, die, -n 11/15c
sparsam AB 12/1b
spekulieren 12/7a
spenden 10/3b

sperren (Ich musste gestern meine EC-Karte sperren lassen.) 12/4c
Spielgeld, das (Singular) 10/7b
Spielstadt, die, -städte 10/7b
Sponsor, der, -en 7/3b
Sportteam, das, -s 9/5d
Sportverein, der, -e AB 12/1b
Sprachenlernen, das (Singular) 8/12a
Sprachgrenze, die, -n 9/10a
Spritze, die, -n 8/4b
Staatsempfang, der, -empfänge 8/7b
Städteranking, das, -s 11/9b
Stadtführer, der, – 11/14a
Stadtgarten, der, -gärten 11/4d
städtisch 11/6b
Stadtmauer, die, -n 12/11b
Stadtmensch, der, -en 11/4a
Stadtteil, der, -e 11/1b
Stadttyp, der, -en 11/4a
Stadtzentrum, das, -zentren 11/1b
Stammkneipe, die, -n 11/14a
stärken (das Herz stärken) 8/1a
Statue, die, -n 9/1b
staunen 9/7a
Steak, das, -s 8/1a
stechen (sticht, stach, hat gestochen) 8/1a
stehlen (stiehlt, stahl, hat gestohlen) 7/11c
steigend 8/10a
Stellung, die, -en (die Stellung im Satz) 9/7b
Stiege, die, -n (Österreich) 9/1b
Stiftungsvermögen, das, – 12/11b
Stoff, der (Singular) (Ich muss noch so viel Stoff für die Prüfung lernen.) 8/12b
Straßenlaterne, die, -n 10/8b
Strategie, die, -n 8/12b
Streichholz, das, -hölzer AB 9/1b
Streik, der, -s 10/7b
streiken 10/7c
Streit, der, -e 7/3b
Streitgespräch, das, -e 7/8a
Struktur, die, -en 10/11c
Studentenleben, das (Singular) 11/4a
Studie, die, -n 7/2b
Studienplatz, der, -plätze 10/7b
Studienzeit, die, -en 10/7b
Studiogast, der, -gäste 8/12a
stumm 9/4b
Süden, der (Singular) 10/7d
symbolisch 12/11b
tagelang 7/3b
Tageszeit, die, -en 8/12b
Talent, das, -e 9/4c
Tanz, der, Tänze AB 9/4a
Tänzer, der, – AB 9/4a
Täter, der, – 11/14a
Techno (Singular, ohne Artikel) 8/7b
Tempo, das, -s 11/1b
Terminkalender, der, – 9/4c
Theaterbühne, die, -n 9/4c
Theaterleute, die (Plural) 9/4b
Theaterregisseur, der, -e AB 9/4a
Theaterstück, das, -e 9/4b
thematisch 10/10c
Themenbereich, der, -e 11/11a
tierisch 9/7a
Tod, der, -e 7/10c
tolerant 7/7a
Toleranz, die (Singular) 10/1a
tolerieren 12/10c
Topmanager, der, – 12/7a
Tote, der/die, -n 11/14a
Tourismus, der (Singular) 11/15a
touristisch 12/11b
tragisch 8/7b
Tragödie, die, -n 9/4c
Trainingsanzug, der, -anzüge 8/6b
Traumbank, die, -banken 12/3a
Traumfrau, die, -en 7/2a
traumhaft 12/3b
Traummann, der, -männer 7/2a
trennen 7/3c
über ... hinweg 9/10a
überleben 12/7a
Übernahme, die, -n 11/6b
überprüfen 8/13a
überzeugend 9/8c
überziehen (überzieht, überzog, hat überzogen) 12/4c
üblich 11/6c
um sein (ist um, war um, ist um gewesen) (Der Krimi war schon zur Hälfte um.) 11/14a
Umgangssprache, die (Singular) 12/4b
umgehend 12/5a
umsonst 12/3a
unabhängig 7/10b
unbequem 8/4c
undiplomatisch 7/8a
unehrlich AB 7/2a
ungewöhnlich 8/13a
Unikat, das, -e 9/1b
uninteressant 10/9a
Union, die, -en (die Europäische Union) 10/10a
unruhig 11/6b
untereinander 8/14b
Unterrichtsstoff, der (Singular) 8/14b
unterstützen 8/14b
untersuchen AB 8/3a
Unterthema, das, -themen 11/11a
untreu AB 7/2a
unzuverlässig AB 7/2a
Urgroßvater, der, -väter 12/11b
vegetarisch 8/6b
verantwortlich 8/7b
verarbeiten 8/7b
verbissen 7/11b
Verdächtige, der/die, -n 11/14a
Verein, der, -e 10/3b
Vereinskasse, die, -n AB 12/1b
Vereinsmitglied, das, -er 10/3b
Verfügung, die (Singular) (zur Verfügung stehen) 8/6b
Vergangenheit, die (Singular) 7/3d
vergeblich 9/11b
Verhältnis, das, -se 9/10a
verjagen 8/1a
Verkauf, der, Verkäufe 10/7b
Verkaufsstand, der, -stände 11/14a
verklagen 9/7a
Verleger, der, – 7/10b
verlieben (sich) (in + Akk.) 7/3b
Verlust, der, -e 12/5a
vermutlich 8/7b
vernehmen (vernimmt, vernahm, hat vernommen) (Die Polizei hat Verdächtige vernommen.) 11/14a
verneinen 9/7b
vernichten 10/3b
verschlucken 8/1a
verschreiben (verschreibt, verschrieb, hat verschrieben) AB 8/3a
Versehen, das, – 9/7a
Versichertenkarte, die, -n AB 8/3a
Versprechen, das, – 12/9a
verstärken 9/8c
verstaubt 12/10b
vertraut machen (sich) (mit + Dat.) 8/14b
verwalten 12/5a
verwandt 7/3b
Viertel, das, – 11/1b
Violine, die, -n AB 8/8a
Volkslied, das, -er 9/10a
Volksmusik, die (Singular) 9/9a
Vollmilch, die (Singular) 12/2b
voneinander 7/10b
vorbei|fliegen (fliegt vorbei, flog vorbei, ist vorbeigeflogen) 9/11b
vordere 11/9a
vorhanden 9/4c
vor|singen 7/11c
Vortrag, der, Vorträge 10/11a
Vorwurf, der, Vorwürfe 12/10b
waagerecht 9/1b
wachsend 12/7a
wahnsinnig 7/3b
warnen (vor + Dat.) 8/3c
weder ... noch 8/7b
Weg, der, -e (sich auf den Weg machen) 11/6b
weg|räumen 10/7c
weg|werfen (wirft weg, warf weg, hat weggeworfen) 10/3b
wehren (sich) 7/11b
weiterhin 7/10b
weiter|verschenken 12/10b
Weltmarkt, der (Singular) 12/7a
Werk, das (1), -e (das Werk von Joseph Beuys) 9/7a
Werk, das (2), -e (vergebliche Werke) 9/11b
Wert, der, -e (die Werte in einer Gesellschaft) 10/1a
Wertsachen, die 8/6a
wieder|finden (findet wieder, fand wieder, hat wiedergefunden) 12/5a
wieso 12/4c
Wochenaufgabe, die, -n 8/14b
Wohlstand, der (Singular) 12/7a
Wohnungssuche, die (Singular) 10/3b
woran 8/11a
wörtlich 7/12a
worüber 7/5a
wunderschön 12/10b
würzig 8/7b
wütend 7/11b
Zahlung, die, -en AB 12/4a
Zahn, der, Zähne 7/3b
zaubern 9/4c
Zeitungskasten, der, -kästen 12/10b
zerreißen (zerreißt, zerriss, hat zerrissen) 9/11b
zerstören 9/7a
Zeuge, der, -n 11/14a
Zimmernachbar, der, -n 8/6b
Zimmertür, die, -en 8/6b
Zins, der, -en AB 12/4a
Zivilcourage, die (Singular) 10/1a
Zone, die, -n 11/1b
Zoodirektor, der, -direktoren 9/7a
zornig 7/11b
Zufriedenheit, die (Singular) 11/11a
zu|gehen (geht zu, ging zu, ist zugegangen) (Hier geht es anders zu als an anderen Schulen.) 8/14b
zunächst 7/10b
Zünder, der, – (Österreich) AB 9/1b
Zündholz, das, -hölzer AB 9/1b
Zuordnung, die, -en 10/1b
zurück|brüllen 7/11b
zurück|erhalten (erhält zurück, erhielt zurück, hat zurückerhalten) 12/5a
zusammen|bleiben (bleibt zusammen, blieb zusammen, ist zusammengeblieben) 7/3b
zusammen|brechen (bricht zusammen, brach zusammen, ist zusammengebrochen) 7/11b
Zusammenhang, der, Zusammenhänge 11/11c
zusammen|leben 7/3b
zusätzlich 8/14b
zu|schicken 12/5a
zuständig 8/6b
zu|trauen (Niemand hat ihnen das Abitur zugetraut.) 8/14b
zwingen (zu + Dat.) (zwingt, zwang, hat gezwungen) 7/10b
zwischendurch 12/10b
Zwischenmahlzeit, die, -en 8/6b

Auswertung zum Test im Kursbuch, Kapitel 8, Aufgabe 1

Zählen Sie Ihre Punkte zusammen:
1. A: 1 Punkt, B: 3 Punkte, C: 3 Punkte
2. A: 3 Punkte, B: 0 Punkte, C: 1 Punkt
3. A: 0 Punkte; B: 3 Punkte, C: 0 Punkte
4. A: 3 Punkte; B: 0 Punkte, C: 0 Punkte
5. A: 0 Punkte, B: 3 Punkte, C: 0 Punkte
6. A: 3 Punkte, B: 0 Punkte, C: 0 Punkte
7. A: 0 Punkte, B: 1 Punkt, C: 3 Punkte
8. A: 0 Punkte, B: 0 Punkte, C: 3 Punkte

22–30 Punkte
Herzlichen Glückwunsch, Sie sind ein Profi. Sie wissen gut über sich und Ihren Körper Bescheid. Sie ernähren sich gesund, hören auf die Signale Ihres Körpers und wissen, was gut für Sie ist. Machen Sie weiter so!
16–21 Punkte
Nicht schlecht. Offenbar leben Sie einigermaßen gesund und kennen sich recht gut mit Fragen rund um den Körper aus. Aber Sie könnten noch mehr für sich und Ihre Gesundheit tun. Nur Mut, es tut nicht weh. Fangen Sie gleich damit an.
8–15 Punkte
Sie achten nicht so sehr auf Ihre Gesundheit und Ihren Körper. Und Biologie war in der Schule vermutlich nicht Ihr Lieblingsfach. Vielleicht versuchen Sie es einfach mit ein bisschen mehr Bewegung oder gesünderer Ernährung. Nutzen Sie jede Gelegenheit: Fahren Sie nicht immer mit dem Lift, nehmen Sie lieber die Treppe! Lassen Sie das Auto mal stehen und gehen Sie zu Fuß! …
0–7 Punkte
O je! Über Gesundheit und über Ihren Körper müssen Sie noch viel lernen. Lesen Sie noch einmal den Test und konzentrieren Sie sich auf die Antworten, die Sie beim ersten Mal nicht angekreuzt haben. Machen Sie einen Anfang und bemühen Sie sich in Ihrem Alltag um mehr Bewegung: Fahren Sie nicht immer mit dem Lift, nehmen Sie lieber die Treppe! Lassen Sie das Auto mal stehen und gehen Sie zu Fuß oder fahren Sie mit dem Fahrrad!

DVD zu Netzwerk B1 Teil 2

Filmclips von ZDF-Enterprises
Lizenz durch: www.zdf-archive.com/ZDF Enterprises GmbH
Trailer „Sound of Heimat“: 3Rosen GmbH, Fruitmarket Kultur & Medien GmbH & Tradewind Pictures GmbH
Filmrecherche: Peter Lege
Redaktion: Angela Kilimann
Produktion: Michael Paulsen

Audio-CDs zu Netzwerk B1 Teil 2

Sprecherinnen und Sprecher:
Ulrike Arnold, Angelika Fink, Vanessa Jeker, Crock Krumbiegel, Detlef Kügow, Johanna Liebeneiner, Saskia Mallison, Lars Mannich, Verena Rendtorff, Jakob Riedl, Leon Romano, Kiara Schuster, Louis F. Thiele, Peter Veit, Martin Walch, Laura Worsch

Volkslied Kapitel 9, Aufgabe 11:
Interpretation: Chicas Kikas, Aufnahme und Postproduktion: Augusto Aguilar

Aufnahme und Postproduktion gesamt: Christoph Tampe, Plan 1, München

Regie: Sabine Wenkums

Laufzeiten: Kursbuch-CD 61 min., Arbeitsbuch-CD 49 min.

Quellenverzeichnis

Cover oben: iStockphoto – nensuria
unten: Fotolia – Christian Schwier
S. 4 7/8 Dieter Mayr, 9 Paul Rusch
S. 5 10 getty images (Dougal Waters), 11 Uwe Steinbrich – pixelio.de, 12 Dieter Mayr
S. 6 A Daniela Kohl, B Theo Scherling, C Anette Kannenberg
S. 7 D Theo Scherling, E Florence Dailleux
S. 8 Shutterstock - Olga Sapegina (N.Y.)
S. 10 Dieter Mayr
S. 12 A Archivio GBB Agenzia Contrasto – laif
B Jens Passoth – laif + © By courtesy of Galerie Kleindienst (Leipzig) – Michael Kohn Gallery (Los Angeles) – VG Bild-Kunst (Bonn 2013)
C Wieland – laif
S. 13 Zwei Fabeln nach Aesop
S. 16 1. Shutterstock – Monkey Business Images (N.Y.)
3. fotolia –Patryk Kosmider (N.Y.)
4. Shutterstock – HL Photo (N.Y.), Shutterstock – siebenla (N.Y.), Shutterstock – Olena Mykhaylova (N.Y.)
S. 17 5. Shutterstock – Andrey_Popov (N.Y.), 6. Shutterstock – Sebastian Kaulitzki (N.Y.), 7. Shutterstock – VLADGRIN (N.Y.), 8. Shutterstock – S. Kuelcue (N.Y.)
S. 20 Dieter Mayr
S. 23 fotolia – Rido (N.Y.)
S. 26 A Paul Rusch, B Innsbruck Tourismus
S. 27 C/D Paul Rusch, E Lucia Lienhard-Giesinger
S. 30 © fundart-21, picture alliance / dpa – Christie's
S. 31 Galerie van de Loo (München) / © VG Bild-Kunst (Bonn 2013)
S. 32 ©2013 Wolfgang Ennenbach / Fruitmarket Kultur & Medien GmbH & Tradewind Pictures GmbH
S. 33 2012 „SOUND OF HEIMAT" – 3Rosen GmbH, Fruitmarket Kultur & Medien GmbH & Tradewind Pictures GmbH
S. 38 Märchen nach den Gebrüdern Grimm
S. 40 1 getty images – Dougal Waters (München), 2 iStockphoto – brittak (Calgary Alberta), 3 Shutterstock – Circumnavigation (N.Y.), 4 Shutterstock – Lisa S. (N.Y.)
S. 41 5 Dieter Mayr, 6 iStockphoto – diane39 (Calgary Alberta), 7 Shutterstock – Masson (N.Y.)
S. 42 A Shutterstock – Flashon Studio (N.Y.), B getty images – SW Productions (München), C Angela Kilimann
S. 44 Text (gekürzt und vereinfacht): http://www.mini-muenchen.info/index.php?article_id=22, Fotos: Kultur & Spielraum e.V.
S. 46 Shutterstock – kanvag (N.Y.), Otto Filtzinger/Elke Montanari/Giovanni Cicero Catanese: Europäisches Sprachenportfolio, Shutterstock – blackstroke (N.Y.), Shutterstock – Eldad Carin (N.Y.), Shutterstock – Botond Horvath (N.Y.), iStockphoto – bigworld (Calgary Alberta), Europakarte: Shutterstock – Jktu_21 (N.Y.)
S. 50 1 Uwe Steinbrich – pixelio.de, 2 Sabine Franke, 3 Shutterstock – Nadiia Gerbish (N.Y.)
S. 51 4/5 Sabine Franke, 6 fotolia – Marcel Schauer (N.Y.)
S. 53 Shutterstock (N.Y.): Blend Images, majaan, Vitezslav Halamka
S. 54 Grafik (nachgesetzt): © Deutsche Post
S. 56 © www.abracus.de / Max Julius Schmidt
S. 58 Stadtplan: © Salzburg Information – www.salzburg.info, Fotos rechts oben, v.o.: fotolia – JR Photography (N.Y.), fotolia – JR Photography (N.Y.), Shutterstock – Tupungato (N.Y.)
S. 60 A Shutterstock – KarSol (N.Y.), B fotolia – M.A.D. Studio (N.Y.), C fotolia – DragonImages (N.Y.)
S. 61 D iStockphoto – GregChristman (Calgary Alberta),
E iStockphoto – LifesizeImages (Calgary Alberta),
F iStockphoto – laughingmango (Calgary Alberta),
Grafik (nachgesetzt): © 2010, IW Medien · iw-Dossier
S. 62 Dieter Mayr
S. 64 Shutterstock.com
S. 67 fotolia – amorfati.art (N.Y.), fotolia – Pixelshop (N.Y.), fotolia – TASPP (N.Y.)
S. 68 unten: Angela Kilimann
S. 70 Shutterstock – Artazum and Iriana Shiyan (N.Y.)
S. 71 © www.abracus.de / Max Julius Schmidt, fotolia – TASPP (N.Y.)
S. 72 „Der Radwechsel": © Bertolt-Brecht-Erben / Suhrkamp Verlag 1988
S. 73 „Der kleine Unterschied" von Mascha Kaléko – Textboerse Lore Cortis, Foto: © Rowohlt Archiv
S. 77 Shutterstock – YURALAITS ALBERT (N.Y.), Shutterstock – Pavel L Photo and Video (N.Y.), Karl-Heinz Laube / pixelio.de, Shutterstock – Olga Sapegina (N.Y.)
S. 88 fotolia – Anatolii (N.Y.), Fotolia – Alekss (N.Y.)
S. 90 Sabine Franke, Paul Rusch
S. 94 Shutterstock – Monkey Business Images (N.Y.)
S. 100 Hartmut Demand / pixelio.de
S. 103 Shutterstock – Joao Seabra (N.Y.)
S. 107 Shutterstock – BlueSkyImage (N.Y.)
S. 112 fotolia – Halfpoint (N.Y.)
S. 115 fotolia – Tino Hemmann (N.Y.)
S. 124 Sabine Franke
S. 128 Shutterstock – Andrey_Popov (N.Y.), Fotolia – matteocozzi (N.Y.), Shutterstock – Alexander Chaikin (N.Y.)
S. 131 © www.abracus.de / Max Julius Schmidt
S. 139 Sabine Franke
S. 141 Fotolia – Karin & Uwe Annas (N.Y.), Shutterstock – Monkey Business Images (N.Y.)

Fotos auf den DVD-Seiten, die nicht im Quellenverzeichnis stehen, sind Standfotos aus den Videoclips.